FILOSOFIA POLÍTICA, TOLERÂNCIA E OUTROS ESCRITOS

Mário Miranda Filho

FILOSOFIA POLÍTICA, TOLERÂNCIA E OUTROS ESCRITOS

70

discurso editorial

FILOSOFIA POLÍTICA, TOLERÂNCIA E OUTROS ESCRITOS

Publicado em coedição com a Discurso Editorial
AUTOR: Mário Miranda Filho
COORDENAÇÃO EDITORIAL: Milton Meira do Nascimento
EDITOR DE AQUISIÇÃO: Marco Pace
PROJETO GRÁFICO: Marcelo Girard
REVISÃO: Roberto Alves
DIAGRAMAÇÃO: IMG3
ISBN: 9788562938429

Dados Internacionais de Catalogação na Publicação (CIP)
(Câmara Brasileira do Livro, SP, Brasil)

Miranda Filho, Mário
Filosofia política, tolerância : e outros
escritos / Mário Miranda Filho. -- São Paulo :
Almedina Brasil, 2020.

Bibliografia
ISBN 978-85-62938-42-9

1. Filosofia 2. Filosofia política I. Título.

20-38214 CDD-320.01

Índices para catálogo sistemático:

1 1. Filosofia política 320.01

Maria Alice Ferreira - Bibliotecária - CRB-8/7964

Este livro segue as regras do novo Acordo Ortográfico da Língua Portuguesa (1990).

Outubro, 2022

EDITORA: Almedina Brasil
Rua José Maria Lisboa, 860, Conj.131 e 132,
Jardim Paulista | 01423-001 São Paulo | Brasil
editora@almedina.com.br
www.almedina.com.br

Sumário

SEÇÃO III

RESENHAS, FILME, GRÉCIA

Minha gratidão aos meus pais,
Mário de Morais Miranda e Maria Antonieta Andrade Miranda
a quem *in memoriam* dedico este livro.

Meu agradecimento a Fabiane Sanches.

Nós vemos mais do que os antigos; e, no entanto, nossos olhos podem ser mais pobres do que os olhos dos antigos; os antigos viram menos do que nós; mas seus olhos podem ter sido mais perspicazes do que os nossos — temo que toda comparação dos antigos e dos modernos conduza a este resultado.

Gothold Ephraim Lessing (1729-1781)

Apresentação

Os textos aqui reunidos visam propiciar ao leitor uma amostra de quase quarenta anos de atividade de docência e de pesquisa feita junto à Faculdade de Filosofia, Letras e Ciências Humanas da Universidade de São Paulo. Procurei organizá-los em três partes, a primeira é relativa às questões da tolerância sob a ótica da filosofia, a segunda é referente a alguns estudos sobre história da filosofia e filosofia política, e na terceira reuni algumas resenhas e apresentações que julguei poderem dar ao leitor uma ideia de minha produção.

Os estudos que constam desta seleta ilustram as várias fases por que passamos ao longo de nosso trabalho, tanto na docência quanto nos vários Institutos — Instituto de Estudos Avançados da Universidade de São Paulo (IEA/USP), Laboratório de Estudos sobre a Intolerância da Universidade de São Paulo (LEI/USP), Instituto de Estudos Econômicos, Sociais e Políticos de São Paulo (IDESP) — em que tivemos o prazer de trabalhar em associação com colegas com os quais pudemos aprimorar nossa formação. Assim, o leitor encontrará inicialmente aqui alguns dos ensaios que pude produzir para tais institutos em que procurei tirar partido de minhas pesquisas em história da filosofia e em história das ideias filosóficas envidando esforços para, de algum modo, poder trazer alguns subsídios que pudessem contribuir, como no caso do LEI/USP, para o esclarecimento das questões relativas à tolerância e intolerância.

Neles procuro mostrar como desde a Antiguidade os iniciadores da Filosofia e, em particular, da filosofia política e da metafísica, como Sócrates, Platão e Aristóteles, procuraram criar, através da manifestação das suas teorias e ideias, uma forma de comunicação que, sem prejuízo de revelar seus pensamentos mais desafiadores, se apresentasse revestida de prudência e de moderação, de modo a criar um clima de aceitação de seu ideário por parte de seus concidadãos. No centro desta preocupação esteve presente sempre o fato e a memória da intolerância que atingiu alguns dos filósofos gregos e, mais especialmente, a figura de Sócrates, condenado em 399 a.C. Vivendo em uma sociedade desprovida dos nossos modernos "Direitos do Homem" — haja vista que não podiam contar com as garantias legais da liberdade do indivíduo no plano particular —, estes mestres nos ensinaram que não basta ao filósofo a capacidade de elaborar ideias e teorias em sua busca da verdade, mas que é preciso fazê-lo levando em conta o que Espinosa posteriormente designaria com a expressão *ad captum vulgi loqui*, ou seja, "falar tendo em vista a capacidade do vulgo e praticar todas aquelas coisas que não podem nos impedir de conquistar o que almejamos (a saber, o sumo bem)". (Espinosa *apud* Strauss 2015: 182).

Nossa participação no LEI/USP, atendendo ao gentil convite de Anita Novinsky, propiciou-nos a ocasião e a motivação de levarmos a efeito uma série de pesquisas sobre as relações entre tolerância e filosofia, em que procuramos extrair deste admirável acervo da história da filosofia, da Grécia Antiga até o presente, as teorias, os conceitos e as ideias que constituem nossas garantias teóricas contra as ameaças sempre presentes da barbárie, essa irmã sombria da civilização. Como asseveramos em nosso primeiro texto, não se tratava de abrir novos horizontes utópicos para nosso ecúmeno, mas de ressaltar os valores centrais do que desde o Renascimento, senão desde a Antiguidade, chamamos de humanismo. No estudo *Fronteiras da tolerância* procuramos demonstrar como vítimas atuais da intolerância, provenientes de sociedades fechadas, ou seja, desprovidas das garantias que assistem os cidadãos que vivem nas Repúblicas Democráticas de corte liberal, souberam não apenas tirar proveitos dos arcabouços jurídicos criados pelas filosofias dos direitos do homem, como também nos alertar sobre a positividade destas conquistas duramente logradas pelo Ocidente.

Pudemos rever, por exemplo, o modo notável como a *refusenik* Ayaan Hirsi Ali (e sua colega de destino Irshad Manji) souberam resgatar pontos essenciais do pensamento de filósofos do século XVII, como Espinosa. Já em *Tolerância ao intolerável*, pudemos mostrar, no mesmo sentido, como o próprio conceito moral de tolerância, embora fundamental para a constituição de uma sociedade civilizada, pode por vezes se mostrar insuficiente quando se trata de instituir a convivência entre etnias e religiões diferentes e diversas. Se a tolerância não basta é porque não podemos prescindir de leis justas cujas origens e formas se inscrevem num horizonte metafísico e também, é preciso que se diga, religioso. No estudo *Republicanismo, tolerância e niilismo* tratava-se de tirar partido das duas robustas tradições herdadas, tanto do Republicanismo clássico e moderno, quanto das teorias dos direitos naturais, haja vista recentes manifestações de formas de pensamento que têm divulgado algum desprezo por estas tradições. É o caso mais recente e evidente do neopragmatismo de filósofos como Richard Rorty, além das teorias do fim do homem (Nietzsche e Foucault) ou dos chamados pós-modernos. O mesmo tema reaparece em *A tradição filosófica dos direitos humanos e da tolerância*, estudo em que procuramos enfatizar a importância das teorias do direito natural retomando, com o auxílio de exemplos recentes, a questão de sua importância nas lutas contra o racismo e a intolerância. É tambem ocasião para lembrarmos sobre o fato de que nosso horizonte intelectual atual, marcado por teorias relativistas e historicistas, tem mostrado uma tendência a descurar dos fundamentos daquelas teorias.

A segunda parte desta coletânea traz estudos que possam dar ao leitor uma percepção de como nossa trajetória, que se iniciou em contato com textos da Antiguidade grega, pôde nos propiciar uma formação capaz de nos pôr em contato com dilemas e questões que, embora enraizadas em épocas passadas, conservam o poder de projetar alguma luz sobre o presente. Assim é que desde logo procuramos apresentar o mestre da filosofia política grega, Platão, não já como um utopista ou um idealista sonhador, mas como um pensador preocupado com a necessidade incontornável de, seguindo a lição de Sócrates, fazer o saber filosófico descer das alturas em que os fundadores da filosofia o colocaram para se ocupar de coisas terrenas tão fundamentais como o regime político, a constituição e as leis.

Seria possível encontrar num filósofo do século XIX, que reiteradamente em seus textos desprezara o pensamento de Platão, sólidos rastros da influência do autor de *A república?* Referimo-nos ao fundador do sacerdócio positivista. Foi o que, enfrentando a aparência de paradoxo, procuramos demonstrar em nossa tese de doutorado. Retomamo-la, agora, para indicar algo ainda mais surpreendente: traços daquele mesmo rastro sobre algumas das personalidades políticas responsáveis por dirigir as instituições de nossa república brasileira no século passado — casos dos positivistas gaúchos: Júlio de Castilhos, Borges de Medeiros e de Getúlio Vargas. Nosso reexame da tradição republicana ocidental, seguindo o fio dos conceitos de virtude e politeia, forjados na Grécia antiga, levava-nos até as obras dos *classical republicans*, do século XVII, como Algernon Sidney, às voltas com o dilema de conciliar, em um novo contexto histórico-político, a alentada herança clássica da filosofia política de Platão e de Aristóteles com as inovações, eminentemente modernas e, por isso mesmo, em certos pontos importantes, incompatíveis com o pensamento político antigo, trazidas por Maquiavel, Hobbes e Locke.

Nossa palestra sobre *Filosofia e música na Grécia Clássica* procurava destacar um momento crucial da biografia intelectual de Sócrates, ou melhor, da personagem Sócrates dos diálogos de Platão, ou seja, sua "conversão" musical, entendida aqui justamente como a *periagogê* empreendida pelo filósofo na versão que dele temos de Platão. De fato, a aceitação da via das musas, tornada explícita no diálogo *Fedão*, significava para nossos filósofos ir além da mera composição musical. Tratava-se de mostrar a necessidade de conciliar a linguagem severa e sóbria da filosofia, voltada inicialmente para a investigação da natureza, tal como a praticaram, em geral, os pré-socráticos, com a contribuição fundamental da poesia. Tal parece ter sido, como procuramos indicar, a lição que Aristófanes legou aos filósofos fundadores da filosofia política, a começar de Sócrates que, nas palavras de Cícero, obrigou a filosofia a descer do céu e a se ocupar com o que se passava na cidade.

O mesmo tema envolvendo a fundação da filosofia política, ou seja, a rearticulação das relações entre a filosofia e a poesia, reaparece em nosso estudo seguinte sobre *O banquete* de Platão: trata-se, mais precisamente, de um diálogo peculiar no corpus platônico, em que vemos o único confronto entre a filosofia e a poesia (poderíamos dizer também, filosofia e religião pagã). Neste novo horizonte, *O banquete* se revela como a ocasião propícia para levar a efeito uma reflexão sobre a natureza humana, seus aspectos intrinsecamente rebeldes — descritos em particular no discurso de Aristófanes — e as possibilidades de uma existência política possível, condizente com tais características. Trata-se também de uma ocasião de podermos medir o modo como a arte da escrita do filósofo — sua retórica ou a prática do exoterismo — não constitui um óbice a uma apreciação, na falta de melhor expressão, diríamos, realista, da questão do Eros. Neste sentido tentamos proceder a uma reavaliação do lugar comum, consagrado por certa tradição, do "amor platônico".

Por fim, nos dois textos subsequentes desta parte, ocupamo-nos com a célebre alegoria da caverna de Platão, em que o filósofo, ao cumprir a dupla trajetória dialética de ascenso e descenso, ilustra metaforicamente a necessidade — que acima mencionamos — de proceder a uma *periagogê* que, por fim, procurará indicar a contribuição decisiva da poesia quando se trata de fazer a filosofia descer do céu, ou seja, como vimos, de se ocupar das coisas da pólis. No novo quadro apresentado por Platão, a atividade filosófica, sobre a qual pesava, até então, a ameaça dupla da galhofa ou a exclusão da pólis, passaria assim não só a merecer um lugar ao sol na cidade, como a ganhar respeitabilidade (ao menos se levarmos em conta a representação dos filósofos feita por Adimanto como seres perversos e inúteis) (Platão 2001, L. VI, 487d.). Antes, porém, incluímos um texto breve sobre um defensor do retorno da filosofia política, compreendida à maneira socrática, à consideração do presente. De fato, Leo Strauss publicou em 1948 um estudo crítico do *Hiero* ou *Tyrannicus* do socrático Xenofonte, obra que foi resenhada por Alexandre Kojève e incluída na versão francesa da mesma. Uma edição posterior (Strauss 2000) trouxe, além dos textos mencionados, a correspondência trocada entre ambos sobre a questão da tirania no mundo antigo e o totalitarismo no mundo contemporâneo.

Em nossa comunicação procuramos tirar partido desta última edição para acompanharmos os amigos Leo Strauss e Alexandre Kojève num debate extraordinário sobre a questão da tirania, debate que parece reeditar, em pleno século XX, os dilemas que envolveram a filosofia política na época de sua fundação, como vemos nas disputas entre Sócrates e Trasímaco. Não deixa de ser extraordinária a aparente ingenuidade com a qual Strauss confronta, com as armas da filosofia política antiga, o promotor moderno do stalinismo.

Na terceira parte, o leitor encontrará duas apresentações sobre questões de método em história da filosofia que tratam, tanto das dificuldades encontradas pelos filósofos que viveram em sociedades fechadas e tiveram que recorrer à escrita entre as linhas, quanto da questão do historicismo e do chamado contextualismo. Como o trabalho do professor e do pesquisador se cumpre solidariamente ao do divulgador, julguei ser de interesse incorporar também a esta seleta algumas resenhas de obras e de autores de proveniências tão distintas quanto da psicanálise, da ciência política e da filosofia. Nelas temas abordados por nós em outras ocasiões, como o positivismo, o historicismo e a questão da tirania ressurgem em obras de alguns estudiosos contemporâneos.

Por fim, apresento um exemplo de um comentário, a título de

interpretação do filme de John Ford, *O homem que matou o facínora*, no qual propomos um exercício, de intenção eminentemente pedagógica, de rastreamento ou de desentranhamento de teses ou conceitos filosóficos constitutivos do rico acervo de nossa tradição da história da filosofia. Se nossa interpretação faz sentido, pode ser realmente gratificante podermos enxergar num trabalho cinematográfico e literário atual a presença de questões filosófico-políticas de inquestionável gravidade, como a nobre mentira de Platão, as verdades mortais de Nietzsche, o "realismo político" de Maquiavel e de T. Hobbes. Poderíamos então demonstrar, como dissemos num destes nossos ensaios, a persistência de questões perenes em história da filosofia.

Seção I Tolerância

Uma filosofia para a tolerância[1]

O ser humano jamais criará uma sociedade livre de contradições.
Leo Strauss (1899-1973)

Decorridos mais de 2500 anos desde sua fundação na Grécia Antiga, a filosofia ocidental conta com um acervo incomparável de reflexões, de ideias e de conceitos sobre tolerância e direitos humanos.

Devido ao caráter peculiar da civilização ocidental, em particular a contínua presença da religião, seja sob a forma do paganismo, seja a da revelação, a filosofia, enquanto disciplina de busca racional por conhecimento, traz as marcas de suas relações, nem sempre harmônicas, com outras modalidades de saber e de agir, e em particular com o fenômeno religioso.

Esta convivência num mesmo espaço civilizacional tem representado para a filosofia um notável desafio, e mesmo um perigo extremo: perseguições por acusações de impiedade e de ateísmo são moeda corrente em sua história, e durante toda a Idade Média ela viveu sob a supervisão eclesiástica. Entretanto, na medida em que ambas ocupam duas sólidas posições rivais, não excludentes de saber, esta rivalidade tem sido ocasião também de aprimoramento para ambas. A filosofia, em particular, tem sabido, ao longo de toda a sua história, tirar bom partido deste fato, seja afinando seus conceitos, seja formulando suas críticas com a correta medida de acribia.

Desta contingência que afetou a filosofia é prova não apenas a condenação à morte de Sócrates por impiedade, mas também as lições extraídas deste fato pelos filósofos que, a seguir, souberam criar um "lugar" na Terra para ela, como diz Merleau-Ponty. Assim é que, na mesma Idade Média, os chamados "falasifa", filósofos islâmicos como Averróes, Alfarabi, Avicena e judeus, como Moisés, Maimônides, ou ainda cristãos como S. Tomas de Aquino, na elaboração de suas reflexões sobre as relações entre filosofia e revelação, nunca abandonaram a busca de inspiração nas filosofias de Platão e Aristóteles.

Mas, se tanto a filosofia quanto a revelação souberam tirar partido deste movimento dialético em que se desenvolveram, muito mais aproveitaram as sociedades ocidentais, desde a aurora dos tempos modernos. Herdeiras de uma concepção filosófico-clássica da República souberam introduzir novos elementos no quadro republicano, de modo a alargar singularmente o domínio da liberdade para a humanidade, inclusive os de proveniência do próprio cristianismo, como a santidade da pessoa humana. Rechaçando majoritariamente o emprego da violência, os filósofos modernos introduziram novos instrumentos de análise que deram ensejo à liberdade de consciência, de religião e posteriormente à liberdade de imprensa, de reunião, de associação em uma nova perspectiva.

Assim é que, desde o século XVII, Baruch Espinosa e John Locke podiam publicar, respectivamente na Holanda e na Inglaterra, suas primeiras reflexões a favor da tolerância, constituindo-se ambos em marco e matriz de uma linhagem de pensadores comprometidos com a criação de uma lógica cujo resultado mais espetacular culminaria na separação entre as esferas do estado e da igreja e na invenção do estado de direito, isto é, na realização de uma sociedade aberta.

A partir daí, paulatinamente, o Ocidente assistiu a um reconhecimento e a uma propagação dos direitos do homem que, consagrados nas Declarações e Constituições do nosso ecúmeno, vêm alargando a esfera de abrangência de nossas democracias, tendo em vista não apenas a redução das desigualdades econômicas e sociais, como também os direitos das minorias, de modo a assegurar a todos uma convivência mais justa.

Herdeiros desta notável tradição humanista, ao traçarmos no âmbito do Laboratório de Estudos sobre a Intolerância da Universidade de São Paulo (LEI/USP) uma "Filosofia para a Tolerância" nossa intenção é a de perpetuá-la em sua busca de definir os princípios da coexistência dos diferentes grupos e comunidades, e não a de flertar com horizontes utópicos. Não nos é permitido ignorar que vivemos numa época recém-saída dos totalitarismos de esquerda e de direita, e agora assolada pelas ameaças gêmeas do fanatismo e do relativismo. Por isso mesmo, pensamos que é justamente neste nosso horizonte "chiaroscuro" que, assim o esperamos, pode ganhar sentido uma reflexão que saiba, como souberam nossos antepassados, fazer prevalecer a razão, oferecendo alternativas à violência e às imposições arbitrárias, garantindo a diversidade e a divergência.

Fronteiras da intolerância[2]

> *Se todos nós que viemos do nietzscheismo, do niilismo ou do realismo histórico disséssemos em público que estávamos errados e que existem valores morais e que no futuro devemos fazer o que for necessário para implantá-los e ilustrá-los, não lhes parece que isto seria o começo de uma esperança?* (Camus 1965)

"Fronteiras da intolerância" é uma designação voluntariamente ampla, como deve ser um título genérico cuja função é abrir espaço para a reflexão e o debate, mas por isso mesmo portadora de algumas ambiguidades. Dentre estas, destaco a mais óbvia: na expressão acima, estaremos designando fatos ou ideias? A questão pode parecer algo escolástica ou especiosa, já que fatos sem ideias são cegos e ideias desvinculadas de fatos nos transformam em nefelibatas, mas, como esperamos justificar a seguir, cremos que terá sua utilidade.

Parto do pressuposto de que visamos nesse colóquio antes um esclarecimento conceitual e, portanto, é nesse sentido que encaminharei minha intervenção. Mas, tendo em vista que não se podem deixar de lado "os fenômenos", procurarei trabalhar os conceitos vinculados a exemplos factuais.

Do ponto de vista empírico, a intolerância é uma manifestação perversa, como cremos, de uma autoafirmação excludente, particularista, tribalista, que institui fronteiras apenas com o propósito de demarcar o território do mesmo em relação ao outro, do nosso em relação ao deles — "os infiéis" —, numa operação em que os segundos são sempre potencialou realmente excluídos, se não eliminados. Ser intolerante é instituir uma identidade (de ego, de grupo), com o propósito de negar ao outro sua humanidade, sua dignidade.

Diante assim dos fatos brutos, e brutais, da intolerância empírica, como se orienta preliminarmente nosso pensamento? Como opera diante dessa percepção ou, mais precisamente: como podemos nos capacitar para, primeiramente, definir a "coisa" e quais os recursos de que dispomos em nossa cultura filosófica, para tentar desmontar os mecanismos engenhosos dessa máquina de exclusão a serviço da barbárie?

Com essa questão, passamos ao plano propriamente conceitual e, ao mesmo tempo, tocamos em cheio no subtema que pretendemos abordar aqui: "Intolerância e Multidisciplinaridade", pois todos sabemos que, desde seu início, a filosofia procurou produzir conceitos aptos a cumprir essa dupla tarefa de definição e desmonte. Não podemos, pois, compreender esse antigo exercício filosófico sem recorrer antes a outra disciplina: a história.

Mas há mais: quando estudamos a filosofia em seu berço, na Grécia, os historiadores mostram que ela nasce numa civilização constituída de *Poleis* (cidades-estado). Não vou repetir aqui o que já tive ocasião de expor em outros seminários do LEI/USP, lembro apenas de Fustel de Coulanges, citando Tito-Lívio: "Não há um lugar nesta cidade que não esteja impregnado de religião [...] os deuses habitam nela".

Assim, define a cidade antiga: "Toda cidade era um santuário [...] podia ser chamada de cidade santa" (Coulanges 1919, v. 1: 242). E acrescenta:

> É, portanto, um erro singular, entre todos os erros humanos, acreditar que nas cidades antigas o homem gozava de liberdade. Não tinha sequer a mais ligeira ideia dela. Não julgava que pudesse existir direito em frente da cidade e dos seus deuses (*Id., ibid.*: 404)

Os historiadores nos asseguram, assim, que a pátria da filosofia é uma comunidade marcada por uma mentalidade eminentemente religiosa, que restringe ou exclui a liberdade individual. Em outros termos: a filosofia nasce em uma "sociedade fechada", para empregarmos um conceito moderno.

Estamos, então, operando no entrecruzamento de três disciplinas: filosofia, história e religião. Nesse sentido, refletindo sobre as dificuldades com que se defrontou a filosofia em seu nascimento, Merleau-Ponty dizia, a propósito de um dos primeiros atos de intolerância contra ela, que: "Para arrumar na terra um lar para a filosofia foram precisos justamente filósofos como Sócrates" (Merleau- Ponty 1960: 46). Séculos mais tarde, B. Espinosa, no século de ouro da Holanda, reencontraria, *mutatis mutandis*, o mesmo obstáculo e anotava no seu *Tratado teológico político* que seu propósito era o de obter a liberdade para filosofar. Ambos os filósofos, em épocas diferentes, afirmam a filosofia em confronto com sociedades onde predomina a mentalidade hegemônica da religião.

Podemos perceber, então, a existência de um fio, nem sempre muito visível, mas sólido, que vai dos antigos aos modernos, passando pelos medievais, que se caracteriza por ser a marca de uma grande tradição filosófica que podemos designar de republicana, liberal, ou iluminista. (Ela envolve distintas áreas do conhecimento. Além das três mencionadas mencionemos a filologia ou a hermenêutica, prestimosa quando se trata de saber, por exemplo, se a palavra árabe, do Alcorão, *Hur*, significa "virgens de olhos negros" ou "uvas", já que ninguém daria sua vida em troca de um além onde receberia apenas uvas). Foi essa mesma tradição que consolidou nos tempos modernos a defesa da liberdade e da tolerância, que precederam até mesmo a instituição dos direitos naturais consagrados, como direitos universais do homem, nas nossas constituições republicanas.

A história também narra o que ocorre quando defensores da liberdade de pensamento e de discurso se põem a praticá-la em sociedades fechadas. Narra também quanto tempo — e não só tempo, é claro — foi necessário para "abrirmos" nossas sociedades de modo a fazê-las aceitar o pluralismo. Nada disso é novo. Mas, talvez, hoje, a pergunta mais interessante é a que indaga acerca da situação inversa a essa mencionada, ou seja: o que ocorre quando práticas corriqueiras em sociedades fechadas se introduzem, graças às imigrações, em sociedades abertas?

Essa questão pode servir para reduzir a ambiguidade presente em nosso tema "Fronteiras da intolerância", uma vez que ela nos permite visualizar o problema em sua dupla dimensão: teórica e empírica. Para tratar dessa questão, recorrerei a dois exemplos que, ambos, provêm da história contemporânea, do calor da hora. Ela diz respeito a uma boa parte da humanidade, talvez, até mais do que a metade dela: às mulheres.

Nosso primeiro exemplo é o da pensadora Irshad Manji, jornalista, que publicou, em 2003, *The Trouble with Islam Today, a muslim call for reform in her Faith* (Manji 2003). Irshad é de origem ugandense e sua família se exilou fugindo de Idi Amin Dada para o Canadá em 1972. É negra, assume publicamente sua condição de lésbica e se define como uma islâmica *Refusenik*, empregando o termo usado na extinta URSS para designar os judeus soviéticos que lutavam por sua liberdade contra o totalitarismo. Seu livro, escrito em forma de depoimento, é a história de sua libertação de um sistema teocrático especialmente perverso para as mulheres expostas, entre outras barbáries, à mutilação sexual.

Nela vemos a história da transição entre as fronteiras da teoria e da prática, da passagem por uma doutrinação — a que foi submetida na Madrassa Islâmica de Vancouver — e daí para a real educação para a liberdade que ela encontrou nessa mesma cidade, mas agora numa escola de ensino "republicano", onde aprendeu a "pensar, pesquisar, falar, trocar, discutir, desafiar e repensar" (*Id., ibid*: 19), enfim, a conquistar o que I. Kant chamou de maioridade em *O que é Ilustração*. Sem abandonar sua fé, ela passou a investigar a origem do esclerosado dogmatismo que interditava o pensamento aos islâmicos e descobriu a existência de uma tradição de livre pensamento independente, que era anterior a este fanatismo e que se designa em árabe pelo termo *Ijtihad*.

Essa tradição, conta-nos, surgiu e se desenvolveu no Islã de 750 a 1250 e se define como uma "cultura da tolerância" entre árabes e judeus na Espanha e no Iraque, sede do Império Islâmico, onde cristãos, judeus e muçulmanos traduziram e, assim, devolveram vida aos textos da filosofia grega (Sobre as semelhanças entre a situação da filosofia no mundo grego e no mundo islâmico-judeu, ver Strauss 1989: 207-226). Irshad pôde assim descobrir a idade de ouro islâmica no século XII e a obra de Moses ben Maimônides, filósofo e médico judeu que escrevia em árabe (conta-nos que Ben Gurion aprendeu árabe para lê-lo no original). Cita o correspondente árabe de Maimônides, o filósofo cordobês Averróes (Sobre filosofia medieval, vide a coletânea Lerner; Madhi 1991) e também cita essa passagem do *Guia dos perplexos*:

> Está na natureza do homem prezar o que lhe é familiar e os ensinamentos em que foi educado, e temer o que é estrangeiro. A pluralidade das religiões e sua mútua intolerância derivam do fato de que as pessoas permanecem fiéis à educação que receberam.

Bem, é ocioso dizer o quanto Irshad sofreu e vem sofrendo todo tipo de perseguição por suas ideias e práticas e o quanto lhe tem sido valioso o encontro desta tradição *Ijtihad*, graças à qual a filosofia grega se transmitiu aos autores medievais, como Maimônides e Averróes, que Espinosa tomaria como interlocutores fundamentais em sua obra que lança as bases para o iluminismo moderno. É Espinosa que nos leva para nosso segundo exemplo.

Trata-se também de outra refugiada, proveniente igualmente da África — Somália — e também islâmica, embora tenha se tornado, atualmente, ateia: Ayaan Hirsi Ali. Resumindo muito: Ali fugiu e se asilou na Holanda, onde pôde realizar seus estudos na Universidade de Leiden, frequentando cursos de filosofia política e publicou, em 2004, *The Cage of Virgins*. Tornou-se famosa por ter feito um filme — *Submissão*, parte I — juntamente com o cineasta Leo van Gogh, que foi assassinado em novembro de 2004, pelo fundamentalista islâmico, nascido na Holanda, Muhammed Bouyeri, filho de imigrantes marroquinos. Nesse filme, eles apresentam versos do *Alcorão* projetados sobre os corpos nus de mulheres. Acusada de sensacionalismo, ela retruca que "estes corpos são o motivo de metade da nação da Arábia Saudita não ter permissão para dirigir automóveis".

Ali passou pela mesma doutrinação que Irshad recebera e que ensinava ambas a odiar passionalmente os judeus. Diz Ali: "Eu, que até meus 16 anos nunca tinha sequer visto um israelita" (Ali 2007; Buruma 2006; apud Caldwell 2005). Hoje, já na condição de deputada, seu propósito é o de "desafiar a autoimagem da elite europeia como tolerante, enquanto que sob seu nariz mulheres vivem como escravas". Por suas posições, ela foi denominada de "fundamentalista do iluminismo" e diz que o Islã precisa de seu próprio Voltaire. De fato, reivindica ser herdeira, em linha direta, do iluminismo holandês, constatando que, naquela época, a maioria dos filósofos era *Allochtonen* (holandês para imigrantes, o contrário de autóctones) e, não obstante terem sido odiados, não eram perseguidos, nem assassinados e reconhece em Espinosa sua maior inspiração no Ocidente.

É ela que enuncia uma questão com a qual encerro. Diz que, em breve, Amsterdã, uma cidade artística, terá 60% de sua população composta de cidadãos de origem não ocidental. Quando a municipalidade, nessas condições, tiver que votar sobre a distribuição de recursos, enfrentando dúvidas, tais como, se os fundos devem ser destinados a preservar a arte ou construir mesquitas, esses cidadãos poderiam, talvez, perguntar por que deveriam pagar por esta "estúpida pintura"? Ela vê aqui apenas um exemplo das dificuldades de convivência postas em uma democracia moderna cujos representantes tendem a se refugiar num pragmatismo que evita o debate sobre valores. O perigo, diz ela, é que a Holanda se veja dividida entre duas extremas direitas: uma islâmica e outra não islâmica.

Nossos dois exemplos ilustram a riqueza de instrumentos de que dispomos no Ocidente, desde os primórdios da nossa história — em particular a doutrina do direito natural —, para combater as tentativas, em suas várias modalidades, de intolerância, sempre à espreita em nossas sociedades. Cremos que a rememoração desse acervo de direitos, que constitui nossa tradição filosófica iluminista, é tanto mais importante quanto, hoje, a chamada filosofia pós-moderna tem procurado "desconstruir", isto é, desqualificar, essa mesma tradição, acusada de metafísica, universalista, etnocêntrica, logocrática etc. Em suma, estamos assistindo hoje a um emaranhamento de fronteiras, tanto no sentido literal, geográfico-étnico, quanto no plano teórico, e sabemos bem que, se não dispusermos de uma boa reflexão teórica que seja especialmente capaz de dar conta do relativismo, estamos condenados a enfrentar as facetas negativas do multiculturalismo e da intolerância com a mesma precariedade com que hoje lidamos com furacões.

Tolerância ao intolerável[3]

Em sua obra *Para entender Hitler, a busca das origens do mal*, que destaca a dificuldade contemporânea, presente nas humanidades, de falar do mal, Ron Rosenbaum narra um episódio que envolveu dois outros grandes historiadores. Conta que, conversando com Robert Conquest, autor de *O Grande terror*, sobre os crimes de Stalin, este lhe confidenciou que, comparando Stalin e Hitler, diria que o grau de magnitude do mal de Hitler "passava a sensação de ser pior" do que o de Stalin (Rosembaum 2002: 592). Em seguida, referindo-se a outro historiador, o ex-marxista e ex-trotskista Milton Himmelfarb (autor do polêmico artigo *No Hitler, no Holocaust*) conta que esse último procurava reequilibrar esta balança do mal se referindo sarcasticamente àqueles que, ainda hoje, resistem em ver, em sua plena dimensão, o nível de malignidade quase hitleriano de Stalin.

Essas cenas me vieram à lembrança quando pensei pela primeira vez no tema paradoxal deste encontro *Tolerância ao intolerável*: de fato, esta espécie de torneio macabro do mal, onde pouco importa o ganhador, já que somos todos perdedores — protagonizado pelas duas maiores encarnações do mal no século passado — tornou-se, mais que o critério, o paradigma de toda reflexão sobre o intolerável, ou ainda, digamos, seu parâmetro absoluto.

Assim, se tomarmos o início de nossa história ocidental no longínquo século de ouro de Atenas, teremos levado 2500 anos para conhecer, pelo menos até aqui, o ápice da maldade humana — e não, como profetizara Hegel, o reino do estado livre.

Como se vê, o caráter paradoxal de nosso tema provém de paradoxos de nossa própria história: a modernidade que nasceu sob o signo do progresso e, portanto, do bem, se realiza como tragédia, produzindo seu inverso. Depois dos dois mega tiranos não cansamos de nos perguntar — como isso foi possível? Sobretudo, como esta pletora de intolerância pôde ocorrer justamente no Ocidente, que desde o século XVII vem explicitamente pregando a tolerância (o *Toleration act* na Inglaterra é de 1689, mesmo ano da publicação da *Carta sobre a tolerância*, de John Locke).

Paradoxos à parte, a lição dos fatos é clara: tolerância não basta. Para conter, ou minorar as várias formas do mal e do intolerável é preciso mais do que tolerância — que é sempre um fenômeno moral: precisamos de instituições e de leis, e de leis com garras, como dizia Aristóteles.

Quando digo que tolerância não basta é preciso deixar claro que não penso que ela seja inútil. Ao contrário: é absolutamente necessária — não nos humanizamos realmente sem tolerância — mas insuficiente. Permitam-me uma palavra a esse respeito.

Tolerância é, como se sabe, uma virtude, digamos, uma disposição permanente e voluntária de cumprir uma série determinada de atos morais. Sendo, assim, um fenômeno essencialmente moral, distingue-se da lei por não incluir o elemento coercitivo e punitivo dessa última. Diante da lei obedecemos, ou seja, perdemos nossa liberdade de agir à nossa guisa, não somos mais livres (no sentido pré-crítico). Diante da moral, permanecemos livres para agir conforme queiramos, pois a prática da virtude depende essencialmente da boa vontade do agente, da livre escolha e do arbítrio.

Estamos, portanto, no plano do agir — virtude é justamente uma qualidade das ações, que implica em preferências, isto é, escolhas. Para escolher necessito recorrer a critérios ou princípios, pois são os princípios que governam as ações e as escolhas que fazemos.

Aqui encontramos nosso primeiro problema filosófico de monta, que podemos enunciar de modo simples: há princípios capazes de guiar nossas ações ou toda ação é consequência apenas de meras preferências devidas à contingência, ao capricho, a impulsos e a escolhas cegas?

A dificuldade da questão alerta para o domínio em que estamos ingressando e que é designado como ética, domínio que trata justamente da elaboração de fundamentos racionais que permitam distinguir entre escolhas boas e más com relação às nossas ações.

Seja qual for a resposta a essa difícil questão, notemos que há uma diferença importante entre escolha e "decisão resoluta", essa última adotada por filósofos como Heidegger: ao fazer uma escolha (por exemplo, entre fé e razão) posso me manter aberto ao desafio representado pela alternativa, já que disponho ou posso dispor da possibilidade, real e não eliminável, de reexaminar minha escolha, e de revê-la e corrigi-la, se for o caso. Mas isto não se dá na decisão resoluta: nesta eu me fecho ao desafio da alternativa: decisão tomada passo à ação.

Essas duas atitudes sinalizam a existência de duas tradições distintas: a primeira, que provem de filósofos como Sócrates e Aristóteles e a segunda, que é representada mais modernamente por pensadores como Carl Schmitt e Martin Heidegger. Para concluir esse ponto, lembremos que em nossos dias ganha terreno a doutrina nietzscheana, que nega haver qualquer base racional para escolhas no domínio prático, doutrina que se designa como niilismo. Há várias acepções de niilismo: epistemológico, teológico etc. Interessa, por ora, o sentido ético que podemos definir como a negação sistemática da possibilidade de fazer escolhas racionais em nossas ações e modos de vida.

Inspirado em Nietzsche, mas menos radical do que ele, Max Weber entende que a ciência social pode responder a questões sobre fatos e inquirir sobre suas causas, mas não tem competência para responder a questões sobre valores, entenda-se, sobre princípios (Eden 1983; Meier 1998).

Para concluir esse ponto, que não podemos desenvolver aqui, notemos que mesmo que a questão teórica da virtude ou da ética fosse resolvida a contento, e que assim pudéssemos reconhecer princípios universalmente válidos que servissem de critérios infalíveis para uma escolha racional, ainda assim a questão prática permaneceria: a tolerância tem uma eficácia apenas parcial, por não dispor da força da lei.

A seguir, tentaremos elucidar este limite da tolerância recorrendo a uma ilustração histórica.

Em sua recente obra *On toleration*, o sociólogo Michael Walzer, de Princeton, descreve cinco regimes onde se pode observar a existência da tolerância. Muito resumidamente temos:

1. Os impérios multinacionais, como Pérsia, Egito Ptolomaico e Roma no mundo antigo, o Império Britânico moderno, onde diferentes grupos étnicos, culturais ou religiosos não têm escolha senão a da coexistência, e onde, portanto, sua sobrevivência depende do arbítrio da tolerância oficial. Estas etnias gozavam, entretanto, de autonomia, embora permanecessem encerradas nessa condição.
2. A sociedade internacional: trata-se, na verdade da sociedade formada pela comunidade das nações e que se caracteriza por uma política de intervenção em situações de extrema intolerância (caso, por exemplo, de sanções econômicas contra o *apartheid*, na África do Sul). Também aqui há grupos humanos que são tolerados.
3. A consociação ou Estados bi ou trinacionais, como Bélgica, Suíça, Chipre, Líbano, Bósnia etc. À diferença do primeiro tipo imperial, aqui os diferentes grupos não são tolerados por um único poder transcendente, mas têm que se tolerar mutuamente, cuidando eles mesmos de sua coexistência. A tolerância, nesse caso, depende de confiança, sobretudo dos arranjos institucionais.
4. Nações-Estados: como França, Brasil etc. Aqui a ênfase não recai sobre grupos, mas sobre os indivíduos enquanto cidadãos e membros de minorias. Temos um amplo grupo hegemônico — a maioria — que organiza a vida comum de modo que ela reflita sua própria história e cultura. O Estado não é neutro, mas busca controlar os meios de reprodução da na-

cionalidade hegemônica; seus habitantes são simultaneamente cidadãos e membros desta ou daquela minoria (lembremos que no século XIX os judeus alemães se diziam "alemães nas ruas, judeus nos lares"). Aqui prevalecem vigentes categorias do liberalismo como a distinção público-privado. Os melhores exemplos de tolerância se encontram nos Estados-nações liberais e democráticos. Entretanto, mesmo aí minorias nacionais são frequentemente ameaçadas (caso dos húngaros na Romênia e, sobretudo, em casos de guerra, como os alemães antinazistas na França e os japoneses nos EUA).

5. Sociedade imigrante: aqui também se trata de indivíduos tolerados enquanto tais e não como estereótipos. São sociedades constituídas por diferentes povos que emigraram de suas pátrias natais para um novo país como os EUA, Canadá, Brasil... À diferença do Estado-nação, aqui nenhum grupo é suficientemente hegemônico para controlar inteiramente o espaço público. O Estado, em princípio, não tem uma identidade nacional, e sim política (mas é claro que este princípio vigora imperfeitamente na prática) e tenta implantar um sistema multicultural de escolarização (nos EUA, nos anos 1950 houve uma campanha pública que pregava: *attend the church of your choice*). Também aqui prevalece a distinção liberal ente o público e o privado e a tolerância é de regra.

Meu propósito ao trazer esta algo cômoda, e certamente imperfeita, classificação é o de examinar brevemente uma forma específica e vitoriosa de tolerância, a que prevaleceu nos impérios multinacionais nos quais, como vimos, diferentes grupos conviviam num sistema que lhes assegurava autonomia. Refiro-me ao chamado *Sistema Millet* (a expressão designa justamente comunidade religiosa autônoma), que vigeu no Império Otomano (Braude e Lewis 1982; Kymlika 1995).

Trata-se do sistema de convivência tolerante e pluralista, composto por grupos de diferentes religiões e etnias, que teve a mais longa vida em toda a nossa história: do século XIV até a Primeira Guerra Mundial — e que reuniu os otomanos muçulmanos que estabeleceram a religião do Império como islâmica, e mais três outras comunidades religiosas: os cristãos ortodoxos gregos e armênios, e os judeus.

Os turcos otomanos eram muçulmanos que conquistaram boa parte do Oriente Médio, o norte da África, a Grécia e o leste da Europa a partir do século XIV, apossando-se, portanto, de súditos cristãos e judeus ao longo de cinco séculos, do século XIV até o colapso do Império na Primeira Grande Guerra. Os turcos implantaram assim um sistema estável, humanitário e tolerante.

> Por quase meio milênio os otomanos governaram um Império tão diverso quanto qualquer outro na história. Excepcionalmente esta sociedade poliétnica e multireligiosa funcionou bem. Muçulmanos, cristãos e judeus puderam se entregar aos seus cultos e estudos lado a lado, enriquecendo suas distintas culturas. (Kymlika 1995: 157)[6]

Cada grupo teve permissão para constituir seu próprio governo no trato de questões internas, com seus tribunais e códigos de leis — e cada um deles era presidido pelo líder religioso: o Grão-rabino e os dois Patriarcas ortodoxos. Respeitavam-se também as respectivas tradições e práticas, particularmente no tocante à vida familiar. Assim, dentro de certos limites — por exemplo: a construção de novas igrejas ou templos exigia permissão do governo; os casamentos entre os grupos eram proibidos, assim como o proselitismo —, todos os diversos grupos étnicos usufruíam de completa autonomia, obedecendo a suas próprias leis e costumes, embora suas relações com os muçulmanos fossem por estes rigorosamente regulamentadas.

Convenhamos, um sistema que conseguiu a proeza de abrigar no mesmo império: islâmicos, cristãos e judeus por meio milênio não merece pouca admiração. Nenhum dos grupos procurou suprimir os demais: isto soa hoje quase como uma idade de ouro.

Entretanto, quando examinamos cada grupo *per se* descobrimos que no plano interno passava-se algo menos alvissareiro. Muito resumidamente, o que tínhamos nesta "federação de teocracias", na feliz caracterização de Kymlicka, quando vista mais de perto, eram interditos significativos, cuja transgressão tinha o estatuto de crime, entre os quais ressaltam os referentes a:

1. Heresias: a interdição de quaisquer questionamentos da interpretação ortodoxa das respectivas doutrinas;
2. Apostasia: o abandono por um fiel de sua fé; e
3. Proselitismo: toda forma de propaganda de qualquer doutrina para os de fora.

No geral, pode-se dizer que se o quadro é menos brilhante do que pensávamos, isto se deve, sobretudo, ao não reconhecimento da liberdade de consciência nesse regime.

Na verdade, tínhamos ali uma tolerância *sui generis*, pois, ao contrário do que ocorre em nossa sociedade, onde o Estado é separado da religião, lá ele era indistinto dela. Tolerância no Império Turco significava então a deliberada e voluntária disposição da parte de uma religião hegemônica, ou de um Estado teocrático, de conviver com as demais no interior do mesmo espaço político.

Vê-se, então, conforme dizíamos no início, como tolerância neste sentido é necessária, mas insuficiente: é certamente bem-vinda, mas não basta. O que lhe falta é, como dizíamos, uma doutrina dos direitos do homem, do indivíduo enquanto tal, independente de credo, gênero, etnia, nacionalidade, cor etc., como as que encontramos enunciadas a partir do iluminismo moderno, desde o século XVII, nas obras de B. Espinosa, J. Locke, P. Bayle, e logo depois I. Kant e J. S. Mill, entre outros, e sem a qual corremos o risco de regredir aos regimes vigentes na época pré-moderna, onde a impiedade era passível de ser punida com a pena capital.

Como se sabe, foi inspirando-se no universalismo iluminista que T. Jefferson escreveu a Declaração de Independência dos

EUA em 1776, que por sua vez incentivou a Assembléia Nacional Francesa a proclamar a Declaração dos Direitos do Homem e do Cidadão em 26 de agosto de 1789, criando no Ocidente uma tradição de afirmação das liberdades do homem. Esta, por sua vez, cristalizou-se na Declaração Universal dos Direitos do Homem da ONU em 1948 e daí foi se institucionalizando nas diversas Constituições republicanas.

É, portanto, nessa sólida e bem estruturada tradição da filosofia política, que gerou o liberalismo político, que a tolerância encontra seu ponto de ancoragem.

Então, tolerância mais liberalismo: essa é a equação correta, a solução? Sim, desde que saibamos que esta não é uma solução perfeita e que compreendamos bem os termos desta equação.

Neste sentido, precisemos dois pontos:

1. Descartemos desde logo as posições antagônicas, mas afins, da extrema esquerda e da extrema direita, tanto aquelas provenientes do marxismo ocidental (Merquior 1987), quanto aquelas de vários matizes irracionalistas, provenientes de Nietzsche e do heideggerianismo, como o desconstrucionismo de Derrida e do chamado pós-modernismo que, todos, recusam ou tendem a recusar a democracia ou república burguesa, dita formal, à qual opõem uma pseudodemocracia real. Recordemos as palavras, que endossamos, de Claude Lefort a esse respeito, proferidas há quase meio século:

> Considerando a história recente, temos o direito de nos perguntar se, nos lugares onde uma democracia burguesa jamais conseguiu implantar-se, existe alguma possibilidade de criar formas democráticas novas, ou se não ocorre simplesmente uma espécie de rasgo irreparável no tecido social. Talvez devêssemos observar que essa democracia, por mais formal que seja, acaba por ter um poder de sedução que uma sociedade não pode deixar de lado sem correr certo risco (Lefort 1987: 332).

2. Ao falarmos de liberalismo, pensamos não apenas na doutrina do liberalismo político, mas em um modelo de regime liberal democrata ou republicano que tem uma longa tradição no Ocidente e, cujas raízes remontam à reflexão política elaborada na Grécia clássica. De fato, e aqui temos que resumir ao extremo nosso argumento, coube à filosofia política grega — de Platão e de Aristóteles em particular — elaborar uma noção de universalidade baseada no conceito de natureza e, consequentemente, de direito natural, que entrou na "corrente sanguínea" do Ocidente, via Cícero e Políbio, e que foi resgatada nos primórdios da modernidade quando, aperfeiçoada pelos iluministas, culminou nas declarações modernas dos direitos do homem a que nos referimos, direitos que são, não podemos nos esquecer, naturais em sua formulação original.

Não pensamos num liberalismo no sentido hoje trivial em que E. Husserl falava de uma "visão de mundo". De fato, para muitos, hoje, o liberalismo tornou-se uma visão de mundo que tolera indistintamente uma pluralidade de visões de mundo, entregando-se assim a um relativismo pluralista fragilizado e indefeso, justamente por se configurar como tolerante ao intolerável.

Mas qual é então a concepção liberal à qual nos referimos?

Recordemos que no início dissemos que tolerância, embora necessária, não bastava. Agora, parece que estamos dizendo que o liberalismo, embora necessário, tampouco basta. Qual então a solução? Já o dissemos: uma composição entre uma certa concepção liberal e a tolerância. Tentando esclarecer em que consistiria essa concepção, não pretendemos afirmar nada radicalmente novo, nem tampouco reinventar a roda.

A concepção liberal a que positivamente nos referimos é aquela que herdamos com nossa cultura ocidental, a do republicanismo clássico e moderno (Zurbuchen 2002: 47-71). Uma cultura que é, antes de tudo, cultura da razão e que, portanto, difere de uma cultura de massa que se caracteriza pela ausência de qualquer esforço intelectual ou moral no desfrute de produtos disponíveis no mercado. Aludimos a uma tradição que, ao contrário, não tem uma visão anêmica da humanidade porque compreende a liberdade como sustentada em princípios e não em sua dimensão apenas formal (indiferente aos conteúdos do discurso). Nela, há a convicção, presente nos clássicos, de que todo homem realmente livre procura o bem por natureza e não guiado apenas por convenções ou tradições. Ensina-nos, portanto, que as leis e os direitos humanos servem para proteger o bem, e não os discursos odiosos que tiram proveito da liberdade para fomentar o racismo e a intolerância, e que, frequentemente, se abrigam numa visão neutra dos valores.

Pois, como bem sabemos, privada de seu fundamento racional, nossa ação corre ao sabor das contingências e das preferências cegas, num universo nihilista, onde "tudo é permitido" e onde não temos outra opção senão a de tolerar o intolerável.

Republicanismo, tolerância e niilismo[4]

Começo com duas citações de dois grandes sociólogos:

> Olhe para um lado e você verá uma abundância de remanescentes do romantismo e do elevado idealismo. Olhe para o outro lado, e você verá um realismo que beira o cinismo, além de uma assumida indiferença a todos os ideais e a toda moralidade; mas o que acima de tudo você verá é uma tendência a fazer uma surpreendente combinação de dois elementos — resumindo: uma brutalização do romântico, e uma romantização do cinismo (Troeltsch 1950: 214).

O texto acima, de Ernst Troeltsch, não se refere, é claro, ao Brasil dos tempos que correm, mas à primeira República Alemã, e é de 1922.

Leiamos nossa segunda citação, esta sim referente ao Brasil de hoje:

> Estamos em face da instituição de um poder paralelo e mesmo de um Estado paralelo que governa ocultamente e de fora das instâncias propriamente de expressão democrática da vontade política do povo [...]. Não é nenhuma surpresa que intelectuais, supostamente responsáveis, tenham abertamente justificado a corrupção em nome da superioridade política e do compromisso alegadamente social e socialista (Martins 2006: 14).

Seriam o cinismo e a amoralidade características universais das jovens repúblicas? Sem dúvida, muitas são as diferenças entre a malfadada República de Weimar e a nossa — a começar pelo fato de que a nossa é anterior à alemã —, mas encontramos nos textos acima traços comuns a ambas: ambos os sociólogos identificam no regime republicano a existência de uma espécie de patologia política sob a forma de uma crise ético-moral. Mais: ambos alertam para o fato de que as piores características dessa crise — cinismo, imoralidade e brutalismo — são abertamente endossadas por intelectuais em nome de um duvidoso e maquiaveliano realismo.

Mais surpreendente ainda: tais intelectuais anti-republicanos são, entretanto, provenientes de polos opostos do espectro político: na Alemanha, tratava-se da robusta corrente dos "conservadores revolucionários" da direita protofascista: pensadores como Carl Schmitt, Ernst Junger e Oswald Spengler, entre outros. No Brasil, trata-se de pensadores e personalidades de esquerda (Wanderley Guilherme dos Santos, Rose Marie Muraro, Marilena Chauí, Emir Sader, Chico B. de Holanda e outros).

Diante dessa surpresa, o dilema: ou os intelectuais estão corretos e a república deve ser suprimida em nome de um regime superior, ou a república está sendo excessivamente tolerante, e os intelectuais, cúmplices dessa corrupção, é que estão equivocados.

As observações que se seguem procuram apenas situar esse dilema, inscrevendo-o no contexto filosófico-político do republicanismo, remontando, resumidamente, à longa tradição reflexiva em que ele se constituiu.

Quando consultamos os textos clássicos fundadores do republicanismo, o que mais choca a sensibilidade moderna é o seu teor altamente ético-moral. Se há algo comum a Sócrates, Platão, Xenofonte, Aristóteles, Cícero, Políbio, Plutarco é a sua inabalável dedicação à promoção da virtude moral. Ao lê-los, ficamos com a forte impressão de que os gregos, vivendo numa comunidade em que homens e deuses conviviam no dia a dia, e em que o comportamento desses não seguia absolutamente nenhuma diretriz moral, sentiram a necessidade de promover uma verdadeira reforma teológica que pudesse servir de base para a reforma política. É o que vemos n'*A república*, obra na qual Platão, criando a palavra teologia, estabelece uma espécie de código religioso cujos dogmas ensinam como representar o divino. É o início da tematização da questão teológico-política.

De fato, desprovidos da figura de uma divindade santa doadora de lei para os homens, tal como o Deus bíblico que surgia na mesma época no próximo oriente, e o deus Kronos da idade mítica de ouro, os filósofos confiaram à razão desassistida a tarefa de construir o arcabouço político e jurídico para organizar a sociedade e a vida civilizada. Na ausência de uma moral heterônoma, eles estruturaram então o convívio político conferindo à virtude um papel central, ao ponto de representá-la como a própria substância da alma humana. Lembre-se que em *As leis* Platão define a política como a arte de cuidar das almas (literalmente, psicoterapia) (Platon 1968: L. I, 650B), e que para Aristóteles a meta da política era a excelência (virtude) humana. Pois ao contrário do que se passava no vizinho universo semítico, onde os homens devem obedecer incondicionalmente aos mandamentos divinos, na versão republicana dos filósofos só obedecemos aos mandamentos de nossa razão e estes consistem em uma austera moralidade e em uma devoção sacrificial à pátria e ao bem comum.

> A comunidade republicana, na teoria, mas também em boa medida na prática, constrói-se como uma sociedade fechada (que discrimina os estrangeiros), composta de cidadãos soldados, cultuando uma religião cívica, privilegiando uma economia agrária, a já mencionada virtude cívica, a frugalidade, o sacrifício ao bem comum e a suspeita das atividades comerciais. Como diz um historiador: "É, portanto, um erro singular [...] acreditar que nas cidades antigas o homem gozava de liberdade. Não tinha sequer a menor ideia dela [...] não julgava que pudesse existir direito diante da cidade e de seus deuses" (Coulanges 1919: v.1, 404).

É esse o cenário em que deve viver o "animal político", o ser racional por natureza e dedicado à busca do bem, da excelência, *areté*, o herdeiro do *Homo hosios*.

Entretanto, quando passamos à modernidade esse quadro mais

do que muda, ele tende a se inverter. Assim, se na antiguidade a coletividade é primeira em relação ao indivíduo, na modernidade, desde Hobbes, o indivíduo, agora não apenas despojado das qualidades nobres de "animal racional político", mas representado como lupino, terá primazia em relação à comunidade. De fato, funda-se e forma-se agora o Estado para proteger o indivíduo e não o contrário. Trata-se, portanto, de uma revolução, que se designou como hedonismo político.

Muito resumidamente, podemos dizer que o novo republicanismo resultará de um processo marcado por uma tendência a promover uma fusão entre duas grandes correntes do pensamento moderno: de um lado, a tradição de afirmação dos ideais republicanos do homem animal político, de justiça, igualdade política e bem comum, presente em autores como os chamados "republicanos clássicos" (Fink 1945); de outro, os novos princípios do direito natural, dos direitos individuais, de liberdade, de propriedade e de busca da felicidade formulados pela filosofia de Bacon, Hobbes, Locke, Espinosa e Mandeville. Se antes, na versão clássica da república, a liberdade entendia-se como liberdade de participar do convívio civil, com a nova filosofia ela significava a afirmação da liberdade diante de um emprego arbitrário do poder e a proteção da lei com segurança para a vida e a propriedade. Como se sabe, há duas palavras para liberdade em inglês: *freedom* e *liberty* (Fischer 2005). Neste sentido, percebe-se que a promissora fusão entre o velho republicanismo e o liberalismo nascente, que se ensaiava desde o início dos novos tempos, abrigava em si uma forte tensão onde o antigo e o moderno começavam a se opor, respectivamente, como o dever ao direito.

O índice mais eloquente dessa difícil harmonia está nas páginas de *O príncipe*, em que Maquiavel, numa penada, descarta a teoria republicana clássica sob o qualificativo de repúblicas imaginárias e seus autores como nefelibatas ("molti si sono immaginati repubbliche e principati che non si sono mai visti né conosciuti nel mondo reale", cap. 15). Nisso, isto é, na nova versão da "política realista", que começa a emancipar a aquisição, como sabemos, ele será seguido, de modo atenuado, por alguns e radicalizado por outros, pela quase unanimidade dos filósofos modernos, de Bacon, Hobbes e Espinosa, a Locke, Mandeville, Rousseau, Marx e Nietzsche.

Talvez o maior trunfo do novo realismo maquiavelo-hobbesiano esteja na nova relação que estabelece entre razão e paixões. Enquanto na fórmula clássica as paixões eram vistas como "antinaturais", no sentido de serem arbitrárias e tirânicas, agora elas são promovidas como a própria essência da natureza humana e, como tal, ponto de partida para qualquer projeto que se pretenda comprometido com a "veritá efetuale della cosa". Nesse sentido, em boa parte, numa de suas facetas, o pensamento moderno pode ser resumido como um programa de emancipação das paixões, entre as quais as aquisitivas e o egoísmo, ambas severamente condenadas tanto pela tradição clássica, quanto pela teológica. O homem deixa de ser o nobre animal político racional, para se tornar um animal lupino. Mas nem tudo está perdido, pois a grande originalidade dos modernos consistirá justamente em realizar uma "alquimia do mal", ou seja, a transformação do mal original — as sociedades começam sempre com o derramamento de sangue — em um bem possível.

O "rationale" desse programa pode ser lido no título, suficientemente eloquente, da obra do lockeano Bernard Mandeville, *A fábula das abelhas, ou vícios privados, benefícios públicos*, de 1714. Como diz seu editor, o crítico F. B. Kaye:

> Mandeville sustentava [...] que o bem-estar egoísta do indivíduo é normalmente o bem-estar do Estado [...] trazendo assim uma verdadeira filosofia a favor do individualismo no comércio [...]. Até então [...] a defesa do laissez-faire foi oportunista e não uma questão de princípio geral. Mandeville tornou possível que esta se tornasse sistemática, e graças a sua análise psicológica e política o individualismo tornou-se uma filosofia econômica (Mandeville 2001: VIII).

Essa mesma apologia, levada a cabo, entretanto, com a monumental erudição e o gênio de Montesquieu, encontramos em *O espírito das leis*, de 1748. Graças a noções novas e sofisticadas como a de *esprit*, Montesquieu empenha-se no sentido de aprimorar e polir o individualismo da nova filosofia de Locke e de Mandeville conferindo-lhe os títulos definitivos de cidadania. De fato, inscreve-o num quadro histórico complexo, que servirá de base para a formulação teórica do novo republicanismo.

Nesta nova versão, não apenas o realismo maquiaveliano é convenientemente atenuado. O filósofo de *La Brède* ilumina a emergência das novas formas de aquisição com um brilho singularmente enobrecedor. De fato, as novas formas de organização da liberdade do comércio e da aquisição, que ele encontra em Londres, são-nos apresentadas agora como nada menos, para usar o jargão hegeliano, do que a inauguração de uma nova figura do espírito. Tudo se passa como se, em nossa história, algo singular, mas notavelmente alvissareiro tivesse se produzido. Como consequência desse processo, não apenas o século XVIII marcaria um momento de ruptura irreversível com o passado, como também, simultaneamente, esse passado — o passado tão glorioso do republicanismo clássico — poderá ostentar agora o estatuto, sem dúvida respeitável, mas pouco invejável, de ruína.

Há em Montesquieu o esboço de uma filosofia da história, na qual o passado se opõe ao presente como o espírito militar de conquista ao espírito de comércio (matriz que será desenvolvida logo a seguir por Benjamin Constant). E se o passado era constituído pelas virtuosas e frugais repúblicas de Atenas, Esparta e Roma, o presente o é pela república comercial inglesa.

República inglesa? Para os míopes que insistem em tomar o regime inglês como uma monarquia, Montesquieu adverte que se trata de: "uma nação em que a república se esconde sob a forma da monarquia" (Montesquieu 1979: L. V, cap. IX).

Este não é certamente o lugar para apresentarmos sua complexa argumentação sobre a superação da república virtuosa antiga pela república comercial e monárquica moderna. Digamos apenas que:

1. Por monarquia ele entende aqui não a forma feudal, mas a Inglaterra que é republicana porque a soberania pertence ao povo — e nesse sentido ele a considera como uma moderna Atenas.
2. Em contrapartida, a teoria da república democrática clássica — cuja severidade repressiva ele compara com a de um monastério — perde seu caráter paradigmático, não apenas por ser incapaz de garantir a segurança do indivíduo, mas também por sua incapacidade em conter as lutas das facções entre pobres e ricos. O modelo platônico-aristotélico da virtude e do regime misto mostrava-se insuficiente para assegurar estabilidade ao regime continuamente assolado pelo perigo da *stasis*, a guerra civil.
3. Na teoria de Montesquieu, o modelo inglês apresentava uma dupla vantagem: não apenas a disposição da separação dos poderes, como também o governo representativo, que embora encoraje o egoísmo dos indivíduos e das facções, o faz entretanto de tal modo que, em seu livre jogo, elas se autoequilibrem.

Como diz um crítico: "Montesquieu foi o primeiro grande filósofo político a considerar o comércio como digno de um extenso tratamento empírico em sua maior obra" (Lowental 1981: 503).

Mas as coisas não são tão simples e ainda uma última citação de Montesquieu pode ajudar-nos a compreender a complexidade da tarefa de sintetizar a concepção republicana nascida na antiguidade, onde o indivíduo é mero órgão da pólis, e a concepção republicana moderna, tendo a liberdade individual no centro de suas intenções: "Num Estado, isto é, numa sociedade em que há leis, a liberdade não pode consistir senão em poder fazer o que se deve querer e em não ser constrangido a fazer o que não se deve desejar" (Montesquieu 1979: L. XI, cap. III).

Notemos, na definição de liberdade, a proeminência do dever (razão) sobre a vontade ou o desejo (impulsos). Como se, já habitando um mundo distante do Antigo, regido pela exigência de liberdade do indivíduo, o filósofo de antemão se preocupasse em advertir sobre os limites da ação individual livre. Realmente, novas e embaraçosas questões são antevistas.

- Afinal, como conciliar o ideal republicano de promoção do bem comum com a emancipação das paixões aquisitivas necessárias para fazer girar o motor da nova sociedade produtiva?
- Que indivíduo é realmente esse que começa a emergir no novo continente moral descoberto por Maquiavel, e habitado por Hobbes, Locke, Montesquieu... e, logo, por nós mesmos! Não estaríamos forjando aí, com este Prometeu revivido, livre das amarras da religião e da moral, um novo tipo humano transcendendo as esferas do bem e do mal?

Antes de irmos para a conclusão seria necessário indicar que coube a Rousseau dirigir estas e outras objeções e dúvidas ao modelo do republicanismo que começava a ganhar força na Europa e no novo mundo. E é graças a ele que ainda hoje nos interrogamos sobre questões graves como:

- a legitimidade da autoridade moral do republicanismo liberal;
- as relações entre republicanismo e o princípio democrático de soberania popular;
- o próprio individualismo, em sua capacidade de satisfazer nossos anseios por uma vida digna e não marcada por um atomismo mecanicamente composto;
- como harmonizar esse individualismo e sua prática do livre mercado com uma genuína prática de cidadania e solidariedade cívica características do republicanismo clássico?

Queremos, entretanto, reservar a parte final desta comunicação não para dar as respostas a essas questões, que certamente extrapolam a órbita da própria comunicação, mas antes para indicar as vias que nos parecem impeditivas para qualquer tentativa de renovação de nossas esperanças. Refiro-me às posições profundamente negativas — se não propriamente uma rendição ao obscurantismo — indicadas nas citações com as quais iniciei esta fala.

Recordemos que o mais feroz crítico do republicanismo liberal foi Nietzsche, e que sua posição foi, como sempre, enunciada bombasticamente na proclamação: "O niilismo bate à porta".

Niilismo é um termo que comporta várias significações para Nietzsche, e que geralmente designa o momento presente, o final do século XIX, e inclusive nossa época. Esse momento é caracterizado como nihilista porque, diz novamente o filósofo, "Deus morreu". "Deus morreu" significa não somente que não há mais nenhuma forma disponível de transcendência como também que, como dirá posteriormente Foucault, o homem morreu. Como diz J. G. Merquior: "Leo Strauss costumava dizer que, nos tempos modernos, quanto mais cultivamos a razão, mais cultivamos o niilismo. Foucault demonstrou que não é absolutamente necessário fazer a primeira coisa a fim de alcançar a segunda. Ele foi o fundador do niilismo de cátedra" (Merquior 1985: 247).

Claro, ainda estamos aqui, mas nós, que habitamos tanto o ocidente quanto o oriente hoje ocidentalizado, somos apenas um ser fadado à extinção, o que ele designa como o "último homem", o mais decadente, o animal de rebanho sem aspirações nem ideais outros que não sua autopreservação. E essa extinção é apenas — ou pode vir a ser — a condição para o surgimento daquele que poderá finalmente conferir um sentido ao *non-sense* de nossa história, o super-homem, o agente portador de uma transmutação de todos os valores, o instaurador de uma nova era trágica, isto é, viril, sadia, digna dos mais altos anseios da raça humana.

Esse é então o diagnóstico de Nietzsche sobre toda esta nossa longa experiência histórica na qual, graças apenas à força do intelecto, o iluminismo foi capaz de dar um fim à forma mais insidiosa de escravidão humana, a religião revelada. Segundo o filósofo, momento único, singular, capital e fértil, desde que saibamos tirar partido da oportunidade que se abre. Para tanto, sejamos lógicos e concluamos o processo iniciado por nossos antecessores iluministas: pois a morte de Deus significa também a morte da Lei, dos Mandamentos, numa palavra, da moral. Já derrubamos o grande ídolo, o Deus santo que deu aos homens a moral. O que resta agora senão, como diz o filósofo, "atirar sobre a moral"? (Nietzsche 2002:19). Segundo Eden, "Nietzsche foi o primeiro a dar à filosofia a tarefa futura de coordenar, orquestrar e disciplinar o individualismo demoníaco com o propósito de criar, numa escala mundial, uma nova civilização, lei e homem. Nenhum filósofo antes tinha ensinado que se poderia permitir a extinção da moralidade; nenhum tinha descoberto que fazer isto era nobre precisamente porque era diabolicamente difícil; nenhum havia posto o niilismo à frente da humanidade como uma grande tarefa ou ensinado que ele deveria ser abraçado como uma nobre necessidade" (Eden 1983: 102).

Tarefa que Nietzsche toma para si: "Até agora, ninguém examinou o valor do mais célebre dos medicamentos, que se chama moral: isso requer, antes de tudo — pô-lo em questão. Muito bem! Este é justamente o nosso trabalho" (Nietzsche 2001: 345).

> Nosso ponto de vista quanto à moralidade é mais natural. Princípios tornaram-se risíveis; ninguém mais ousa falar de seu "dever" sem ironia. Nosso ponto de vista quanto à política é mais natural: vemos problemas de poder, de um quantum de poder contra outro quantum [...] percebemos todo direito como conquistas. (Caderno de notas)

O que há de singular em Nietzsche é que seu diagnóstico sobre o niilismo é, ao mesmo tempo sua promoção: nosso autor tem apenas desprezo pelas formas políticas modernas da democracia e do republicanismo, seja o liberalismo que lhe parece como uma forma vulgar do utilitarismo inglês, seja o socialismo, mero arremedo do cristianismo. É verdade que ele pretendia superar o niilismo, o que finalmente não conseguiu, com o anúncio de sua "grande política", que incluía muita destruição e que nem mesmo excluía o retorno da escravidão.

Entretanto o impacto de suas ideias sobre a contemporaneidade foi e continua sendo enorme e não apenas entre pensadores radicais fascistas como os que citamos acima. Pense-se no que dizia a seu respeito o sóbrio sociólogo Max Weber:

> Depois da critica devastadora de Nietzsche sobre "os últimos homens" que "inventaram a felicidade", posso abandonar inteiramente o ingênuo otimismo com o qual a ciência — ie a técnicade dominar a vida que se baseia na ciência — tem sido celebrada como meio para a felicidade. Quem crê nisso? — afora um punhado de criançolas nas cadeiras das universidades e nos escritórios editoriais (Weber 1961: 143).

No domínio ético, o niilismo é a negação sistemática da possibilidade de escolha racional entre ações e modos de vida: ou seja, é a abolição pura e simples de uma ética universalista, baseada seja nos direitos naturais, seja na razão prática kantiana, tal como a entende a autêntica tradição humanista. Teríamos perdido, portanto, qualquer critério capaz de pautar um regime republicano decente, segundo os melhores paradigmas modernos.

A direita, nietzscheana ou não, fascista ou não, niiilista ou não, tradicionalista ou pós-moderna, tem tido, como se sabe, todos os motivos para recusar o republicanismo. Mas as coisas não ficam melhores na alternativa à esquerda. Assim, numa carta de 1877 (Marx 2010: 282), Marx se queixava daqueles que pretendiam substituir "a base materialista do socialismo pela mitologia moderna com suas deusas da Justiça, Liberdade, Igualdade e Fraternidade".

Assim é que para os dois gigantes do século XIX, Marx e Nietzsche, elementos básicos do republicanismo moderno, como a moral e os direitos humanos, vão se tornando mera manifestação burguesa ou mitologia dos últimos homens, e como tal perdem sua legitimidade.

Resta que, com o niilismo, e na ausência do regime republicano, a tolerância, que também é uma virtude, e como tal um fenômeno essencialmente moral, perde sua razão de ser. De fato, Marx e Nietzsche reduzem a política, que como vimos começa em Platão como a arte de cuidar das almas, a meras relações de poder — *power politics* —, seja sob a forma da guerra de classes, seja como vontade de poder. Tal representação se coaduna perfeitamente com os horrores que vivemos nos totalitarismos do século XX.

Mas se a política não é mais, como dizia Aristóteles, aquela elevada forma de convivência inscrita na natureza humana, se tudo se reduz, como dizia Carl Schmitt e, antes dele, Trasímaco, apenas a relações entre amigos e inimigos, então afinal, que esperança podemos ainda acalentar e que motivos, senão o arbítrio ou o mero capricho, teríamos para tolerar o outro?

A tradição filosófica dos direitos humanos e da tolerância[5]

Minha intenção para esta palestra é simples, ela pode ser formulada em uma ou duas questões: o que se pode esperar hoje da filosofia no quesito direitos humanos e tolerância? E ainda: que crédito tem a tradição filosófica ocidental neste tema?

Começo pela segunda. Pretendo apenas recordar alguns fatos exemplares associados às teorias que deram início ao extraordinário acervo de contribuições referentes ao direito e à tolerância, que a tradição filosófica tem em sua conta.

Comecemos, portanto, lembrando alguns fatos de nossa história relativamente recente envolvendo algumas intervenções protagonizadas por líderes e estadistas que, baseados nesta tradição, desempenharam papéis relevantes na história, e que podem nos alertar para a necessidade de compreender como a reflexão sobre a questão da tolerância é indissociável das doutrinas do direito natural ou lei natural forjadas pela filosofia e que, por sua vez, são precursores da doutrina moderna dos direitos do homem.

Meu primeiro exemplo vem dos anos 60 do século passado. Em abril de 1963, escrevendo da prisão de Birmingham nos Estados Unidos, em defesa de uma política de desobediência civil em sua luta contra o racismo e a intolerância, Martin Luther King apela à grande tradição humanista e cristã do ocidente, citando primeiramente S. Agostinho — "uma lei injusta não é realmente uma lei" — e S. Tomas de Aquino, segundo o qual uma lei injusta é uma lei humana não enraizada na lei eterna ou natural. E conclui: "todos os estatutos da segregação são injustos porque a segregação distorce a alma, prejudica a personalidade, dá ao segregacionista um sentido falso de superioridade e ao segregado um sentido falso de inferioridade". Como se vê, King invoca em sua defesa uma lei superior à lei civil, que designa simultaneamente de eterna e de natural, remontando assim às duas maiores tradições constitutivas do ocidente, a da teologia da religião revelada e a da filosofia grega. Quanto a esta última, cita especificamente Sócrates: "Até certo ponto, a liberdade acadêmica é hoje uma realidade porque Sócrates praticou a desobediência civil" (King apud Storing 1970: 117-131).

Ao trazer à luz a questão da relação entre lei e justiça, ou a dos limites da lei face ao imperativo de justiça, lembrando que "tudo o que Adolf Hitler fez na Alemanha era 'legal'" e que o mesmo ocorria num país comunista, King sintoniza-se de fato com uma tradição venerável de defesa teórica e prática dos direitos e da tolerância, solidamente enraizada no ocidente e que remonta, para além da Idade Média, até a Antiguidade clássica. Mas, ao lembrar que crimes contra a humanidade podem ser cometidos sob a capa protetora da lei civil — como no nazismo e no comunismo —, ele fere um ponto nevrálgico da história e da teoria política ocidental: o dos limites da lei positiva. Pois o fato constrangedor é que há momentos e situações, como as mencionadas, e como a situação que atingiu o paroxismo nos Estados Unidos nos anos 1960, em que a própria lei civil se incumbe de instaurar, através dos estatutos da segregação, um quadro flagrante de injustiça ao impedir legalmente, entre outras coisas, naquele país, o livre trânsito da população negra. Em casos como estes é mister apelar para uma outra instância legal, superior a da mera justiça dos homens, a da lei ou direito natural, sob pena de termos de nos conformar com a prevalência do "direito do mais forte", tese dos antigos sofistas — nomeadamente de Trasímaco — já combatida por Sócrates.

Cauteloso e ciente dos limites da legalidade King, entretanto, não perde de vista a função estabilizadora da lei civil e, no mesmo passo em que mostra seus limites, adverte seus correligionários de que a desobediência civil não se pode fazer sem que o seu protagonista aceite as consequências de seu ato, as penas da lei vigente, assim como o fizera Sócrates que pagou com sua vida por seu ato, pois ambos não podem ignorar que a alternativa poderia ser a anarquia. Esta invocação do pai da filosofia partindo de um momento tão distante no tempo não deixa de ser surpreendente e, entretanto, parece procedente. Portanto, vale a pena nos determos um instante para recordar alguns pontos elementares da filosofia socrática.

De fato, talvez a maior originalidade de Sócrates tenha sido a de mobilizar e redirecionar o saber filosófico conduzindo-o a ocupar-se da questão ainda intocada pela filosofia, das relações entre a lei vigente e a justiça: provém daí o fato de ter sido ele considerado pelos antigos como o verdadeiro pai da filosofia (em particular da filosofia política).

Realmente, a julgar pelos testemunhos legados pela tradição, a originalidade do método zetético de Sócrates, consistiu precisamente em procurar um ponto de equilíbrio entre a revolta pura e simples — desencadeadora potencial de mais violência de consequências imprevisíveis — e a passiva submissão à autoridade constituída. Como assinala um filósofo que se quer um discípulo contemporâneo de Sócrates, Merleau-Ponty, Sócrates não foi um revoltado. Como poderia sê-lo alguém que proclamou como lema o "sei que nada sei"? Vista não do ângulo da psicologia, mas da filosofia, a atitude de revolta no plano político implica na convicção do domínio de conhecimentos inquestionáveis, tidos como absolutos. Escorada em um *fundamentum absolutum inconcussum veritatis*, transformada assim em saber absoluto, a filosofia poderia, então, legitimar sua atitude de rebelião. Mas, a convicção de dispor de um tal *fundamentum* constitui, como bem sabemos, não a filosofia de Sócrates, e sim a de alguns dos modernos, a começar de Descartes. Sobretudo: ainda que dispuséssemos deste saber absoluto teríamos que levar em conta algumas características próprias do pensamento clássico.

Primeiramente, e em contraste com o projeto científico moderno eminentemente prático, o antigo supõe a distinção fundamental entre teoria e prática e adverte que este último domínio não é redutível a um saber rigoroso como o matemático, mas próprio da forma mais modesta da prudência, "a deusa deste mundo inferior" como diz E. Burke. Na formulação de Aristóteles, a única régua com a qual podemos operar no mundo sensível é a régua de chumbo dos arquitetos de Lesbos (Aristote 1994: L.V, 14, 1137b 30-31), cuja precisão é limitada pelo caráter contingente dos fenômenos que procura medir. Notemos também que o conhecimento socrático da ignorância inscreve-se no horizonte da concepção grega de verdade entendida como *A-létheia*, termo que indica literalmente, como mostra Heidegger, antes uma tensão no próprio seio do ser entre uma autoexposição e um autovelamento. Neste sentido, realista, o conhecimento filosófico, que na versão socrática é conhecimento da ignorância, entende-se sempre como advertido sobre os limites: limites representados não só pelo sujeito cognoscente, mas sobretudo pelo caráter misterioso do universo. De fato, Sócrates abandona a *Hybris* filosófica dos fundadores da filosofia que pretenderam nada menos do que fundar um saber sobre o todo. Não há, portanto, aqui espaço ontológico nem tampouco epistemológico para a formulação do ideal de saber absoluto.

A *Skepsis* — exame — filosófica de Sócrates encontraria a formulação de sua validade, por assim dizer intemporal, na feliz sentença de Pascal, segundo a qual sabemos muito para sermos céticos e muito pouco para sermos dogmáticos. É esta posição que lhe permite criticar a autoridade estabelecida no mesmo momento em que recusa a acusação de injusto. Como veremos, foi graças a esta nova atitude da filosofia que ela pôde pela primeira vez alertar para a necessidade de invocar um direito natural como uma instância de defesa contra eventuais excessos abrigados nas leis.

Retornaremos a este ponto ao final. Voltemos agora a Martin Luther King.

Argumetava King: "Temos não apenas a responsabilidade legal de desobedecer às leis injustas, mas também moral". Neste argumento, vemos o sentido da sua crítica ao caráter limitado da estrita lei civil quando inserida no horizonte mais amplo da moralidade. De fato, frequentemente, a mera letra da lei contempla insuficientemente a dimensão moral das ações humanas, evidenciando a necessidade de recorrermos a uma esfera superior, aqui caracterizada como lei natural, divina, onde encontramos, inextricavelmente presentes, a dupla e indissociável dimensão da moral e da religião, como esferas aptas a complementar as eventuais carências da lei civil.

Este horizonte mais amplo, onde convivem as duas esferas da legalidade e da moralidade é também indicado por John F. Kennedy. De fato, em junho de 1963, dois meses depois de King ter escrito sua Carta, o presidente Kennedy, num discurso não menos extraordinário do que o de King, também alarmado pelas proporções que a questão da intolerância racial tomava no país, dirigia um apelo ao congresso e ao povo no sentido de integrar plenamente o negro na vida norte-americana. Recordando, como o fizera o pastor, as origens igualitárias da República Norte Americana, Kennedy, sem descurar dos aspectos legais da questão, enfatiza, sobretudo, sua dimensão moral.

> We are confronted primarily with a moral issue. It is as old as the Scriptures and is as clear as the American Constitution. The heart of the question is whether all Americans are to be afforded equal rights and equal opportunities, whether we are going to treat our fellow Americans as we want to be treated. (Confrontamo-nos inicialmente com uma questão moral. Ela é tão antiga quanto as Escrituras e tão clara quanto a Constituição Americana. O coração da questão é se todos os americanos devem ter direitos e oportunidades iguais, se vamos tratar nossos compatriotas como queremos ser tratados). [...]

E, referindo-se ao maior epígono dos fundadores da República no século XIX:

> "One hundred years of delay have passed since President Lincoln freed the

> slaves, yet their heirs, their grandsons, are not fully free." ("Cem anos se passaram desde que o Presidente Lincoln libertou os escravos, entretanto seus herdeiros, seus netos ainda não estão plenamente libertos").

Procurando na história de seu país os elementos fundamentais para uma política realmente tolerante e integradora, Kennedy recorre à doutrina dos direitos naturais, base da Declaração de Independência de 1776 e articula-se em linha direta com a obra inicial de emancipação dos escravos promovida por este outro seguidor da mesma doutrina, Abraham Lincoln. Esta obra, ainda inacabada, Kennedy reivindica agora para si assumindo a tarefa de levá-la a bom termo: "Now the time has come for this Nation to fulfill its promise". ("Chegou a hora para esta nação de realizar sua promessa").

Promessa: era assim que, por sua vez, o próprio Lincoln vira sua tarefa em relação aos "pais fundadores". De fato, Lincoln identificava a grande promessa da jovem nação com o princípio inscrito na Declaração de Independência, e na Constituição, de liberdade e de igualdade para todo o gênero humano, o princípio de *Liberty to all.* Referindo-se a este princípio assim argumentava o grande estadista americano:

> *Without* this, as well as *with* it, we could have declared our independence of Great Britain; but *without* it, we could not, I think, have secured our free government, and consequent prosperity. No oppressed people will fight, and endure, as our fathers did, without the promise of something better, than a mere change of masters. ("*Sem* ele, assim como *com* ele, nós poderíamos ter declarado nossa independência da Grã-Bretanha. Mas *sem* ele, penso que não poderíamos consolidar um governo livre e nossa consequente prosperidade. Nenhum povo oprimido lutará e persistirá sem a promessa de algo melhor do que uma mera mudança de mestres" (Lincoln apud Jaffa 1982: 312, 332).

Seu argumento era particularmente certeiro: a independência

assentava-se nos sólidos princípios de Liberdade e de Igualdade sem os quais a nova nação corria o risco de retornar à tirania sob novos déspotas.

Ora, este mesmo princípio, que constituía, portanto, o fundamento da nova república — sua "maçã de ouro" segundo Lincoln - ele invocava agora, de modo mais preciso, em defesa do negro escravizado e o designava também, conformando-se à grande tradição ocidental que remontava a Sócrates, Platão, Aristóteles, os estóicos e Cícero, como um "direito natural".

Referindo-se aos quase meio milhão de negros já libertos, no discurso de Peoria, em 1854, dizia ele:

> Todos esses negros livres são descendentes de escravos, ou foram eles mesmos escravos, e seriam ainda escravos, não fosse por algo que operou sobre seus donos brancos, induzindo-os, às expensas de amplos sacrifícios pecuniários, a libertá-los. O que é este algo? Será possível enganar-se a respeito? Em todos esses casos é o seu sentido de justiça, e de solidariedade humana, que está continuamente lhes dizendo que o negro pobre tem um direito natural a si mesmo — e os que o negam, e o transformam em mera mercadoria, merecem ser batidos, merecem o desprezo e a morte (Lincoln apud Jaffa 1982: 312).

Novamente, negue-se o direito natural e a sombra da tirania voltará a pairar sobre a nação.

King, Kennedy e Lincoln, como se vê, vão ao fundo da questão e suas reflexões mostram que, embora seja uma questão moral, a tolerância não é meramente um comportamento ou atitude que possa ser derivado de qualquer forma de arbítrio, que dependa de qualquer juízo subjetivo ou até mesmo da letra fria da lei civil. Há um "rationale", um fundamento objetivo a presidir a reivindicação de tolerância e este coincide com o mesmo fundamento que gerou o iluminismo moderno e que se explicitou na Declaração de Independência dos Estados Unidos — "We hold these truths to be self-evident, that all men are created equal, that they are endowed by their Creator with certain unalienable Rights, that among these are Life, Liberty, and the pursuit of Hapiness" ("Temos esses direitos como evidentes, que todos os homens foram criados iguais, que eles são dotados por seu Criador de certos direitos inalienáveis, dentre os quais estão a vida, a liberdade e a busca da felicidade") — e que tem sua origem na mais sólida e venerável tradição humanista do ocidente, a tradição filosófica dos direitos naturais e da lei natural.

Assim, o que realmente estes promotores e herdeiros do humanismo iluminista estão dizendo é que, haja vista que todos os seres humanos são portadores de um direito natural inalienável à vida, à liberdade e à busca da felicidade, temos que inverter a questão e compreendê-la nos seguintes termos: toda forma de intolerância ou de discriminação praticada entre seres humanos, quando, como e onde quer que se processe, configura-se como uma transgressão ao direito natural fundamental de todo e qualquer ser humano, e como tal deve receber a devida sanção da lei civil.

O notável nesta apologia moderna do humanismo é a extensão temporal de sua anamnese. De fato, nossos autores poderiam se limitar a evocar o direito natural moderno. Mas King vai além, assinalando as raízes da teoria moderna no âmbito do socratismo.

Realmente, como sabemos, tanto a expressão lei natural, quanto direito natural provêm da filosofia clássica grega: a primeira ocorre nos diálogos *Timeu* (83e) e *Górgias* (483e) de Platão. Quanto ao direito natural, "Physei Dikaion", como se sabe, a maior obra que Platão dedicou ao estudo da questão da justiça, *A república*, é toda ela concebida e apresentada como uma cidade justa de acordo com a natureza. Ao combater as teorias convencionalistas da justiça — como a que a identifica com o direito do mais forte, segundo Trasímaco — Platão, se não demonstra a existência de um direito natural, certamente aponta para sua necessidade. Também encontramos em Aristóteles na *Ética a Nicômaco* (v. 7, 1134b) a referência ao direito natural, "Physei Dikaion". De Platão tais conceitos emigram para Roma encontrando acolhida inicialmente no III livro d'*A república* de Cícero. É na obra de Cícero que, por sua vez, S. Agostinho encontra o conceito de lei natural, tal como o expressa na obra *De libero arbitrio* e *Contra Fausto*. Como diz E. Fortin:

> A proeza de Agostinho consistiu em transferir o ensino ciceroniano de um contexto religioso para um contexto político, usando-o assim como um veículo por meio do qual efetuou uma nova síntese entre a moralidade bíblica e a conceituação greco-romana (Fortin 1996: 205).

Por fim, é nesta mesma tradição que beberá Santo Tomas de Aquino. Podemos ver na *Suma Teológica*, Questão 94, que ele distingue quatro modalidades de lei: eterna, natural, humana e divina. Temos aí plenamente constituída esta grande síntese filosófico-teológica medieval à qual apela Martin Luther King.

Mas sínteses são como sabemos fenômenos complexos, e uma síntese que procura mesclar concepções provenientes de universos tão distintos quanto a filosofia pagã e o cristianismo o é mais ainda. King invoca esta síntese em defesa da tolerância, mas bem sabemos que a mesma religião que promoveu o amor ao próximo pôde também servir para fundamentar políticas extremas de intolerância. Aqui só posso esperar que a UNESP possa convidar a Profa. Anita Novinsky, especialista em Inquisição, para brindá-los com seu saber sobre este tema.

É precisamente deste quadro marcado pela intolerância cristã que tiro meu segundo exemplo. Nossa outra referência é decididamente mais sombria, proveniente das origens turbulentas da modernidade. Ela provém do próprio berço em que nascem o problema e o pensamento moderno da tolerância.

Refiro-me ao contexto das lutas religiosas iniciadas no século XVI, quando milhares de acusados de heresia foram executados. Sabe-se que uma das ocorrências mais chocantes do extenso rol das perseguições por intolerância foi a que envolveu a oposição entre Sebastien Castellio e Calvino, no episódio escandaloso da execução, a mando de Calvino, do médico e teólogo Michael Servetus em Genebra no ano de 1553. Por sua defesa de Servetus, Castellio mereceu dos historiadores o título de "primeiro grande advogado e defensor da tolerância e do pluralismo" (Zagorin 2002: 97).

Para resumir uma longa história, Castellio escreveu várias obras contra a política persecutória do Estado Protestante, a começar por uma *História da morte de Servetus*, do mesmo ano de 1553 e no ano seguinte, *Sobre Heréticos, se devem ser perseguidos e como deveriam ser tratados* (sob o pseudônimo de Martin Bellius). Note-se que esta obra foi tida por Calvino como pertencente à Nova Academia e por ele acusada de tentar destruir a religião. Estas mesmas caracterizações e acusações foram repetidas pelo discípulo e continuador de Calvino, Theodore Beza, que o sucedeu à testa da igreja de Genebra no ano de sua morte, em 1564. Coube a Beza dar a réplica a *Sobre os Heréticos* de Castellio, na obra publicada em 1554 (em francês em 1560) intitulada *Sobre a punição dos heréticos pelo magistrado civil, um livro contra a forragem de Martin Bellius e a seita dos Novos Acadêmicos*. Em resposta a Beza, Castellio, (agora sob o pseudônimo de Basil Monfort) publica nova obra em 1555 onde se defende das acusações do discípulo de Calvino que o caracterizara como diabólico e emissário de Satã. Em sua defesa, Castellio, invocando a Antiguidade, faz a apologia dos Novos Acadêmicos, estes antigos céticos, considerados por ele "os melhores dentre os filósofos" e designa como o primeiro fundador daquela seita ninguém menos do que Sócrates, elogiando sua "prudente ignorância" expressa na frase "sei que nada sei". Ao apelar a Sócrates e ao pensamento filosófico grego — como também o faz seu contemporâneo Montaigne — apresentando-os como garantidores da tradição de luta contra a intolerância, Castellio mostra-se particularmente sagaz, haja vista que seu adversário Beza era professor de grego. Atestava assim a existência de uma venerável tradição de defesa dos direitos naturais, anterior ao advento do próprio cristianismo, que invocava agora como testemunha da correção de sua posição.

O caso de M. Servetus testemunha, se necessário fosse, que a política cruel de perseguição aos heréticos não foi monopólio do catolicismo.

Por tudo o que foi exposto acima, evidencia-se que, muito antes da modernidade, e mesmo anteriormente ao cristianismo, as questões envolvendo a tolerância — e associando-a à esfera do direito — haviam sido elaboradas por pensadores credenciados e tidos como grandes mestres do pensamento e do humanismo ocidental (Kelley 1991). É, portanto, sempre esta, que é a nossa primeira tradição de defesa dos direitos e da tolerância, simbolizada na figura de Sócrates, que no início da modernidade é invocada e radicalmente separada da tradição cristã, e é a ela que incansavelmente retornam os primeiros heróis e mártires da modernidade invocando-a em sua defesa. Pensadores como Castellio, Montaigne, Montesquieu *inter alia*, introduzem uma cunha na até então harmoniosa síntese filosófico-teológica que mencionamos acima ao nos referirmos à obra medieval de Agostinho a Tomas de Aquino.

Notemos ainda que é também este o momento histórico, e *pour cause*, em que o cristianismo começa a perder credibilidade entre os segmentos mais ilustrados. A propósito da perda de substância do cristianismo entre os líderes intelectuais do ocidente, seja por seus excessos, seja pela emergência do movimento neopagão, que antecede e prepara o iluminismo, lemos em Judith Shklar:

> Está claro que muito antes de começar a escrever seus *Ensaios* [1580] Montaigne [1533-1592] havia perdido toda sua fé no cristianismo oficial. Seu próximo passo, e o de seus contemporâneos, foi um retorno aos filósofos da antiguidade clássica, e Montaigne nunca cessou de depender de sua sabedoria (Shklar 1984: 10).

Pouco mais de um século depois da morte de Montaigne, seu epígono Montesquieu (1689-1755) anotava no *Espírito das Leis* este repto contra os inquisidores proferido por uma jovem judia queimada em Lisboa:

> Cumpre advertir-vos de uma coisa: se alguém na posteridade ousar alguma vez dizer que no século em que vivemos os povos da Europa eram policiados, outra pessoa citar-vos-á para provar que éreis bárbaros, e a ideia que se terá de vós será tal que aviltará vosso século e trará ódio para todos os vossos contemporâneos (Montesquieu 1979: L. XXV, cap. XIII).

Palavras que ecoam a acusação proferida contra os assassinos do líder humanista e liberal De Witt, por outro célebre judeu, o filósofo Espinosa (1632-1677): "ultimi barbarorum".

Castellio e Montaigne mostram assim que é perfeitamente possível separar o joio do trigo quando se trata de identificar na tradição ocidental a verdadeira filosofia humanista representada, no caso, pelo socratismo. Que esta tradição ainda esteja viva atesta-o a invocação acima a Sócrates referida por Merleau-Ponty.

Entretanto, a atenção a esta continuidade dos antigos e medievais aos modernos não conta toda a história. Ao contrário, como bem sabemos, se há algo que caracteriza a filosofia moderna é a verdadeira revolução que consistiu em sua dupla ruptura com a teologia medieval e com a filosofia clássica greco-romana. De fato, o novo horizonte filosófico é descortinado já no século XVI por Maquiavel. Todos conhecem suas célebres sentenças que fazem dobrar os sinos para a filosofia pré-moderna. Elas estão nas páginas de O *príncipe* (Maquiavelli 1996: cap. XV). Assim é que, suave ou abruptamente, a até então venerável e indisputada tradição clássica começa a sua nova trajetória marcada, desde então, pelo signo da utopia (Rahe 2008).

Para mencionar apenas dois dos gigantes da modernidade em que repercutem as teses de Maquiavel contra os clássicos:

Hobbes, *Leviatã*, L. IV, Cap. XLVI, "Das trevas resultantes da vã filosofia e das tradições fabulosas":

> Em conclusão: nada há de absurdo que algum dos antigos filósofos não

> tenha defendido [...] e acredito que dificilmente pode afirmar-se alguma coisa mais absurda em filosofia natural do que aquilo que hoje se denomina a metafísica de Aristóteles, nem mais repugnante ao governo do que a maior parte daquilo que disse em sua Política, nem mais ignorante do que uma grande parte de sua Ética (Hobbes 1974: L. IV, cap. XLVI).

Descartes, *Discurso do Método* – Parte 1, onde podemos notar a associação entre a filosofia antiga e o quixotismo:

> [...] aqueles que regulam seus costumes pelos exemplos que deles [dos livros antigos] tiram estão sujeitos a cair nas extravagâncias dos paladinos de nossos romances e a conceber desígnios que ultrapassam nossas forças [...] eu comparava os escritos dos antigos pagãos que tratam dos costumes a palácios muito soberbos e magníficos, erigidos apenas sobre areia e sobre a lama (Descartes 1973: 44-45).

Estes textos são eloquentes. O início da modernidade marca sob muitos aspectos uma ruptura com a Antiguidade e com a Idade Média. Não cabe no tempo desta palestra explicitar os vários pontos desta quebra a partir da qual não só a consciência humana passa por uma radical transformação, como também o mundo ocidental será levado a uma fundamental mudança de direção.

Com respeito ao nosso tema, a mudança pode ser resumida assim: a partir das obras dos filósofos modernos, como Hobbes, Locke, Espinosa, o direito natural ou lei natural passa do estatuto de normas condicionais para o de normas de valor absoluto. De fato, no modelo antigo, liberdade e propriedade — para mencionarmos apenas dois casos exemplares — são direitos compreendidos sob a condição de que os deveres para com o bem comum estejam antes assegurados. Quando passamos aos novos filósofos, ao contrário, liberdade e propriedade são promovidas ao estatuto de direitos absolutos, invioláveis, imprescritíveis, incondicionais, inalienáveis e, por fim, sagrados. Como sabemos, Hobbes, em defesa destes direitos, vai até ao ponto de assegurar a um condenado à morte justamente o direito de matar seu carcereiro para sua sobrevivência.

A história das ideias nos séculos posteriores — nas obras de Montesquieu, dos *Philosophes* franceses, de Rousseau e de tantos mais — atesta, com poucas exceções (casos de Joseph de Maistre e de E. Burke), a expansão contínua da teoria, se não da prática dos direitos naturais. Da Europa ela passa para o novo mundo e por toda parte é acolhida nas Declarações institucionais e nos Códigos legais conferindo ao indivíduo as novas garantias de uma vida não apenas segura, mas se possível confortável.

É na Declaração de Independência redigida por T. Jefferson e ratificada em 1776, talvez o primeiro documento político a incorporá-la, que Lincoln, como vimos, encontrará os fundamentos para a abolição legal da escravidão. É dela também que se inspiram os primeiros redatores da Declaração dos Direitos do Homem e do Cidadão promulgada em agosto de 1789 pela Assembleia Nacional Constituinte da França. Em 1948, a ONU proclama a Declaração Universal dos Direitos Humanos, consolidando as palavras com que Tocqueville caracterizou a obra da Revolução Francesa: "ela formou, acima de todas as nacionalidades particulares, uma pátria intelectual comum, na qual os homens de todas as nações puderam tornar-se cidadãos".

Ruptura ou continuidade? Talvez não estejamos lidando com fenômenos inteiramente excludentes. O que importa de nossa perspectiva é que a caracterização dos direitos modernos como naturais, como fundados na natureza, atesta a existência de uma continuidade, para além das eventuais rupturas, entre a tradição humanista proveniente do socratismo, que acima reconstituímos brevemente, e os tempos modernos.

Assim é que, se referindo ao século XVIII, o historiador Charles Beard registra: "The clergy and the monarquists claimed special rights as divine rights. The revolutionists resorted to nature." ("O clero e os monarquistas reivindicavam direitos especiais como direitos divinos. Os revolucionários recorriam à natureza.") (Beard 1943: 38 apud Strauss 1953: 92).

Certo é que, ao menos do ponto de vista teórico, podemos afirmar que, dos seus primórdios na Grécia, até por volta da primeira metade do século passado, a contribuição que a filosofia trouxe para a formulação, introdução e respeito dos direitos humanos coloca sua obra — que designamos geralmente como humanismo — entre as mais nobres tarefas jamais realizadas pelo saber humano. (Nós que vivemos recentemente períodos de suspensão dos direitos pudemos bem apreciar seu valor prático). Com isso respondemos a nossa segunda questão sobre a contribuição da filosofia para os direitos.

Passemos agora à primeira: qual o panorama da contribuição filosófica hoje?

Aqui, novamente, temos que restringir nosso tema: não pensamos em passar em revista todas as diferentes escolas filosóficas contemporâneas em sua relação com o tema dos direitos. Meu objetivo é bem mais modesto. Quero apenas recordar alguns exemplos do que podemos designar como a crise dos direitos naturais — e por consequência dos direitos humanos — que o ocidente passou a experimentar desde o advento de formas relativistas de filosofia.

Resumindo ao extremo: a crise dos direitos naturais não teve sua origem nos meios conservadores ou religiosos. Note-se que, em 1881, a encíclica *Rerum Novarum* do papa Leão XIII, que ataca tanto o coletivismo socialista quanto o individualismo liberal, confirmando a síntese entre a herança clássica e a filosofia moderna, incorpora como base de sua doutrina a noção de direitos naturais:

> O ser humano precede a sociedade civil e, antes da formação da sociedade civil, ele deve ter por natureza o direito de sustentar sua vida e cuidar de seu corpo. (N°7)

Ao contrário, o ataque à doutrina dos direitos naturais que, ao fim do século XIX, passaram a ser designados de direitos burgueses, provém das filosofias de vanguarda, tidas como as mais progressistas. Não preciso mencionar o desprezo com que Marx se referia à "mitologia moderna com suas deusas da Justiça, Liberdade, Igualdade e Fraternidade" (Marx 2010: 282). Desprezo que encontra seu equivalente simétrico nos ataques de Nietzsche à mediocridade burguesa do último homem. Para estes gigantes da filosofia nem direito nem tolerância representam qualquer recurso válido contra um mundo que em sua irremediável decadência caminha para sua extinção ou, na melhor das hipóteses, para seu ultrapassamento.

Marx e Nietzsche estão entre os promotores modernos do historicismo, que podemos definir como a doutrina segundo a qual todos os padrões de significação e de coerência são em última análise temporários, ou melhor, históricos, inclusive o conceito de natureza e, consequentemente, o de direito natural. E, também neste sentido, consequentemente, inicia-se um processo pelo qual o conceito de natureza cede paulatinamente o lugar ao de história.

Ao final do século XIX e início do XX multiplicam-se os ataques aos direitos naturais. As críticas mesclam historicismo e positivismo. Assim, na primeira edição de seu livro *The Declaration of Independence: A study in the history of political ideas*, de 1922, tido como um dos melhores estudos sobre o tema jamais escrito, Carl Becker, mesclando princípios filosóficos positivistas e historicistas decreta que a filosofia dos direitos naturais, que serve de base para à Declaração não passa de mera ilusão: "Perguntar se a filosofia dos direitos naturais da Declaração de Independência é verdadeira ou falsa é essencialmente uma questão sem sentido".

A filosofia dos direitos naturais teria cumprido seu papel na época da fundação da jovem república, mas não tem mais validade. Entretanto, irônica, a história se encarregaria de ministrar uma aula ao grande historiador. De fato, na segunda edição da mesma obra, feita em setembro de 1941, Becker, revendo sua posição de 1922, anotava: "É certo que eventos recentes por todo o mundo chamaram a atenção dispersa para o imemorial problema da liberdade humana".

O motivo da revisão é claro: entre as duas edições surgira o nazismo que identificava plenamente, como vimos já o fizera o Trasímaco de Platão, a justiça ao direito do mais forte, à força. Prossegue Becker: "as ambições e o incrível cinismo e brutalidade de Adolf Hitler [...] forçaram os homens de todas as latitudes a reavaliar a validade de ideias semiolvidadas". Entre estas agora estão as ideias de liberdade, igualdade e fraternidade, bem como os inalienáveis direitos dos homens, apresentados agora como "realidades fundamentais pelas quais os homens sempre lutarão ao invés de se render" (p. XIV).

Também no filósofo do pragmatismo, John Dewey, nós vemos esta transformação reducionista dos direitos naturais em ideal, senão ideologia ou mito. Referindo-se aos termos empregados por Jefferson na Declaração de Independência, Dewey declara: "estas palavras saíram de moda [...] esquecemos todas as associações com a palavra natureza e falamos ao invés de ideais e objetivos". Mas, curiosamente, acrescenta que ela precisa ser apoiada por algo profundo e indestrutível nas necessidades e exigências da humanidade (Dewey 1939: 155-157). Mais recentemente, o discípulo de Dewey, o pragmatista Richard Rorty, tem sustentado haver uma "prioridade da democracia sobre a filosofia", a filosofia dos direitos naturais, bem entendido (Rorty 1997; Niznik e Sanders 1996).

Encontramos o mesmo padrão de recusa da teoria dos direitos naturais quando da composição em 1948 pela ONU da Declaração Universal dos Direitos Humanos. Um dos participantes da comissão encarregada da redação, Jacques Maritain, registra que surgiu então uma controvérsia opondo defensores dos direitos naturais aos advogados da concepção dos direitos humanos, estes tidos "como relativos ao desenvolvimento histórico da sociedade, sendo constantemente variáveis e em estado de fluidez". E Maritain conclui: "Sim, concordamos sobre os direitos, mas sob a condição de que ninguém nos pergunte por quê" (Maritain 1950).

Como se vê a partir da segunda metade do século XX a filosofia perde sua crença na fundamentação natural dos direitos, e aceitando o relativismo procura transferi-la, incoerentemente, para o domínio da história. Na França, mais recentemente, encontramos entre os autores representativos do anti-humanismo ou da filosofia pós-moderna, como Jacques Derrida, novas confirmações dos ataques à tradição humanista dos direitos, agora não apenas visando sua base natural, mas o próprio cerne dos direitos humanos. Curiosamente, Derrida, visitando a ex-Tchecoslovaquia de Gustav Husak, em 1981, onde realizava seminários clandestinamente, foi preso — tendo seus direitos brutalmente suspensos por um governo despótico (foi posto nu em uma delegacia) e só foi libertado graças à intervenção do então Presidente F. Miterrand. O grande desconstrutor do humanismo pôde experimentar parcialmente o que os cidadãos dos regimes realmente anti-humanistas experimentavam em seu dia a dia (Wolin 2004: 254). Sobre o vilalismo nietzscheano de Foucault e sua incapacidade de resistência diante da injustiça poderíamos consultar Ferry e Renaut (1994: 54-62).

Concluo com o *dernier cri* da crítica francesa aos direitos humanos. Trata-se de Alain Badiou, professor de filosofia na École Normale Supérieure, que escreve em sua *L'éthique*:

> Não faremos aqui nenhuma concessão à opinião segundo a qual haveria uma espécie de "direito natural" [...]. Posto em relação com a sua simples natureza, o animal humano deve ser situado sob a mesma etiqueta ("enseigne") que os seus companheiros biológicos. Esse massacrador sistemático busca, nos formigueiros gigantes que ele edificou, interesses de sobrevivência e de satisfação nem mais nem menos estimáveis do que os das toupeiras ou das cicindelas (besouros de mau cheiro que se alimentam de insetos) (Fausto 2009).

Infelizmente, os exemplos citados da filosofia atual, ao contrário da grande tradição humanista, que toscamente procuramos resumir, não são nada auspiciosos. Mas já é tempo de encerrarmos.

Luther King lembrava que devemos a Sócrates a desobediência civil porque ele inventou a liberdade acadêmica. Mas — quem sabe? — se talvez, diante de alguns dos mestres acadêmicos do niilismo atual, Sócrates voltasse à nossa época, ele não pregaria a desobediência acadêmica?

Seção II Filosofia política

Legislação, constituição e legislador em Platão[6]

Quero dizer, antes de mais nada, que me sinto lisonjeado por ter sido convidado a participar desta mesa composta por peritos em filosofia. Pretendo fazer uma apresentação bastante breve e focalizar apenas dois pontos, naturalmente referentes à Antiguidade grega, que me parecem ter alguma relação, ainda que talvez distante, com a "constituição do poder político".

O primeiro pensador do mundo grego que tomou esse tema como objeto foi Platão. E é sobre ele que eu gostaria de fazer duas ordens de considerações, extremamente simples, do ponto de vista da minha apresentação, que, de alguma maneira, parecem-me ter alguma consequência para além da mera Antiguidade, da mera época Antiga.

O primeiro ponto é o referente, digamos, à ordem interna do pensamento platônico. Assim, procurarei, rapidamente, mostrar o lugar de uma Constituição dentro do pensamento filosófico, isto é, em que medida a filosofia pela primeira vez cede um espaço, por assim dizer, à questão da legislação, da constituição ou do legislador. Esse será meu primeiro ponto. O segundo dirá respeito à questão do direito natural.

O primeiro ponto é este: a questão do lugar de uma constituição dentro da filosofia. A filosofia não nasceu pensando leis; ela nasceu pensando objetos próprios, em particular, em Platão, pensando o ser. Como é que encontramos dentro desse pensamento, dentro dessa ontologia, a questão do direito ou, como os gregos diziam, a questão da justiça, da virtude-justiça?

Pois bem, quando se fala em Platão, imediatamente vem à

mente o autor d'*A república*, da Politeia. E, como vem à mente *A república*, vem também imediatamente à mente o fato de que se trata da primeira utopia escrita no pensamento ocidental. É dessa maneira que é vulgarizada a leitura d'*A república* de Platão. Não só entre especialistas, porque a história da filosofia nos mostrou que encontramos em todas as épocas leituras que confirmam, que insistem nessa tecla — que é uma utopia, é um sonho etc.

Pois bem, eu gostaria então de aproveitar essa associação — entre, de um lado, a questão da utopia, e de outro, *A república* — e tentar verificar o lugar da lei dentro desse pensamento, tendo-se como referência principal essa obra.

Isso dito, constatada essa associação entre utopia e *A república*, o professor de história da filosofia fica humildemente tentado a fazer algumas retificações. Poderíamos tecnicamente designá-la em primeiro lugar como uma *ignoratio elenchi* e, em seguida, como um anacronismo. *Ignoratio elenchi*, porque *A república* não visa, não é esse o seu propósito, construir um projeto político que pudesse vir a ser realizado tal qual; impor-se a qualquer cidade, a Atenas, por exemplo, da sua época.

A intenção filosófica d'*A república* é a de definir uma essência, a justiça. E, é apenas para satisfazer a essa finalidade que Platão constrói o paradigma — palavra platônica — de uma cidade justa. Ora, se essa cidade deve conter a justiça, ela, então, deve ser teoricamente perfeita. Eis brevissimamente e com perdão do eventual pedantismo, a correção necessária. O filósofo busca, portanto, a virtude, uma virtude específica.

A justiça, e uma justiça — como diz ele, ao longo de toda a obra — *katà physin*, o que equivale a dizer: de acordo com a natureza, opondo-se à concepção sofística e convencionalista representada na obra por Trasímaco. Uma justiça natural, ou um direito natural, como se diria modernamente. Mas em nenhum momento coloca-se a exigência de que esta cidade possa vir a ser realizada. A única exigência que se faz, ao longo da obra, é a de o paradigma da cidade justa ser realizado pelo filósofo em sua própria alma.

Ou, nas palavras, por exemplo, de W. Jaeger em sua obra *Paideia*, no Estado em nós, em cada um de nós, individualmente.

Leio um trecho do final do Livro IX d'*A república* bastante conhecido: "Falas de um Estado que só existe em nossos discursos, pois não creio que haja nenhum semelhante em qualquer lugar". E a resposta de Sócrates:

> Há talvez um paradigma para quem queira contemplá-lo e regrar, por ele, seu governo pessoal. De resto, pouco importa que este Estado seja realizado em algum lugar ou ainda por realizar; é dele e apenas dele que seguiremos as leis (Platão 2001: L. IX, 502ab).

O Estado ideal é, portanto, indiferente à sua realização, mas traz em si mesmo sua verdade, o seu ser, como, aliás, todas as ideias em Platão. Para ele, as ideias são, como se sabe, paradigmas, modelos. Nesse sentido, dizer que a cidade ideal é utópica equivaleria a dizer, para Platão, que uma ideia é utópica. Por exemplo, que a ideia de triângulo é utópica, porque não se pode realizar tal qual. Em suma: equivaleria a dizer que a teoria das ideias de Platão é utópica. Quanto à cidade ideal, Platão é o primeiro a acusar seu caráter de modelo. Se estamos chamando utopia de modelo, então ele seria o primeiro a concordar com isso. Ele diz, por exemplo: "Pode-se agir em plena conformidade com as palavras? Ou, não está na natureza das coisas que a ação, praxis, se aproxime menos da verdade do que os discursos?" (Platão 2001: L. V, 773ª). Portanto, a acusação de utopia seria no máximo tautológica. Estaríamos criticando, em nome da eficácia um *logos*, uma teoria que só reivindica a causalidade formal — e onde se ouve formal, leia-se forma, ideia, ideal — e pretende-se aproximar apenas da verdade e não dos fatos.

A república visa, portanto, definir uma ideia, a ideia de justiça. Bem, mas diria alguém, essa cidade, se realizada, acarretaria abusos etc. Ora, os abusos seriam então não mais do domínio do *logos*, mas da *praxis*. E é como condição de realização formal, ideal, que Platão requer para o seu governo o filósofo no poder: a célebre tese do filósofo-rei. Mas é claro, também, que se a cidade ideal é uma ideia, se a justiça é uma ideia, tem esse estatuto, então, que o filósofo no poder não é menos, também, uma ideia — é claro. Daí também não ser procedente, em relação a Platão, a crítica que diria: "Mas o filósofo no poder, a sabedoria em contato com o poder se corromperia, o filósofo viraria um tirano etc".

Leiamos Platão novamente. Uma passagem do diálogo chamado *O político*, não mais *A república*, em que ele diz:

> Esse monarca de quem falamos, todos têm por ele antipatia. Ninguém acredita que uma pessoa possa jamais ser digna de tal autoridade, para querer e poder governar com virtude e ciência, distribuindo imparcialmente a todos a justiça e a equidade, e não ultrajar, maltratar, matar quem lhe agrade, em qualquer ocasião (Platon 1970: 301d).

Texto que mostra, portanto, em primeiro lugar, o próprio autor como ciente em relação a essa pseudoacusação que se faria ao filósofo-rei. E, em outro texto, d'*As leis*, por exemplo, diz ele sobre o mito de Kronos (a época de Kronos era uma espécie de idade de ouro em Platão):

> Kronos sabia que nenhum homem pode, por sua natureza, regulamentar como mestre absoluto (autokrator), como autocrata, todas as coisas humanas sem ser afetado por hybris (desmedida) e por injustiça. Assim, pensou em colocar em nossas cidades, como reis e chefes, não homens, mas seres de uma raça superior e divina: daimons (Platon 1968: L. IV, 713c).

Eis, portanto, como o próprio filósofo se refere à República: uma cidade de semideuses, uma cidade de semideuses governada por *daimons*. Nessa cidade, o filósofo governa livremente, entendendo-se livremente no contexto da filosofia platônica, ou seja, ele põe sua vontade à disposição das ideias; ela se torna então boa vontade. E o procedimento fundamental de que se vale o filósofo na procura de ordenamento da cidade é a *paideia*, a educação, a pedagogia. Nesta medida, a cidade ideal, educada pelo filósofo, dispensa leis. A educação as substitui; a educação e a presença contínua do filósofo dispensam uma legislação. Vimos que o filósofo-rei é uma ideia; que os homens, uma vez no poder, podem se corromper etc. O que ocorre, então, na ausência do filósofo-rei, já que o próprio Platão diz: "Nem sempre é possível".

Não nascem filósofos-reis nas cidades, como nascem rainhas entre as abelhas. É aqui, então, que começamos a entrever, o lugar em que pode vir a ser necessária uma Constituição, um ordenamento jurídico. As leis são, antes de mais nada, obra escrita. Pode-se dizer que em Platão elas têm o estatuto de um substituto. Enquanto o saber do filósofo é sempre absoluto, porque de acordo com ideias, a lei escrita terá sempre o estatuto de um saber de segunda ordem.

Entre parênteses, poderemos dizer que para Platão a lei escrita tem o estatuto da obra escrita. Mas, atenção: os próprios *Diálogos* de Platão têm esse estatuto de serem substituições. Eles são, na verdade, cópias, imitações artítisticas no mais alto grau, da ação ao vivo do filósofo. É nesse sentido que se deve ler a obra platônica. Assim, "a filosofia propriamente dita, diz Platão, não se encontra nos *Diálogos*, que são apenas uma sugestão para o leitor". São, portanto, imitações. As leis são também imitações da constituição criada pelo filósofo. Veja-se por exemplo *O político*: "Como não nascem filósofos-reis nas cidades, necessitamos então nos reunir, para escrever códigos, tentando seguir os traços da mais verdadeira Constituição" (Platon 1970: 301e).

Sequência curiosa, em que Platão se pergunta se devemos nos admirar mais com os males que afetam as constituições imperfeitas ou com o fato de haver uma certa força inata de resistência que as cidades possuem, e que as faz sobreviver. Assim, me parece que esse texto afasta um pouco a acusação que em geral se faz contra Platão, de ser pessimista. E explica, em grande parte também, a atitude de Sócrates, no *Critão*. Neste diálogo Sócrates mostra que a condenação à qual ele foi submetido é injusta e, portanto, não haveria fundamento em obedecê-la; e não obstante ele obedece a essa condenação. Ele obedece sabendo que a obediência significa sua própria morte.

É como se dissesse: "É preferível mantermos esse ordenamento jurídico de que a cidade se vale, a, fugindo, colaborar de alguma maneira para que esse ordenamento, que ainda imperfeito, se desfaça". Portanto, é nessa ocasião, na ausência do filósofo-rei e de condições ideais, que a filosofia encontra um lugar para uma Constituição.

É preciso lembrar ainda que, no mesmo *O político*, Platão diz que a única forma de demonstrar-se liberal, nesse sentido, é através de uma Constituinte, isto é, que as leis sejam aprovadas através de uma Constituinte. Evidentemente, não será a solução dele, que seria a de que, na medida do possível, as constituições copiassem, fossem imitações dessa Constituição à qual o filósofo obedece. Este é o primeiro ponto que eu queria destacar, o lugar da lei nesse pensamento.

E é preciso notar, então, que *A república* não visa realizar-se tal qual, é preciso afastar um pouco essa ideia de uma utopia. Utopia é uma palavra criada no século XVI por Thomas Morus, ela tem uma data de nascimento precisa e não foi esse o propósito dos gregos, nem de Platão, nem de Aristóteles etc.

O segundo ponto, que eu gostaria de apenas brevemente mencionar, é que, ao fundar a noção de justiça n'*A república*, conferindo-lhe o estatuto de uma ideia, Platão assinala constantemente que a cidade ideal é, como disse, *kata physin*, de acordo com a natureza. Nesse sentido é que poderemos atribuir a Platão o título de o fundador do jusnaturalismo, isto é, do direito natural.

Curioso! Desde Aristóteles e, em particular de Epicuro, ele foi então violentamente criticado. Assim, temos a célebre crítica aristotélica à teoria das ideias, concebendo Aristóteles as ideias como entidades à parte; a mesma crítica feita por Epicuro: não há uma justiça em si. Dessa forma, Epicuro estaria abrindo caminho para uma espécie de concepção positiva do direito (Guyau 1878; Witt 1954; Goldschimitt 1977).

Mas sabemos que, a partir da crítica aristotélica, e, sobretudo de Maquiavel, o platonismo passou a ser caracterizado como um idealismo sonhador. Ora, essa mesma teoria de um direito natural, direito natural que vale, portanto, não em tese, não em convenção, mas como *physin*, por natureza, essa mesma concepção foi retomada nos séculos XVII e XVIII, por homens como Grotius e Montesquieu. Nesse novo contexto, a teoria platônica se reafirma contra os eventuais abusos do poder absoluto, tanto representados pela Igreja quanto pelo Estado absolutista. Afirma-se então a existência de um direito anterior a todo poder humano e divino, válido, independentemente deles.

O conteúdo do conceito de direito não se funda na esfera do mero poder e da vontade, mas na pura razão. A lei é então concebida, como diz E. Cassirer, como *ordo ordinans*, e não como *ordo ordinatus*; como poder estabelecedor, e não como estabelecido. Às críticas a este apriorismo, como vai ser chamado o platonismo, na sua versão moderna, a essa concepção de uma justiça em si, que evidentemente não devemos entender à maneira aristotélica e epicurista (assim como não devemos entender Platão dessa maneira, n'*A república*: quando ele diz que há um leito em si, não devemos imaginar uma caminha qualquer, a figura de uma caminha: não é isso que ele está querendo dizer, é evidente). Mas, como dizia, às críticas dirigidas a essa forma de apriorismo — novo nome do platonismo na modernidade, dado pelos defensores de um positivismo jurídico — Montesquieu retruca:

> Antes que houvesse leis escritas, havia relações de justiça possíveis. Dizer que não há nada justo nem injusto, senão o que ordenam ou proíbem as leis positivas, é dizer que, antes que tivéssemos traçado o círculo, todos os seus raios não eram iguais (Montesquieu 1979: L. I, cap.I).

Montesquieu mostra bem o mesmo tipo de aspiração que presidiu a concepção platônica.

E concluo rapidamente. Peço licença para fazê-lo com uma

lembrança a qual me é muito cara, uma lembrança afetiva. Meu pai gostava de recordar que, na época em que ele era estudante na Faculdade de Direito — e isso se passou em Belo Horizonte, provavelmente na década de 1930 —, em uma das manifestações que os estudantes faziam então contra o arbítrio do poder estabelecido, escolheram como palavra de ordem a seguinte frase: "Pelo direito, ainda que contra a lei." Não me parece que, ao proclamar tal palavra de ordem, os estudantes estivessem, então, sonhando.

Bem, eram esses os dois pontos que eu queria destacar.

Augusto Comte, um platônico *malgré-lui*?[7]

É fato notório, fartamente explicitado na historiografia do pensamento político brasileiro, a influência exercida pela obra de Augusto Comte sobre nossa cultura política. A robusta ideologia antidemocrática, antiliberal (antiparlamento), representada, entre nós, por Júlio de Castilhos, Borges de Medeiros e Getúlio Vargas (*inter alia*) invocou continuamente o nome do fundador do positivismo. Ora, na obra de A. Comte, o tema antidemocracia aparece como uma espécie de corolário, decorrente de certas teses que fundamentam o sistema comteano em sua totalidade.

Dessas, duas merecem destaque:

- A estruturação da sociedade segundo um modelo orgânico que se baseia no princípio da separação das funções e que resulta, no plano político, na recusa da universalidade da participação política para o corpo social.

- Solidariamente, a tese iluminista, levada ao paroxismo, da organização científica da sociedade pela nova ciência: a sociologia.

Tais teses se inscrevem numa longa tradição e encontram sua primeira formulação na *República* de Platão, (como procuramos demonstrar em nossa tese de doutorado: *Augusto Comte e o mundo grego*, USP, 1985) onde A. Comte pôde, ainda que inconfessadamente, reencontrá-las e reativá-las.

Por sua vez, essa tradição hiperiluminista foi acerbamente combatida, no início dos tempos modernos, pela obra de Thomas Hobbes, que acabou por criar urna nova representação da política, à qual o moderno liberalismo não é de todo estranho.

Neste texto, partindo de Platão, procuramos, pois, seguir, desde seu nascimento, as peripécias por que passam certas ideias políticas na longa viagem que empreendem, da Grécia antiga ao Brasil contemporâneo.

O que é fundamentalmente *A república* de Platão? A leitura do primeiro livro, caracterizado a seguir como simples Proêmio, já nos diz: trata-se de uma investigação sobre a justiça, ou seja, uma ideia ou um valor. O que nela se procura é definir a justiça, mas sob uma condição: a cláusula que apõe a questão é: a justiça como um bem em si e por suas consequências. Ora, seja lá o que for, a justiça é algo que encontramos pelo menos em dois níveis: no Estado e no indivíduo. Por uma questão de método a obra se propõe então a defini-la antes no Estado para depois fazer o mesmo em relação ao indivíduo. Mas a busca da justiça no Estado não é a finalidade maior da obra e sim um desvio — necessário, sem dúvida — metodológico. Por que demorar nessas precisões que qualquer leitor da obra conhece à saciedade? Porque *A república* tornou-se sinônimo de utopia ou de projeto platônico político, o que sem dúvida ela não é.

Importa, pois, notar que, se Platão constrói nessa obra um Estado ideal, ele o faz apenas na medida em que procura um paradigma — conceito platônico — com o auxílio do qual chegará ao fim que se propõe: definir a justiça no indivíduo.

A república tem, pois, como primeira tarefa, exibir esse paradigma. Assistiremos, portanto, ao nascimento de um Estado que progressivamente — e sempre no nível da teoria — tenderá a incorporar um máximo de justiça.

A gênese do Estado não se baseia em pactos ou contratos, mas naquilo que, com Hegel, poderíamos chamar de sistema das necessidades, ou na interdependência universal em que se encontram os homens ou nos termos platônicos: o Estado nasce pelo fato de o indivíduo não ser autárquico (Platão 2001 L. II, 369b).

A essa concepção genética Platão acrescenta logo o princípio de separação das funções sociais, distinguindo, graças a uma caracterologia ou antropologia algo sumária, três tipos de agentes sociais: governantes, guerreiros e produtores, tipologia essa que é a simples expressão externa dos três elementos dominantes em nossa alma: *logos*, ou razão; *thymós*, coração ou coragem (onde residem: a cólera, a impulsividade, o sentimento de honra) e, enfim, o *epithymetikós* ou as pulsões passionais.

Tanto no quadro da psicologia quanto no social, o fundamento dos elementos constituintes será Eros, o universal impulso amoroso. Cada homem é dotado de todos os três elementos, mas não na mesma proporção, desigualdade, portanto, estrutural que acarreta uma classificação dos seguintes tipos:

- os que amam prazer e riquezas, dominados, portanto, pelas paixões;

- os que amam as honras, as vitórias e a dominação, subjugados pelo *thymós*;

- e, por fim, aqueles que preferem a pesquisa e a ciência, e que são amorosos da verdade.

Com esses brevíssimos elementos Platão constrói então o sistema político em que cada um poderá realizar sua aspiração predominante. Para tanto, coloca como essencial a separação entre as esferas econômica e política, de modo que se os governantes vivem em um regime comunista (sem acesso a nenhum bem material), em contrapartida os membros do terceiro segmento, artesãos, trabalhadores (em suma, os industriais de Saint-Simon e de A. Comte) não podem ter acesso ao poder político.

Como todos sabem, esse sistema é coroado pela presença no poder daqueles que não desejam governar e que serão obrigados a fazê-lo, ou seja, os filósofos.

Portanto, no plano político, dá-se a justiça quando, sob a presidência do filósofo-rei (homologada pelo povo, o que Platão acredita ser possível), produz-se um acordo e uma harmonia entre os grupos sociais, assim dispostos.

Nenhuma tese provoca reação mais viva na obra do que essa do filósofo-rei (Platão 2001 L,V, 473 e 474ª). Notemos que ela ilustra de modo particularmente vivo a filiação socrática de Platão. Ao construir o paradigma de uma cidade justa — e sempre se norteando no plano do *logos*, da teoria —, Platão desenvolve a lição aprendida com a condenação de Sócrates, na qual viu, nas palavras de Goldschmidt, que, "na democracia ateniense o justo não tinha a liberdade de ser justo enquanto que o injusto tinha toda a liberdade de ser injusto", ou ainda "que os injustos tinham toda a liberdade de combater a justiça do justo, o qual, por sua vez, não tinha nenhuma para se opor à injustiça do injusto" (Goldschmidt 1970: 173-202).

A tese do filósofo-rei tem, portanto, essa significação que não a esgota: ela visa mais a elevar o poder ao nível da sabedoria do que contaminar o saber com o poder. Antecipando-se ao estoicismo, Platão procura, "no plano das ideias, construir uma cidade onde a interioridade da consciência possa sem perigo, nem decadência, se produzir na praça pública" (Goldschmidt 1970: 200). Entre os filósofos processados por Atenas contam-se Anaxágoras, Sócrates, Aristóteles, Stilpor, o Megarico e Theodoro de Cirene (Derenne 1930).

Assim, na formulação platônica, a tese do filósofo-rei procura incorporar a virtude ao poder. Mas ela tem outro aspecto fundamental, que consiste propriamente na competência para governar, saber que não exclui experiência e virtude, indissociáveis no filósofo — o que o qualifica para o poder.

Até aqui procuramos ressaltar duas teses d'*A república*: o princípio de separação das funções e a tese da união entre saber e poder. Notemos que ambas se mantêm numa relação de perfeita coerência, haja vista que se fundamentam num mesmo princípio segundo o qual "pela natureza a alguns convém ligar-se à filosofia e comandar na cidade, a outros, não tocar nela e submeter-se àquele que comanda" (Platão 2002: L. V, 474c).

Lemos, portanto, nesse texto a posição platônica de uma desigualdade natural. Mas, o mais importante é que a afirmação dessa desigualdade natural se dá como fundamento institucional da diferença entre governantes e governados. Retenhamos esse ponto que retomaremos a seguir.

Antes de concluirmos essas breves observações sobre *A república* há ainda uma questão a tratar. Ela diz respeito à realização da cidade justa e reencontra a questão de método que lembramos no início.

Dois textos d'*A república* podem ser aqui invocados como dirimentes.

O primeiro diz: "É possível pôr em prática um projeto exatamente nos termos em que é concebida a teoria [*logos*]? Não é certo que a realização [*práxis*] se aproxima menos da verdade do que o logos?" (Platão 2001: L.V, 473[a]).

Estamos aqui diante da difícil questão — não escusada por Platão — que trata das relações entre teoria e prática, entre o ideal e o 'real' ou empírico.

A era moderna das revoluções tem nos ensinado como é difícil a passagem entre esses dois níveis. Em Platão, o sucesso de tal passagem depende de favores divinos, deve se colocar sob a assistência de uma *tykhê* (acaso) favorável. Ou seja, o sucesso da *práxis* não depende mais inteiramente dos homens, por melhor que seja sua boa vontade e seu saber. Ingenuidade? Talvez. Em contrapartida, não encontramos em seu pensamento lugar para ideias tão ao gosto dos modernos como progresso, evolução, potencializadas pela convergência das ciências históricas e biológicas. Não há, pois, em sua obra nenhuma exigência de realização do paradigma — n'*A república* (como também no projeto mais 'realizável' d'*As leis*) o que se visa é aproximar-se da verdade teórica. Mas há outra exigência, essa sim assumida pelo filósofo.

Passemos ao segundo texto. Nele, diz Glaucon: "Falas do Estado que descrevemos e que não existe senão em nosso diálogo (*logois*) já que não creio haver nenhum semelhante em nenhum lugar do mundo."

Ao que Sócrates retruca:

> Mas há talvez um paradigma nas ideias ["en ourano"] para quem quer contemplá-lo e assim instituir em si mesmo seu Estado. De resto pouco importa

que tal Estado esteja realizado ou ainda por realizar: conformaremos nossa conduta apenas em relação a ele, e a nenhum outro (Platão 2001: L. IX, 592b).

Esse segundo texto, após insistir sobre a indiferença (*diaphérein dé ouden*)[10] quanto à realização política do paradigma, estabelece enfim a exigência essencial da obra: que o filósofo realize em si mesmo — na micropólis que é sua alma — essa cidade ideal (Platão 2001: L. IX, 592b,4).

Investigação sobre uma ideia, sobre um 'valor', *A república* cumpre plenamente sua finalidade, desenvolvendo-se num âmbito estritamente filosófico, e com isso quer-se dizer antes ontológico do que político. Mais precisamente: se operamos nela o recorte político, saibamos que tal modelo, indiferente à sua realização, "não pretende se impor a nenhuma cidade existente, seja através da propaganda, seja através da violência" (Goldschmidt 1970: 189).

Como conta em sua autobiografia, Platão sonhou ser político, como todo jovem. Mas preferiu a filosofia, e sua obra inteira apresenta as razões dessa escolha. Que não se diga, portanto, que sua filosofia é apenas ação política entravada.

É bem verdade que, diante de tanta prudência quanto à passagem à ação, sempre se poderá pensar como Heidegger, quando ele diz que a filosofia não serve para nada. Mas, formular tal questão é perguntar pelas condições da ação e, em particular, da ação política em Platão.

No diálogo *O político*, encontramos o que se poderia chamar de o 'mito' da idade do ouro de Platão, designada como época maravilhosa de Kronos. Bons tempos em que, segundo o mito, o próprio deus, presidindo o universo, encarregava-se de governar os homens e em que os frutos nasciam espontaneamente da terra (Platon 1970: 271a). Em tal época não havia conflitos, portanto ninguém necessitava de repúblicas (*politeia*), de constituições.

Mas os tempos agora são outros: agora, os homens, "privados dos cuidados divinos têm que, eles mesmos, se conduzir e cuidar de si mesmos" (*Id., ibid.*: 274d).

Ora, os homens — como todos sabemos — são o que são: homens e não deuses. Os novos tempos abrem, portanto, cruamente o problema político: como organizar a vida na pólis, o sistema das necessidades?

Primeira consequência que teria nosso texto: o poder, encontrando-se agora em mãos demasiado humanas, nenhum homem será digno de exercer o poder de modo absoluto tomando como critério a ciência do Bem, pois, diz o texto, "ninguém poderá, nem quererá, governar com virtude e ciência", infalivelmente (Platon 1970: 301d, 1-2). Mesma ideia reafirmada no diálogo *As leis*: "Nenhum homem, por sua natureza pode governar como autocrata os negócios humanos, sem que se impregne de hybris [soberba] e de adikias [injustiça]" (Platon 1968: 713c, 5,6,8).

O governo absoluto de um só homem, o filósofo-rei, não é, portanto, algo que tenha a medida humana, isto é, que se cumpra sem resvalar na tirania. Se assim é, então o que fazer?

A solução será encontrada na substituição da ciência absoluta soberana por Constituições escritas que, conforme lemos ainda no diálogo *O político*, são "imitações da verdade, compostas da melhor maneira possível pelos que sabem" (Platon 1970: 271ª, 301c, 4,5).

Ao retornar para o fundo da caverna o filósofo se torna político, ou melhor, legislador, e a filosofia, ação.

As leis imitadas escritas são por sua vez formas derivadas do paradigma do bem, e é assim — sem nos esquecermos da educação — que os cidadãos, na medida em que respeitam as leis, podem compartilhar daquilo que é próprio do filósofo, organizar sua conduta em conformidade com o bem.

Começamos a entrever o quadro no qual se inscreve a ação no pensamento platônico. Como vimos precedentemente, essa ação é imitação. Mas, grosso modo, há no platonismo duas modalidades de ação imitativa, que, para simplificar, podemos chamar de pura e impura.

A primeira modalidade é própria do demiurgo divino, de quem

encontramos exemplo no *Timeu*, onde vemos a produção do universo que é imitação sensível — "com o máximo de semelhança — do mais belo dos seres inteligíveis e de um ser perfeito" (Platon 1970: 30d, 2,3). Trata-se da mais perfeita modalidade de ação.

Ao lado desta, encontramos a ação humana, a do artesão técnico e a do político. O artesão contempla o modelo e para realizá-lo não tem outro obstáculo do que a resistência passiva da matéria. Mas o político encontra resistências bem mais sérias.

Homem, ele lida com homens, ou seja, com seres cujas almas se encontram impregnadas, em maior proporção, de elementos irracionais, as paixões. Essa é uma boa ocasião para notarmos a solidariedade entre a filosofia platônica e a forma do diálogo em que se exprime.

Realmente, o outro, antes de se anunciar a mim como meu vizinho, se encontra em mim mesmo. Antes de persuadi-lo tenho que persuadir a mim mesmo: e é aí também, e somente aí, que posso vislumbrar minha liberdade, já que esse outro que coabita comigo exerce sobre mim seu império, incessantemente. A fórmula com a qual Espinosa define a servidão conceitua perfeitamente esse tema em negativo. Diz ele:

Chamo servidão à impotência do homem em governar e reduzir suas afecções; submetido aos afetos, de fato, o homem não depende mais de si mesmo, mas do acaso, cujo poder sobre ele é tal que, frequentemente, vendo o melhor, ele é levado a fazer o pior (Espinosa 1973: Parte IV).

Esses são, pois, os obstáculos que se interpõem entre o filósofo-político-legislador-educador-dialético e os simples cidadãos, desde que a filosofia queira passar à ação. O que bem mostra que no domínio ético-político a técnica — que bastava para a ação do artesão — não é mais suficiente.

Eis em resumo o campo minado em que o filósofo deve entrar desde que queira agir bem.

Mas já é tempo de concluirmos este esboço sobre Platão.

Nas obras posteriores a *A república*, n'*O político*, e sobretudo n'*As leis*, Platão se mostra perfeitamente cônscio do fato de que, enquanto homem, o filósofo no poder poderá se corromper. O filósofo dá então lugar ao legislador-dialético.

Entretanto, se abre mão de um rei-sábio com poder absoluto, Platão permanece, contudo, fiel à exigência de uma política guiada pelo saber virtuoso. Já vimos o texto de *A república*, "pela natureza a alguns convém ligar-se a filosofia e comandar na cidade, a outros não tocar nela e submeter-se".

O que permanece em Platão é, pois, como dissemos, a afirmação de uma desigualdade natural servindo como fundamento institucional da diferença entre senhores e escravos. Enfim, opondo-se a Protágoras, entre especialistas da política (sábios com direito ao poder — mais: com dever de governar) e ignorantes desqualificados para o mesmo.

É esse núcleo de ideias — malgrado as obras finais como *O político* e *As leis* — que será retido pela tradição ocidental, seja para recebê-lo, seja para combatê-lo. E o primeiro a combatê-lo é, como se sabe, Aristóteles.

A reflexão platônica partia do âmbito do direito natural, na medida em que se contrapunha à tese de Trasímaco ou de Cálicles, que identificavam a justiça (a lei, o direito) com a força, com o direito do mais forte.

Em Platão, o título ao governo provém não da força, mas da sabedoria — e isso se fundamenta na natureza. Ora, é a natureza que interessa a Aristóteles, e que em sua reflexão passa por uma espécie de redução fenomenológica. O que é que nos mostra a natureza no domínio político? No primeiro livro de sua *A política*, lemos: "A natureza, de fato, quer diferenciar os corpos dos homens livres e aqueles dos escravos" (Aristóteles 1998: L. I, 1254b, 27-28). O início do texto parece concordar com Platão; entretanto ele logo acrescenta: "Mas frequentemente ocorre o contrário".

Assim, o que a natureza evidencia é apenas uma intenção, e uma intenção que falha frequentemente. Eis porque ela não pode se prestar a um uso unívoco. Ora, o bom físico é aquele que decifra a natureza, por assim dizer, em sua boa intenção, sem se prevalecer de suas falhas.

Assim, a natureza não pode se prestar para justificar qualquer forma de diferenciação política, nem entre governantes e governados, nem entre senhores e escravos: pois quem me garante que tal homem com aparência natural de escravo não é na verdade um homem nascido livre? E vice-versa! Como diz V. Goldschmidt, ao final de seu notável texto: "O naturalismo do filósofo implode a instituição [da escravidão] que estava destinado a reforçar" (Goldschmidt 1984: 79).

Implosão sutil, é bem verdade, e que permaneceu ignorada: os pensadores posteriores ao fim da Antiguidade operaram antes um amálgama entre Platão e Aristóteles no qual destacou-se a ideia de desigualdade natural, com seus esperados corolários políticos.

Passemos agora aos modernos. Mas antes de Comte vejamos rapidamente o autor que mais decidida e conscientemente se contrapôs aos antigos gregos, inaugurando para muitos a modernidade no domínio da reflexão política.

No capítulo XIV do *Leviatã*, lemos:

> A natureza fez os homens tão iguais, quanto às faculdades do corpo e do espírito que, embora por vezes se encontre um homem manifestamente mais forte de corpo, ou de espírito mais vivo do que outro, mesmo assim, quando se considera tudo isso em conjunto, a diferença entre um e outro homem não é suficientemente considerável para que qualquer um possa com base nela reclamar qualquer benefício a que outro não possa também aspirar, tal como ele (Hobbes 1974: Cap. XIV).

Afirmação inequívoca, portanto, da igualdade natural. Mas, se perguntarmos contra quem fala Hobbes, ficaremos surpresos. Vejamos um trecho do capítulo XV:

> Bem sei que Aristóteles, no Livro I de sua *Política,* como fundamento de sua doutrina, afirma que por natureza alguns homens têm mais capaci-

> dade para mandar, querendo com isso referir-se aos mais sábios (entre os quais se incluía a si próprio, devido a sua filosofia), e outros têm mais capacidade para servir (referindo-se com isto aos que tinham corpos fortes, mas não eram filósofos, como ele); como se senhor e servo não tivessem sido criados pelo consentimento dos homens, mas pela diferença de inteligência, o que não só é contrário à razão, mas é também contrário à experiência (Hobbes 1974: Cap. XV).

A surpresa advém da referência a Aristóteles em vez de Platão, pois, como vimos, doutrinalmente Aristóteles — descrevendo o conceito de natureza — conclui pela impossibilidade de legitimar em seu nome não só a diferença entre senhor e escravo, mas também que ela possa servir de fundamento natural ao poder político.

O texto de Hobbes — equívoco à parte (explicável historicamente: o século XVII, depois de fazer a crítica de sua *Física* e de sua *Lógica* passa a sua *A política*) — refere-se explicitamente à teoria do filósofo-rei de Platão, para recusá-la, é claro.

Por que, com efeito, o sábio teria direito a governar? Hobbes argumenta primeiramente: "Pois poucos há tão insensatos que não prefiram governar-se a si mesmos a ser governados pelos outros". E mais cruamente: "E os que em sua própria opinião são sábios, quando lutam pela força com os que desconfiam de sua própria sabedoria [dele sábio], nem sempre, ou poucas vezes, ou quase nunca alcançam a vitória."

Em Hobbes há, portanto, três teses — todas contra Platão:

- Se os homens são iguais por natureza, e Hobbes o afirma, logo não há problema de origem.
- Se não são iguais por natureza — então, para assegurar a paz temos que considerá-los como iguais.

Em suma: dos dotes naturais (superioridade ou inferioridade) à política não há nem soneto nem emenda. É claro, entretanto, que por serem modernas tais teses não são unívocas.

Primeiramente, lembremo-nos de que Hobbes não recusa a servidão — trata-se de uma instituição própria do estado civil. Em segundo lugar elas abrem caminho para o pacto social que funda o Estado, como um pacto *subjectionis*, pondo fim ao estado natural de guerra, e propiciando a todos as vantagens da paz.

Por fim, a desigualdade natural é recusada, todos são considerados igualmente homens — não há mais soberba — o filósofo-rei perde seus títulos, mas a desigualdade volta a aparecer, agora como instituição, no âmbito do estado civil!

"A questão de saber qual de dois homens é o mais digno não resulta do estado de natureza, mas do estado civil" (Hobbes, *De Cive*)

Menos entusiasta da modernidade, um jurista contemporâneo conclui por nós ao observar: "Os escravos não ganham muito com essa mudança de teoria" (Villey 1975: 187).

Último ponto: sabemos que Hobbes é um precursor do que chamamos positivismo jurídico (Kelsen). Ele escreve: "É a autoridade não a verdade que faz as leis".

Sócrates foi condenado contra a verdade, mas de acordo com a lei (cf. *Critão*). Claro, como leitor deve-se ler Hobbes, sem medo. Mas se eu fosse filósofo, acho que ficaria um pouco assustado. Acho que Sócrates também, pois, afinal, sua morte terá sido em vão.

Passemos enfim e brevemente a Comte. Poderíamos introduzir nossa leitura com a questão: Comte é antigo ou moderno? Claro, não faltam textos onde ele celebra T. Hobbes, em particular quando diz: "O ditador fornece o melhor modelo de política moderna, conciliando, de acordo com o desejo de Hobbes, o poder com a liberdade." Texto cujo poder de sugestão para os brasileiros não deve ser subestimado, como sabemos. Mas passemos aos fundamentos, em particular à questão da igualdade.

Comte a vê essencialmente como um dogma e, em sua contemporaneidade, como um dogma anárquico. Graças a sua filosofia da história, Comte pode dialetizar à vontade. Assim, esse dogma foi útil para destruir o *Ancien régime*, mas, hoje, quem não vê "que os homens não são nem iguais entre si, nem mesmo equivalentes, e eis por que não poderiam possuir, na sociedade, direitos idênticos" e prossegue: "Quem quer que tenha estudado judiciosamente a verdadeira natureza humana terá notado que as desigualdades intelectuais e morais são certamente bem mais pronunciadas [...] do que as físicas".

O que fazer, procurar reduzi-las através do processo democrático? Não, a história tem suas leis, em particular "O progresso contínuo da civilização, longe de nos aproximar de uma igualdade quimérica, tende, ao contrário, por sua natureza, a desenvolver extremamente essas diferenças fundamentais".

Agora, portanto, natureza e história concorrem para a consolidação da desigualdade natural. Ora, isto é coerente com o segundo aspecto que nos interessa no fundador do positivismo. Começamos a entrever como, pela negação da igualdade natural e menos da história como progresso, Comte platoniza.

Mas aqui há ainda outra surpresa para o leitor. Outra? Seria mais correto dizer a mesma. Hobbes acusava Aristóteles quando devia acusar Platão. Comte elogia Aristóteles quando devia elogiar Platão. Se não vejamos:

> O incomparável Aristóteles descobriu, com efeito, o caráter essencial de toda organização coletiva quando a fez consistir na separação dos ofícios e na combinação dos esforços (Comte 1929: Cap. V, 281).
> O gênio de Aristóteles preparou para mim a base normal de tal construção [construção da sociedade positiva].
> Assim o princípio da verdadeira separação dos ofícios pode fundar definitivamente o conjunto da estática social (Comte 1929: cap. VI, 351).

Portanto, Aristóteles é aqui evocado como o predecessor de A. Comte, graças à formulação de um princípio que levado às últimas consequências estabelece a divisão entre o poder espiritual e o poder temporal. Entendamos primeiramente o *soi-disant* princípio aristotélico: ele é instaurador da sociedade na medida em que descobre que, como vimos, "a natureza humana" é constituída por "desigualdades intelectuais e morais". Ou seja, os homens não são biologicamente chamados a realizar as mesmas funções.

Para Comte, isso quer dizer, em resumo, que tal diferença natural se traduz em atividades distintas, que por sua vez constituem classes ou ordens distintas na formação da sociedade. Assim, a sociedade positiva se compõe esquematicamente da seguinte forma:

1. Chefes de empresas (ou militares) a quem cabe o poder executivo de governo, o poder temporal.
2. O sacerdócio positivista, composto pelos filósofos positivistas, ou sociólogos — que constitui o segundo poder da sociedade — poder espiritual, de aconselhamento.
3. Os trabalhadores e as mulheres: terceiro grupo social. Ambos têm em comum a exclusão do poder político. Entretanto o apanágio das mulheres é o lar.

"Sem sair da família, elas devem, a seu modo, participar do poder moderador, com os filósofos e os proletários." Será que, como em Platão, há em Comte a possibilidade de as mulheres se tornarem filósofas-rainhas? Não, o modo de participação das mulheres é outro. O texto prossegue: "renunciando, mais ainda do que ele, a todo poder diretor, mesmo doméstico"! Como se vê, à mulher não resta sequer o consolo de ser a rainha do lar!

Em suma, a aplicação do princípio de separação das funções, que é mero corolário da desigualdade natural e histórica (a história a acentua), leva Comte a formular a teoria não, talvez, do filósofo-rei, mas do sociólogo-rei. Ou seja, Comte volta, por cima de Hobbes, a restabelecer a conjunção ciência-poder: cabe à ciência positiva — à sociologia, última ciência a ser fundada na sua classificação histórica — a tarefa de reorganizar uma sociedade — universalmente.

Mas o próprio princípio de separação das funções é aristotélico? Certamente não. Ele é platônico, como qualquer leitor do segundo livro d'*A república* sabe. Aliás, a definição de justiça na cidade é mero resultado de sua aplicação. Portanto, não é preciso ser especialista em filosofia grega para saber que Comte "trocou as bolas".

Ouçamos a esse respeito um dos maiores discípulos de A. Comte, o escrupuloso positivista Pierre Laffitte. Temos — diz ele — que dar uma explicação necessária acerca do grande princípio que A. Comte, em muitas passagens da *Política Positiva* chama de o princípio de Aristóteles e que ele apresenta como fundamento da estática social, a saber: que o caráter essencial de toda organização coletiva consiste na separação dos ofícios.

> Em nenhum lugar de seu livro, Aristóteles, escusado dizê-lo, pronunciou-se com tal limpidez, com tal precisão — o que seu sucessor evidentemente emprestou a ele. [...] Augusto Comte foi além do que exigia a probidade científica mais escrupulosa.

Escrúpulos à parte, prossigamos ouvindo Laffitte, agora referindo-se a Platão, a *A república*, justamente.

> Platão nos faz assistir a seguir ao nascimento da cidade; explica muito justamente como os homens se reúnem pela necessidade de auxílio mútuo e ele nos mostra com uma clareza perfeita a incomparável vantagem que teria o Estado da divisão das funções e do concurso dos esforços. Pode-se dizer, conclui Laffitte, que quanto a isso Aristóteles não o superou (Laffitte 1975: 204 e 274).

Sem dúvida, o escrúpulo do professor rigoroso manda que se corrija o mestre, ainda que este seja o supremo-sacerdote.

Mas se é verdade que se pode dizer que "nisso Aristóteles não o superou", pode-se dizer também — mas Laffitte não o diz — que, o princípio sendo platônico, é Platão o verdadeiro predecessor de A. Comte na fundação da sociologia!

Laffitte certamente concordaria, se um aluno mais impertinente o questionasse. E Comte? Comte não poderia fazê-lo. E não porque já estivesse morto. É que em suas obras Platão aparece com os epítetos de: sonhador, metafísico, teocrata, místico, utópico e comunista. Ou seja, tudo o que o próprio Comte pretende não ser. Convenhamos: é muito para um predecessor.

Isto, finalmente, espero, justifica o título desta aula.

E passo, agora, à conclusão: E o Brasil, com isso? Não me referirei ao apostolado positivista da Igreja Positivista Brasileira, de Miguel Lemos e Teixeira Mendes. Limitar-me-ei ao que se passou no Rio Grande do Sul. Três políticos, com suas obras, interessam-nos agora: Júlio de Castilhos, Borges de Medeiros e Getúlio Vargas.

Vimos como desde a Grécia antiga (Platão) veio se firmando uma tradição hiperiluminista, à qual se filiou Augusto Comte, e cujo ideário poderíamos resumir nas seguintes teses:

- Compreensão da sociedade como um todo composto de partes distintas, à maneira de um corpo organicamente constituído. Nesse todo, cada parte é vista como dotada de função própria, cada qual realizando exclusivamente a sua, de modo a produzir a harmonia do todo.
- Nesse todo, a função política é vista então como apanágio de uma parte apenas do corpo social, à exclusão das outras, à qual cabe a tarefa de ordenação da totalidade da sociedade.
- Enfim, tal governo político ostenta seu fundamento na exibição de uma ciência da sociedade (dialética em Platão, sociologia em Augusto Comte).

Como qualquer esquema, esse também pode ser criticado por seu elevado grau de abstração. Entretanto, pode ser útil quando se trata de identificar posições ideológicas que, no nível das ideias, ou seja, da representação da política, e por mais que historicamente estejam em situações relativamente originais e nessa medida distintas, acabam por convergir para estruturas semelhantes, se não comuns.

O esquema proposto procura exibir uma destas estruturas de representação da política que — por paradoxal que pareça — guarda seus traços essenciais em contextos tão distantes quanto o século IV a.C. da democracia ateniense, a primeira metade do século XIX francês e as primeiras décadas do século XX no Brasil.

Essa estrutura de representação da política permitiu a Platão criticar o processo decisório das assembleias na democracia direta de Atenas; a Augusto Comte, o regime parlamentarista inglês, e, a Castilhos, Medeiros e Vargas, não só criticar como também propor a quase extinção da Assembleia Legislativa.

No Brasil, o primeiro representante exponencial dessa corrente ideológica foi, como se sabe, Júlio de Castilhos. Original do Rio Grande do Sul é, entretanto, na Academia de Direito de São Paulo, impregnada de positivismo, que a partir de 1877 Castilhos adere ao pensamento de A. Comte. De volta ao Sul, procurou desde então plasmar na Constituição de seu estado as ideias políticas do fundador do positivismo.

Na passagem do século ser positivista era, como lembra José Veríssimo, "uma boa recomendação" (Veríssimo 1901: 56). Castilhos procurava — e encontrou — em Comte um novo modelo político que pudesse instaurar "um aparelho governativo capaz de garantir a ordem material pela robustez da autoridade civil" (Rodriguez 1980: 21).

Num de seus textos encontramos rasgados elogios aos: "inexcedíveis ensinamentos do incomparável Augusto Comte, cujas obras imortais [...] recomendaria à refletida leitura e à constante meditação da mocidade estudiosa do nosso querido torrão natalício."

No ano seguinte ao da proclamação da República, em 1890 foi nomeado governador do Estado, cargo que recusa, permanecendo como vice-governador.

Castilhos, diz-nos o historiador Costa Franco, "por sua formação positivista, tomaria a direção de um Estado como tarefa científica, que não poderia ser exercida senão por homens superiores e de firme orientação sociológica" (Costa Franco 1967: 64).

Na publicação *Monumento a Júlio de Castilhos* lemos a síntese de seu pensamento constitucional:

> Este código [diz o texto, promulgado a 14 de julho de 1891], está de acordo com o princípio capital da política moderna, isto é, da política fundada na ciência [...]. Não há Parlamento: o governo reúne à função administrativa a chamada legislativa, decretando leis [...] A assembleia é simplesmente orçamentária, para a votação dos créditos financeiros e exame das rendas públicas. O governo acha-se em virtude de tais disposições investido de grande soma de poderes, de acordo com o regime republicano [...] o que lhe permite a conciliação da força com a liberdade, conforme as aspirações dos Dantons, dos Hobbes e dos Fredericos.

Esses textos reúnem os elementos essenciais da estrutura que procuramos retraçar esquematicamente: a monopolização da política em solidariedade com a exclusão do parlamento (possível representante do Todo Social), monopolização essa que se sustenta na sociologia, cujo caráter científico deve, simultaneamente, legitimar o governante, tornar ocioso o pluralismo e retórica a oposição.

Na figura de Júlio de Castilhos é Frederico que se pretende ressuscitar em nossas terras, ou seja, uma cópia do sociólogo-rei comteano e um simulacro do filósofo-rei platônico.

Aos 14 de julho (as datas também renascem) de 1891, a Constituição com que sonhara Castilhos é promulgada e ele eleito o primeiro presidente constitucional do estado do Rio Grande do Sul. Mas seu governo dura pouco e cai, em sequência ao golpe do Marechal Deodoro, a 3 de novembro. Dura pouco também seu exílio, pois que, em 25 de janeiro de 1893, ele reassume a presidência do estado, apoiado por Floriano.

Se quisermos agora saber qual foi o impacto de suas ideias sobre a vida política do Rio Grande do Sul, basta talvez lembrar que é justamente nesse momento — entre 1891 e 1894 — que eclode uma guerra civil naquela região. As ideias castilhistas, em particular sua aversão ao parlamentarismo, encontraram uma sólida oposição no Partido Federalista de Gaspar Silveira Martins. O conflito, que até então se limitara às ideias, desce assim aos fatos pela intervenção militar do Caudilho Gumercindo Saraiva a 5 de fevereiro de 1893, com uma violência inaudita. Concluída em 1894, a guerra deixou um saldo impressionante: 12 mil mortos numa população de 1 milhão de habitantes. Detalhe notável: entre os federalistas achava-se Dinarte Dornelles, o tio de Getúlio Vargas, e entre os republicanos de Castilhos, Manoel do Nascimento Vargas, o pai de Getúlio.

Castilhos morreu em 1903, mas suas ideias tiveram vida mais longa graças ao seu sucessor Borges de Medeiros.

O sistema castilhista vigorou no Rio Grande do Sul durante as primeiras quatro décadas da República, sendo Getúlio Vargas (1883-1954) seu último mandatário. Júlio de Castilhos transferiu o governo a Borges de Medeiros (1863-1961) em 1898 e este o exerceu, com exceção de um único mandato, até 1928, isto é, no transcurso de 26 anos. Durante esse largo período o sistema castilhista manteve-se intacto. [...] O castilhismo tornar-se-ia o substrato do Estado Novo (Paim 1987).

Sobre essa transição diz-nos ainda o brasilianista Joseph Love: "Castilhos ficou muito impressionado pela honestidade, a eficiência e a dedicação de Borges de Medeiros ao positivismo comteano" (Love 1970: v. 286, 223-276).

A carreira política do sucessor positivista de Castilhos caracterizou-se, entre outras coisas, por sua notável capacidade de se manter no poder. Ele concluiu seu primeiro mandato em 1902 e no ano seguinte tornou-se o chefe do Partido Republicano Riograndense (PRR). Permaneceu como presidente do estado até 1928 (com exceção dos anos 1908-1913, nos quais o presidente foi o republicano Carlos Barbosa Gonçalves).

O mesmo Joseph Love considera-o como "o político gaúcho de maior importância na velha República".

A constituição elaborada por Castilhos (a de 1891) permitia a

Borges de Medeiros um processo de reeleições sem solução de continuidade. Contudo, quando de sua quinta reeleição, em 1923, o partido rival, comandado por Assis Brasil, desencadeou uma nova guerra civil em seu Estado. Como resultado:

> O Sr. Borges de Medeiros continuaria no governo; mas a Constituição estadual, de tão nítida influência doutrinária do positivismo, seria reformada, sendo proibidas as reeleições, e tornado eletivo o cargo de vice-presidente, até então de livre indicação do presidente do Estado (Bello 1964: 313).

A guerra civil terminou graças ao chamado pacto de Pedras Altas, em dezembro de 1923. Impedido de ser reeleito, em 1928, Borges de Medeiros designou como sucessor o nome de Getúlio Vargas (que era membro do partido de Borges de Medeiros desde 1909 quando foi eleito deputado por seu Estado). Mas os laços que ligavam Vargas ao castilhismo eram mais antigos. Seu pai combatera nas fileiras de Castilhos durante a primeira guerra civil (1891-1894). Sua própria família era adepta do positivismo (seus irmãos Protásio e Viriato eram subscritores do subsídio à Igreja Positivista do Brasil). Em sua recente biografia podemos ler a esse respeito:

> Getúlio assimilou o positivismo, não tanto nas alturas da filosofia comtista, mas sim na formulação prática que lhe deram Castilhos e Borges, ou seja, como uma concepção de governo aplicada diretamente às condições do Rio Grande do Sul e do Brasil republicano (Lamounier 1988).

Sua história política é bem conhecida. Lembremos apenas que foi eleito presidente da República para o mandato de 1934 a 1938, período presidido pela nova Constituição que acabava de ser promulgada. Esta, justamente, parecia-lhe demasiadamente liberal (Lamounier 1989: 61). Daí o esperado golpe, pelo qual instaurou o Estado Novo e tornou-se o primeiro ditador de nossa história.

Em conclusão a um estudo sobre as relações de Vargas com o castilhismo A. Paim escreve:

> Podemos, portanto, concluir que o castilhismo corresponde à filosofia política que inspirou o Estado Novo. Fiel a essa inspiração, Vargas menosprezava o sistema representativo e a instituição parlamentar que o simbolizava. Plenamente identificado com os ensinamentos castilhistas, acreditava que o governo, contemporaneamente, tornara-se uma questão de competência (Paim 1978: 82,83).

De nossa parte bastará talvez constatar que em Vargas podemos encontrar alguns elementos da estrutura que esboçamos aqui — anti parlamentarismo, governo compreendido como competência técnica, antidemocratismo. Eles são constitutivos do pensamento político do fundador do Estado Novo, ou seja, dessa forma de governo que se inspirou no Castilhismo e que não compreendemos melhor à luz do modelo nazifascista Lamounier 1988:78; Paim 1978: 62).

Politeia e virtude: as origens do pensamento republicano clássico[8]

Certamente, "in his Laws and Politicks [Plato] intends not to teach us how to erect manufactures, and to increase trade or riches", escreve Algernon Sidney (1979: 63), o adversário de Robert Filmer, este zeloso defensor da monarquia de direito divino no século XVII na Inglaterra. Em seus *Discourses concerning government*, compostos em torno de 1680, Sidney não se equivoca quanto ao mais alto propósito de Platão: é o conhecimento de Deus que é para o filósofo "the only worthy object of man's desire"; é somente através deste conhecimento que podemos saber o que é o Bem e daí o que é a Justiça; por isso "no man can be just"; nenhum exceto, talvez, o filósofo-rei. Pois a monarquia absoluta de que fala Platão "is not a fiction". E, não foi seu discípulo Aristóteles quem escreveu que, devido à desigualdade de dotes, virtudes e habilidades existente entre os homens, é natural que um deles possa ser o "lord of all citizens"? Quando um homem desse gabarito surge no mundo, diz honestamente Sidney, "t'were better for us to be guided by him, than to follow our own judgement; nay, I could almost say, t'were better to serve such a master than to be free".

Mas alinhar-se com Platão e Aristóteles não é aproximar-se perigosamente das teses de Filmer que explicitamente se apoiava nos gregos em sua defesa da monarquia absoluta? Este é o dilema de Sidney: afastar-se da grande tradição que remonta aos gregos sem, entretanto, cair no extremismo da nova posição de Maquiavel. Assim, Sidney se mostra dividido entre a necessidade de advogar contra Filmer as novas teses de que os homens ostentam uma liberdade e igualdade naturais, às quais só renunciam por consentimento e o reconhecimento, devido a sua dívida para com os antigos, de que pela lei da natureza o povo deve inclinar-se à virtude e sabedoria superiores. É bem verdade que o governo justo necessita de consentimento; mas, novamente, para Sidney, só há um consentimento justo, o de ser governado pelos melhores homens. O apego à república levou Sidney a ser executado em 1683, vítima da reação Tory, acusado de traição. Ele pertence a esta plêiade de publicistas do século XVII que se convencionou chamar de *classical republicans*. Entre eles, contam-se James Harrington e John Milton, o defensor da constituição mista. Claro, eles são assim designados porque são continuadores da grande tradição antiga da filosofia política, ou dos clássicos propriamente ditos, tradição esta que começa com Sócrates, Platão e Aristóteles. Continuadores em termos, pois, como acabamos de ver com o exemplo de Sidney, não é fácil conciliar nesta época a filiação aos antigos, com as presenças tão próximas de Maquiavel e, em vez de Atenas ou de Esparta, da república imperialista de Roma — tão ao gosto de Maquiavel — ou da república comercial de Veneza.

Seja como for, esses publicistas da aurora dos tempos modernos testemunham sobre a vitalidade e o caráter persistente da grande tradição da filosofia política clássica.

Segundo Thomas Hobbes, esta tradição se compõe de Sócrates, Platão, Aristóteles, Cícero, Sêneca, Tácito e Plutarco; outras listagens não deixam de incluir outros nomes, como Xenofonte e os estoicos. Nosso ponto de partida é, portanto, Sócrates e o socratismo. Não se trata de ignorar que antes deste, que Cícero chama de pai da filosofia, o filósofo que fez a filosofia descer do céu, que antes de Sócrates, os filósofos gregos já haviam refletido sobre política, como atestam os pitagóricos e os sofistas. Não obstante, esses "pré-socráticos" nem de longe atingiram a complexidade da elaboração de problemas políticos a que chegou o socratismo. Pode-se dizer a esse respeito que Sócrates marca para a filosofia o momento em que ela se volta decididamente para a pólis, refletindo sobre as dificuldades nascidas do face a face entre ambas. A figura histórica e, digamos desde já, lendária de Sócrates marca na história da filosofia o momento em que esta reflete sobre por que lhe tem sido negado o direito de cidadania e em que a pólis começa, pelo menos teoricamente, a se tornar mais filosófica.

Para ver como isto se deu, tomemos nossa primeira testemunha cronológica sobre Sócrates, a peça *As Nuvens*, de Aristófanes. Nela, vemos Sócrates às voltas com os cidadãos comuns, o rude Estrepsíades e seu filho Feidipides, um playboy ateniense, ambos passando por dificuldades financeiras. Estrepsíades, que tem uma visão confusa acerca do mestre pensador, convencido de que mestres são úteis, vai procurá-lo com a intenção de aprender como se livrar dos seus credores! A primeira fala do filósofo dá o tom da diferença existente entre ambos, ao mesmo tempo em que assinala para o público a soberba do mestre: este se dirige a Estrepsíades com o vocativo: "Ó, efêmero".

Certamente, para quem se ocupa com coisas eternas através da ciência da natureza ou da matemática (quando Estrepsíades bate à porta, Sócrates acabara de medir a distância do pulo da pulga), para tais sábios, as coisas humanas não valem um momento de atenção.

Notemos desde logo que entre as coisas eternas de que se ocupa o filósofo não se incluem os deuses, pois, como diz seu novo discípulo, para Sócrates, Zeus não existe, quem governa o mundo é o Turbilhão. Pai e filho são assim iniciados na filosofia do mestre. Logo aprendem que não só os deuses da religião oficial da cidade não existem, como também que a ética e a moralidade têm um frágil fundamento. Aprendem também a retórica e, logo, o filho se revelará aluno muito superior ao pai, cuja estupidez o leva a abandonar as aulas. Munido de tais ensinamentos, o pai não só recusa pagar seus credores como também passa a ofendê-los. Agora, ridiculariza suas promessas e juramentos referentes aos débitos e aos deuses. Tudo parece bem até que surge uma controvérsia entre pai e filho. Este elogia a nova poesia de Eurípides, destacando uma cena de incesto entre irmãos. Mal o pai se recupera do choque e o filho se põe a surrá-lo. Pior, demonstra, graças à retórica, que o que faz é justo. Temos então a catástrofe: arrependido das lições que tomou e de suas nefastas consequências, o pai amaldiçoa-se, volta-se passionalmente contra Sócrates, reconhece a existência de Zeus e dos outros deuses e deita fogo ao pensatório. Justifica sua ação como punição à impiedade do mestre. Mas, é evidente que o real motivo de sua fúria não foram as lições de Sócrates ou sua impiedade e sim o fato de que atribui a Sócrates a responsabilidade pelo ensinamento que facultaria ao filho espancar a mãe. Quanto a eventual corrupção filosófica do filho note-se que é o pai que corrompe antes o filho. Ele talvez pensasse com horror que o filho que bate na mãe bem poderia almejar ter relações incestuosas com ela. Diante desse horror, ele recua para a dupla esfera da família e da religião. Vejamos mais de perto o sentido deste recuo.

A pólis, diz-nos Aristóteles, é logicamente primeira em relação à família, pois é a finalidade desta. Mas a família é cronologicamente primeira em relação à pólis, diz-nos a *Ética a Nicômaco*: "A família é anterior à pólis e mais necessária do que esta" (Aristote 1994: Livro VII, 1162a). Entretanto, a família necessita da pólis para se desenvolver em segurança e é a proibição do incesto que obriga a família a transbordar para a esfera mais ampla da pólis. Esta proibição é como que a ponte natural entre ambas. Não admira, pois, a indignação de Estrepsíades diante da ameaça do incesto. A percepção de que o abandono da religião oficial — que lhe permite furtar-se aos credores — pode, entretanto, acarretar concomitantemente a legitimação do incesto, age sobre ele como uma súbita iluminação. É só neste momento, quando sente na carne as consequências de sua transgressão, que ele se dá conta da relação sistemática em que se encontram as esferas da família, da cidade e da religião. O contato do obtuso Estrepsíades com a filosofia não poderia ser mais frustrante: não apenas não o livrou dos credores, como às suas penas acrescentou a subversão da vida familiar. Inútil e perigosa, ela bem merece a seu ver o calor das chamas.

Aproximando os extremos, a soberba da razão do filósofo e a irracionalidade do simplório cidadão, Aristófanes nos faz rir. Mas basta nos lembrarmos das mal-humoradas advertências de Meletos a Sócrates no diálogo *Menão* para que o riso se mude em siso. Entre a época de *As Nuvens* e a do *Menão*, Sócrates foi efetivamente morto pela cidade. Há algo em comum entre Meletos e Estrepsíades? Sem dúvida: ambos são exemplos do cidadão comum, profundamente enraizado na vida familiar, patriótica, tradicional, religiosa, convencional de Atenas. Seu comportamento é pautado por ações estereotipadas, presididas por um espírito despojado de qualquer esforço de reflexão, incapazes de distinguir o que é sua posse do que é o bem. Vivem imersos numa espécie de conformismo cívico natural, perfeitamente de acordo com as exigências impostas pela tradição. O contato entre este tipo de homem pragmático e o filósofo produz um curto-circuito no qual ambos se queimam. Poder prever tais consequências é também tarefa da reflexão. Mas o Sócrates de Aristófanes é como o Tales da anedota célebre contada pelo próprio Platão no *Theeteto*: "Tales observava os astros, e como tinha os olhos pregados no céu caiu num poço. Uma escrava trácia, finória e espirituosa, zombou, contam, dizendo-lhe que ele porfiava por saber o que se passava no céu e descuidava do que estava à sua frente e a seus pés. A mesma anedota se aplica a todos os que passam sua vida a filosofar" (Platão 2005: 173c).

Instalado em seu pensatório, Sócrates vive na cidade apenas fisicamente. Na verdade, partilha de outra sociedade onde só o que conta é o saber, único título que reconhece: não tem pátria nem família, não é casado, ignora os vizinhos, sequer sabe se estes são homens ou "criaturas de outra espécie". Encapsulado neste divino solipsismo, esse Sócrates não ignora apenas os outros; ou melhor, ignora os outros porque desconhece a natureza humana, as várias pulsões, por vezes heterogêneas, de que se compõe a alma humana. Por isso, este puro teórico é incapaz de avaliar os efeitos devastadores que seu conhecimento ou, por outro lado, sua indiferença à prática e à justiça pode acarretar quando adotado indiscriminadamente por outros. Confiado em seu *logos* (razão), ele se esquece do poder deste *a-logos* (irracional) que é a base da família, da camaradagem, das relações humanas amorosas, em suma, da cidade em seu dia a dia. Esquece-se, portanto, de que está à mercê da força, de uma força superior à sua e de que esta força é, por vezes, a *ultima ratio* e como tal o derradeiro argumento (*logos*) da cidade. O fundamento desta força irracional se encontra, é claro, nas profundezas da alma humana; mas também no fato de que a maioria dos homens são, acima de tudo, membros desta comunidade de base, da família como vimos em Aristóteles, e não de uma comunidade de sábios que investigam a natureza a qualquer preço! Em suas relações com os simples cidadãos, Sócrates é, portanto, imprudente em sua apoliticidade. Este especialista da razão ignora o poder obscuro das paixões — de que o poeta, ao contrário é especialista. Por isso sua atitude será vista como insuportavelmente desafiadora. A soberba com que se refere aos deuses da cidade será vista não como a procura de uma religião, digamos, mais razoável (não como a *Reasonableness* com que filósofos como J. Locke ou Kant procurarão analogamente caracterizar o cristianismo). A religião de Sócrates é uma religião diferente da religião oficial; e por mais que ele tenha pretendido permanecer fiel ao espírito desta, a sua é uma religião interpretada e, como diz Merleau-Ponty (1960:46), a religião interpretada é a religião suprimida. Vítima da inveja de parte dos mais velhos — sua iconoclastia atrai especialmente os mais jovens, os ainda não conformados —, este Sócrates será visto como herético e como tal expurgado como tantos filósofos o foram. Mas não temos notícia de que poetas tenham sido processados ou expulsos de Atenas. Lição de prudência que Aristófanes ministra aos filósofos e que Platão será o primeiro a aprender. Decidida a se instalar para valer na pólis, a filosofia, a partir de Platão, terá que operar em si mesma uma conversão: reconhecer a existência de gente como Estrepsíades como necessária, de gente cujo comportamento errante é ditado, em grande parte, por forças irracionais constitutivas do homem e, portanto, também da cidade. Isto equivale a reconhecer que a política abriga em si um elemento irracional que aparece, por vezes, como um incontornável para a razão — seja ele o sagrado, seja a estupidez da força bruta em sua recusa de escutar o outro —, com o qual o especialista da razão tem que se haver. Viver na pólis não é, pois, viver numa comunidade de sábios virtuosos, nem de religiosos, ou de conformistas ou de guerreiros, ou de ricos ou de pobres. A pólis é, como diz exemplarmente Aristóteles n'*A política*, uma pluralidade.

Aristófanes nos apresenta um Sócrates que simboliza a primeira forma que a filosofia assumiu, isto é, a forma de uma investigação da natureza, uma fisiologia. Sua filosofia se enquadra inteiramente no título hoje consagrado de filosofia "pré-socrática". O Sócrates de Aristófanes não é, pois, o Sócrates da grande tradição, aquele que operou uma revolução na história da filosofia. Mas o Sócrates do comediógrafo permite-nos ver com maior nitidez este novo Sócrates que emerge nas obras de Platão e de Xenofonte, ao mesmo tempo em que nos permite compreender melhor a tarefa de Platão. Diante da ingenuidade deste primeiro Sócrates, fica claro que, se a filosofia quiser viver na pólis — e onde mais ela poderia viver? —, terá que adquirir melhor reputação. Para tanto terá que levar em conta que a cidade é constituída por homens que, em sua maioria, têm seu comportamento ditado por determinações instintivas, por paixões nem sempre redutíveis às exigências da razão. O conflito entre a cidade e a filosofia tem, portanto, duas faces: se a cidade ameaça a filosofia, esta por sua vez, não a ameaça menos. A soberba do Sócrates do comediógrafo, sua indiferença à vida e à justiça da cidade, consideradas coisas efêmeras, é interpretada pelo cidadão comum como desafio, ameaça. E neste debate é preciso dizer que ambas têm bons argumentos: o cidadão comum por não poder aspirar ao sublime a que aspira o filósofo, e este, por não se conformar, em sua genialidade, com a mediocridade do simples cidadão. A filosofia necessitará, portanto, de uma retórica para se proteger.

Condizente com isto, é um novo Sócrates que vemos surgir nas obras de Platão, Xenofonte e Aristóteles. Não que este novo Sócrates tenha deixado de ser ameaçador para a cidade. Não obstante, ele será retratado em profundidade. Primeiramente, isto quer dizer que ele não é mais ingênuo quanto à força, tanto da filosofia, quanto da irracionalidade, que pode vitimá-lo. Mas, sobretudo, ele é agora integrado à vida da pólis: é um cidadão, e não apenas porque é casado e pai de família. Trata-se agora de um cidadão exemplar, que exorta seus semelhantes a refletir sobre a excelência humana que busca incessantemente a *areté*, a virtude, sendo ele mesmo a mais acabada encarnação desta *areté*: o mais justo dos homens, segundo Platão. Mas esta busca não se faz mais no pensatório e sim no contato direto com os homens: trata-se daquilo que propriamente se designa como a dialética socrática. Ela nasce de uma necessidade interna ao diálogo, fruto da percepção demonstrada da insuficiência de fundamento ou da incoerência presente nas opiniões políticas, morais e religiosas. O diálogo, primeiramente, evidencia pontos de vista, aspirações, facções e evolui no sentido de um ultrapassamento destas posições parciais. Ultrapassamento este que se faz com o acordo dos interlocutores, deixando para trás opiniões, entretanto, respeitáveis, movendo-se em direção a um horizonte superior, assentado numa percepção reconhecidamente melhor. Este plano mais elevado a que se aspira é o que se designa genericamente como virtude. As virtudes têm dois traços gerais: são reais e raras. São qualidades de caráter raramente realizadas. Elas levam as paixões humanas a se exprimir em feitos singulares onde brilha o nobre, o belo (o que os filósofos designam como *to kalon*). Os Antigos distinguem quatro virtudes cardinais: coragem, moderação (*sôfrosyné*, entendida como uma apropriada submissão dos apetites sensuais), justiça (significando respeito à lei e ao espírito público) e sabedoria (com ênfase nos aspectos práticos, inclusive políticos, e uma ativa solidariedade para com os amigos e inferiores). As virtudes serão, assim, resultado de uma síntese que, em sua melhor forma, harmonizaria razão e paixões e na qual ambas se transformariam para melhor. Este melhor, este exemplar do belo, do nobre, síntese da razão e da paixão é o Sócrates que vemos em Platão e nos clássicos. Sua vida e sua morte demonstram que não há nada de mais elevado por que lutar do que a filosofia entendida como a prática da virtude. Quando lhe propõem liberdade política em troca da abstenção do filosofar, Sócrates recusa. Com esta atitude, mostra que a virtude é o objetivo final que não pode ser visto como meio; que, ao contrário, tudo o mais, inclusive a vida e a liberdade, axiomas da filosofia moderna, deve se lhe submeter. Esta é também a razão profunda pela qual os antigos não deferiam o primeiro lugar, entre as constituições, ao governo popular, já que a liberdade que o caracteriza essencialmente, pode ser entendida simplesmente como o direito de viver como se quer, ou seja, como licença e, no limite, recusa de qualquer forma de coerção. Mas a responsabilidade cívica requer educação; e esta, por sua vez, requer uma visão clara do que seja a excelência humana, a virtude. Os clássicos estabelecem também uma proporção entre a virtude e a possibilidade que diferentes "naturezas humanas" possuem de incorporá-la. Podemos então falar em graus de virtude. Distinguir-se-á, portanto, a virtude do filósofo — a virtude propriamente dita cujo modelo é Sócrates — da virtude cívica ou política (a *areté politiké*), cujo exemplo seria o cavalheiro (o *kaloskagathôs*). Informados por alguns séculos de ideologia igualitária, não nos é mais fácil compreender esta questão da superioridade do filósofo e de seu lugar na comunidade política. Digamos brevissimamente que Platão e Aristóteles, a despeito de suas profundas convicções constitucionalistas, legalistas, não só não se furtaram a expor as consequências políticas desta superioridade, como foram além, proclamando a legitimidade da deferência do governo, em casos excepcionais, ao sábio-virtuoso. Este é talvez o traço socrático mais persistente e indelével da tradição clássica: o único título realmente inquestionável ao governo é a sabedoria virtuosa. Comparados ao regime do sábio governante, todos os outros são, em maior ou menor grau, regimes de facções.

Um será o regime baseado na riqueza, outro no número ou na força e assim por diante, sem que nenhum contemple o bem-comum, único critério inquestionável, porque se confunde com a própria justiça. Mas é certo também que, por outro lado, estes mesmos filósofos não ignoraram, como veremos a seguir, os riscos a que a comunidade se expõe acatando esse princípio teórico. Talvez um exemplo histórico recente possa auxiliar-nos a compreender o que está em questão na ideia da coincidência entre o poder e o saber, ou do governo absoluto do sábio. Um dos mais sólidos governos constitucionais do ocidente pagou, como se sabe, e com ele toda a humanidade, um preço altíssimo por não ter sabido escutar os apelos de um homem de excepcional sabedoria: refiro-me à Inglaterra e a W. Churchill na década de trinta. Pense-se apenas no que teria sido poupado de sofrimento se os sucessivos alertas de Churchill quanto ao rearmamento e às verdadeiras intenções do regime nazista tivessem podido se transformar em ação imediata. Apressemo-nos a ponderar que, com tal exemplo, longe de crermos que teria sido melhor para os ingleses um governo tirânico, o que estamos tentando dizer é que, comparada à sabedoria viva, imediata do sábio, a solução constitucional é, sem dúvida, sempre preciosa, mas inferior.

A figura do sábio governante nos torna, portanto, conscientes dos limites da política em sua melhor forma, ou seja, no regime constitucional moderno. Ora, assim como a constituição ou o governo limitado pela lei substitui a sabedoria viva, assim também, o cavalheiro terá, na teoria política clássica, a função de substituir o sábio virtuoso. E aqui também, digamos desde logo, tal substituição não se fará senão sob severas limitações. O melhor exemplo antigo destas limitações nos é mostrado no diálogo *Econômico* de Xenofonte. Nesta obra vemos Sócrates dialogando com o mais ilustre representante da sociedade civil de sua época, o cavalheiro Iskhômaco. Sócrates o procura porque quer saber o que é o perfeito cavalheirismo, esta encarnação do nobre e do belo na sociedade civil. Logo aprende que o perfeito cavalheiro tem como atividade econômica básica a agricultura. Sendo um cavalheiro, esperar-se-ia que este fazendeiro tivesse como propósito maior de sua vida, não tanto o ganho, quanto o que é nobre, o que conduz ao bem-comum. Mas Iskhômaco se põe logo a tecer loas a seu pai que era uma espécie de super-fazendeiro, mas que, na realidade, vivia da compra e venda de fazendas. O pai de Ischômaco transformara, portanto, uma atividade-meio em fim, transformara a fazenda em mercadoria. Assim, o próprio filho, seguindo os passos do pai, estaria já em vias de transformar a economia (literalmente, arte de administração da casa) em crematística (arte ou habilidade de aumentar indefinidamente seu próprio patrimônio). Ou por outra, na medida em que o cavalheirismo se define como busca preferencial da honra, Iskhômaco está deixando de ser um perfeito cavalheiro. Mas poderia ser muito diferente? Sabemos que só em Esparta um cavalheiro poderia se dedicar plenamente ao que lhe é digno, como diz o próprio Xenofonte na *República dos Lacedemônios*. É que esta elite, os esparciatas, era sustentada pelos periécos e, sobretudo, pelos escravos hilotas, já que toda atividade econômica lhes era interditada. Mas Esparta se inscrevia entre as sociedades mais arcaicas da Grécia. Estados mais "modernos", como Atenas, comportavam uma latitude econômica bem mais ampla, facultando a seus cidadãos o acesso a atividades econômicas e crematísticas.

A sabedoria é, pois, o único título realmente insuspeito ao poder. Mas a coalescência do filósofo e do governante é rara. Seu melhor substituto na sociedade é aquele cujo nome diz tudo: belo-e-bom (*kaloskagathôs*), o cavalheiro. Mas assim como a sabedoria política é inferior à sabedoria filosófica, assim também o cavalheiro é limitado quanto à virtude: ele pode fazer a economia desandar em crematística. Refletindo sobre a política, a filosofia encontra problemas, soluções e novos problemas. A filosofia aparece na figura de Sócrates como autêntica consciência dos problemas e das alternativas fundamentais da existência humana, inclusive em sua dimensão política. Consciência dos problemas... afinal, não é este justamente o sentido da máxima socrática: sei que não sei, isto é, conheço os limites do conhecimento?

Vemos também desde já qual será a "solução" filosófico-política para a questão da melhor sociedade: o melhor seria um governo baseado no único título inquestionável: a sabedoria; ora, na ausência ou na impossibilidade do filósofo-rei, da sabedoria viva, a única solução consistente é a de um governo limitado por leis: leis sábias e conducentes à virtude. Mas que homens se incumbirão de implantar tais leis? Os melhores, os mais educados, os mais elevados cidadãos, os cavalheiros, representantes no plano da sociedade civil, do virtuoso por excelência, o filósofo. Estes, graças à sua boa educação estariam em condições de administrar as leis com equidade — *epieikés* (justa medida). Mas como vimos, os cavalheiros nem sempre resistem à tentação do "amor celeratus habendi". Qual é então a lógica que subjaz à ideia do regime constitucional presidido pelos cavalheiros? Ou seja, por que deferir o governo de preferência a um patriciado urbano que tira seu sustento da propriedade agrícola? Para entender esta concepção é preciso lembrar, primeiramente, que o mundo antigo viveu sempre sob as severas limitações de uma economia de escassez, onde a pobreza era, portanto, um fenômeno inscrito na ordem das coisas. Por outro lado, a ciência antiga, eminentemente contemplativa, jamais formulou o projeto de uma dominação técnica da natureza nos moldes baconiano-cartesianos. Só um tal progresso técnico é capaz de criar as condições para emancipar o homem do reino da necessidade, construindo uma sociedade de abundância de onde a pobreza pode ser banida ou sensivelmente reduzida. Mas não custa lembrar também que um tal poder posto à disposição do homem abriga, como hoje sabemos, potencialidades imprevisíveis. Portanto, aqui novamente é preciso sabedoria e virtude para lidar com a força realmente colossal posta à nossa disposição pela ciência e a técnica modernas. Neste quadro então, a solução pensada pelos antigos de um governo constitucional limitado por leis e presidido pelos mais educados — ou um regime misto — não merece o olvido a que tem sido sistematicamente relegado pelos contemporâneos, sobretudo se pensarmos nos resultados a que chegamos, através das alternativas, à direita e à esquerda, em nosso século. Recordemos enfim que, a partir dos séculos XVII e XVIII, a engenharia institucional republicana, com seu sistema de divisão dos poderes, dos *checks and balances*, os modernos não procurarão menos assegurar aos *gentlemen-farmers* os postos de liderança da república. Certamente, isto se fez num quadro diverso daquele da Antiguidade: em particular, como se sabe, dois novos princípios, de enormes consequências, foram introduzidos: a ideia hobbesiana de igualdade natural de todos os homens e a atribuição da soberania ao povo. E com o desenvolvimento do comércio e da indústria, uma segunda elite, mais urbana e ligada a este novo surto, acabaria por rivalizar ou predominar sobre a elite agrária (*landed gentry*). Mas, como a soberania popular se realizava através do sistema representativo, de algum modo reaparecia aqui o dilema da teoria política do mundo antigo: lá como cá não se pode pura e simplesmente deferir o governo aos não-educados. Distingo aqui a teoria política da política antiga propriamente dita, isto é, da democracia, onde não havia pré-condições educativas para a ocupação dos postos de governo.

Assim, J. Locke dirige seus tratados de educação aos *gentlemen*, estes mesmos que são chamados a representar o soberano, o povo. Toma como modelo a Antiguidade greco-romana; recomendando a leitura dos clássicos, ele escreve: "Latin I look upon as absolutely necessary to a gentleman" (Locke 1692/3: 89). Em eco a J. Locke, Alexander Hamilton, refletindo sobre as mesmas dificuldades, um século depois, observa no *Federalista* que serão representantes do povo, ao lado dos *merchants*, os membros das *learned professions*, porque, caracteristicamente, estes últimos "não têm nenhum interesse exclusivo na sociedade" e podem assim pensar "nos interesses gerais da sociedade". Espera-se assim que sejam eleitos aqueles que possuem "most wisdom to discern, and most virtue to pursue the common good of society". Mais de um milênio depois das reflexões políticas de Platão, Xenofonte e Aristóteles, sabedoria e virtude, associadas ao bem-comum, continuam, ainda que com conteúdos novos, a ser requisitos da boa república na figura do *gentleman*.

A filosofia mostra desde os primórdios que a razão é o que há de mais sublime no homem, mas apercebeu-se logo de que ela era vítima fácil da desrazão na medida em que não conseguia se estruturar como um poder na pólis. O poder político, por sua vez, desandava frequentemente em ações cuja violência chocava o bom senso, como nos é dado ver em Tucídides. A solução mais óbvia para o dilema posto pela condenação de Sócrates consistia na construção de uma cidade filosófica, onde o filósofo fosse o rei. Solução fácil teoricamente, mas inteiramente descabida na prática (embora um sociólogo-rei seja hoje mais aceitável). Nela, as potências irracionais biossociais, como "Eros", as exigências egoísticas presentes na vida familiar, a filáucia etc. seriam contidas graças a um sistema educacional de rigor adamantino, assentado sobre uma razão absoluta que não recua sequer diante do emprego da mentira, ainda que nobre! Esta é a "solução" que vemos n'*A república* de Platão. O princípio que a organiza é consistente e talvez se possa dizer que nele encontramos o primeiro enunciado do conceito de Estado. Que ele seja consistente é o que nos garante Kant na *Crítica da razão pura* ao escrever sobre *A república*:

> uma constituição cuja finalidade é a maior liberdade humana fundada sobre leis em que a liberdade de cada um subsista ao mesmo tempo em que a liberdade de todos [...] eis uma ideia necessária que deve servir de base não somente às grandes linhas de uma Constituição civil, mas ainda a todas as leis [...].

É esta ideia que Platão designa como *Politeia*, termo grego para Constituição, que dá nome à obra supramencionada e que Cícero traduziu para o latim *Respublica*. A *Politeia* não se confunde com nenhum dos regimes reais, em particular não se confunde com os dois regimes dominantes na Grécia clássica, a oligarquia e a democracia. Toda pólis é presidida por leis e estas são a expressão do grupo hegemônico da cidade.

Cada pólis se caracteriza, portanto, pela qualidade de suas leis, ou seja, pelo seu regime político: este pode ser o regime da maioria ou de alguns apenas, democracia ou oligarquia. O problema dos regimes concretos é que cada um deles, ao invés de contemplar a totalidade da pólis é excludente: o povo exclui os oligarcas e vice-versa. Ora, tais exclusões não condizem com o conceito de Estado ou *Politeia*, que é antes includente, plural. N'*A república*, Sócrates assevera que esta é a única a merecer, a rigor, o nome de Estado, pois "às outras cidades é preciso dar-lhes denominações e significação mais amplas, porque cada cidade não é uma, mas muitas [...]. Pelo menos sempre há aí dois Estados que mutuamente guerreiam: o dos ricos e o dos pobres" (Platão 2001: Livro IV 422e, 423a).

Portanto, o Estado, a *Politeia*, enuncia-se conceitualmente como esta totalidade onde diferentes tipos de homens, agrupados em classes, são levados a realizar, no interior de cada classe, o bem a que fazem jus por seu trabalho. Idealmente pelo menos ele resolve o problema da justiça: o Estado justo será aquela instituição que buscará essencialmente o bem de todos e de cada um, o bem comum. Nesse Estado ideal, princípio e fim se harmonizam perfeitamente. O princípio: liberdade de cada um assegurada na medida em que também é assegurada a liberdade de todos. O fim: a virtude de mais alto significado político, a justiça entendida como bem comum; eis aí o triunfo completo — em teoria — da cidade do filósofo virtuoso Sócrates (digamos, sua "vingança").

Esta concepção será confirmada, *mutatis mutantis*, pelas análises de Aristóteles n'*A política*. Notadamente ele dará destaque à equação: pluralidade (como definidora da pólis), virtude e bem comum (como definidor da justiça e, portanto, do Estado) — é o que veremos adiante em nossa análise desta obra. Nos limites deste trabalho, não podemos mais do que indicar, acerca da filosofia política de Platão, alguns pontos capitais. Primeiramente, é preciso notar que *A república* é uma obra que leva aos extremos certas abstrações. Nela, a justiça é investigada e exposta como conceito, ideia. Para melhor apresentar a justiça assim concebida — que, portanto, não se confunde com nada que lhe seja semelhante no mundo sensível, da mesma forma que a ideia de igual tampouco se confunde com a semelhança existente entre, digamos, dois palitos de fósforo — para apresentar esta ideia, como dizíamos, é que Platão constrói uma cidade imaginária. Seu objetivo é o de dar a ver a ideia e não, é claro, exigir que a realizemos! Sua realização, diz-nos no Livro IX é indiferente.

Com isto, queremos dizer que destacar *A república* como se ela fosse a expressão de seu projeto político ou de seu melhor regime possível é um despropósito que só serve para desqualificá-la. Não obstante, é a visão mais divulgada acerca do filósofo: de acordo com esta visão, o melhor regime para Platão seria o governo absoluto, autocrático do filósofo-rei. Assim, ele, em vez de ser referido como um dos fundadores do regime constitucional, surge não apenas como o reacionário adversário de qualquer forma de democracia, como também como o precursor do totalitarismo contemporâneo, como, entre outros nos asseveram, em continuidade com uma já longa tradição que se inicia com B. Russel, K. Popper e Gerard Lebrun. É importante assinalar a existência deste "mal-entendido", fruto de uma curiosa convergência de liberalismo, positivismo e nietzscheanismo, pois ele é hoje a maior causa do dogma segundo o qual a filosofia política clássica nada tem a nos dizer acerca de questões políticas. Enquanto se insiste em destacar as fantasias do "Fuhrer" ou do "pai dos povos", associando-os a Platão, deixam-se à sombra obras políticas fundamentais e estas sim "mais realistas", como *O político* e *As leis*. E deixa-se também de refletir, como sugerimos com o exemplo de Churchill, sobre os limites da engenharia política.

Menos abstratas, mais próximas de uma possível realização, tais obras, em particular *As leis*, mostram-nos primeiramente o eclipse do filósofo-rei. Platão diz-nos explicitamente que nenhum homem pode ser investido de um tal poder sem "ser afetado por hybris (desmedida) e por injustiça" (Platon 1968: Livro IV, 713c), isto é, sem se tornar um nefasto tirano.

Consequentemente, a sabedoria viva do filósofo é substituída por uma sábia estrutura legal, por um governo das leis. Estas certamente procuram incorporar a sabedoria de um legislador que lembra ainda o filósofo d'*A República*. Mas o pensador que vemos n'*As leis*, diálogo que é a última palavra política de Platão, dialoga não com dois jovens inexperientes e idealistas que esperam demasiado da política como n'*A República*, mas com dois velhos cidadãos representantes dos dois regimes mais famosos da Grécia, Esparta e Creta. Sobretudo, n'*As leis*, o que se visa é realmente a fundação de uma cidade, a "segunda" em excelência e não a demonstração de uma ideia como n'*A República*. Enfim, e este ponto é fundamental, a figura do filósofo-rei destinava-se à consecução de um propósito realmente hiperbólico: o de simplesmente eliminar o mal da vida humana, ou seja, "a menos que os filósofos sejam reis [...] não haverá fim para os males que afligem e devastam o Estado e o próprio gênero humano" (Platão 2001: Livro V, 473c,d,e). Ora, que seja impossível eliminar o mal da existência humana é o que proclama todo o platonismo (Platão 2005: 176a 5-8; Platon 1968: 896e 4-6). Não será demais a esse respeito recordar o mito de Kronos. Ele nos conta que houve tempo em que os homens viviam numa espécie de idade de ouro, felizes numa sociedade afluente e sem trabalho. Como eram então governados?

Nossos governantes eram então não homens, mas semideuses (*daimons*), seres de uma raça superior e mais divina. Kronos fez então para nós o que hoje fazemos com os rebanhos e animais domésticos, pois não fazemos bois dirigir bois ou cabras dirigir cabras, mas exercemos sobre eles a autoridade de nossa raça que lhes é superior. Graças assim à filantropia divina, reinava entre os homens a paz, a sólida justiça e éramos, sobretudo, preservados das guerras civis. E o mito conclui: "o que este argumento quer dizer, ainda hoje, e nisto é verdadeiro, é que nos Estados onde reina não um deus, mas um mortal, os cidadãos não podem se ver livres dos males e da labuta" (Platon 1968: Livro IV, 713). Não há forma mais eloquente e elegante de dizer que a política não é o melhor lugar para projetarmos nosso anelo profundo de uma existência perfeitamente justa e feliz. Para isto, seria necessário voltar à era de Kronos, ter como governantes *daimons* ou filósofos-reis, o que é manifestamente impossível. O mito deixa-nos uma lição de antifanatismo. Com efeito, se o fanatismo é uma adesão cega a uma ideia, um zelo excessivo e militante em favor de uma causa, então Platão ministra de fato uma tal lição de moderação política. Certamente ele fez deste anelo de perfeição e de pletora uma característica fundamental e inextirpável do homem: a isto chamou "Eros". Mas, se é verdade que o impulso erótico se realiza de várias formas, desde as relações amorosas até a procriação e as artes, não é menos verdade que ele só se cumpre superiormente na filosofia e não na política.

Assim, o homem sendo o que é, não um *daimon*, mas um ser dividido entre razão e, digamos, instintos, o problema político não tem solução. Pelo menos se entendermos como solução política a obtenção da felicidade pletórica geral. Não há como extirpar o mal. Do ponto de vista antropológico, recordemos que o fato de o socratismo, o platonismo, e mesmo o aristotelismo valorizarem a razão como um atributo divino emprestado ao homem e tornado como que seu apanágio, não os impediu de ver os aspectos teratológicos da alma humana. Para Platão, a razão é apenas uma ilha minúscula da alma cercada, numa célebre imagem, de feras por todos os lados. Em outro contexto, refere-se aos instintos ou desejos como déspotas selvagens e enlouquecidos que nos tiranizam até a velhice (Platão 2001: Livro I, 329c). E Aristóteles não perde ocasião para nos lembrar da perversidade humana (Aristóteles 1998: Livro II, 1263b 1267b) que, assevera, "é um vaso sem fundo" e causa de nossa infelicidade. Não estamos, portanto, às voltas com pensadores nefelibatas, como quer nos persuadir uma gloriosa tradição.

É, pois, sobre o fundo desta concepção da psique humana — concepção que em seus aspectos essenciais se vê confirmada pela psicologia contemporânea — que em sua obra mais política, *As leis*, Platão desenvolve uma ampla reflexão sobre as questões mais agudas da política levando em conta a lição aprendida de Aristófanes acerca do caráter irracional do ser humano. Nos limites desta exposição não podemos senão alinhavar alguns destes pontos capitais d'*As leis*. Dizer que o projeto d'*As leis* é mais realista é dizer que estamos agora distantes de dois cenários igualmente ideais: não estamos mais diante da liberdade quase ilimitada do governo ideal do filósofo-rei, com tudo que ele acarretava de impossibilidade real, nem tampouco estamos sob a égide do reino de Kronos, onde os homens viviam numa comunidade isenta de conflitos e de trabalho. O que estes dois cenários tinham em comum é que em ambos a vida humana transcorria à margem do mal, isto é, da irracionalidade e sob um paradigma celestial. Ao contrário, n'*As leis* estamos na contingência de organizar a pólis por nossa conta e risco: a política é agora um empreendimento humano, como que desassistido pela divindade. Neste contexto, resta ao homem um reflexo do divino, ou a possibilidade de imitá-lo através da inteligência imortal que, segundo os clássicos, trazemos conosco. O novo regime em sua melhor forma será, portanto, uma expressão da inteligência. O texto d'*As leis* nos diz através de um jogo de palavras: Platão faz a lei, "nomos", derivar de *noûs*, inteligência (Platon 1968: 714a). Ora, há no mundo tantas espécies de leis quanto de regimes dos quais elas dependem. Há basicamente três regimes puros: a monarquia, a aristocracia e a democracia. Mas no mundo histórico concreto elas se apresentam diversamente: assim a Lacedemônia possui algo da tirania na instituição dos éforas, mas também de uma democracia pelo sorteio destes mesmos éforas.

Mas tem algo de uma aristocracia, um senado composto de anciãos e, por fim, de uma monarquia graças à sua dupla realeza. A Lacedemônia se destaca, pois, como um modelo possível para a fundação de um novo Estado graças justamente a este seu caráter compósito. A vantagem da Lacedemônia emerge sobre o pano de fundo das deficiências dos regimes enumerados. É que na realidade estes regimes não são regimes (*Politeia*) no rigor do conceito, mas como lemos n'*As leis*: "administrações urbanas, onde a cidade está sob o domínio de déspotas, uma parte escravizada a outra, de modo que cada regime recebe o nome da autoridade que nela reina como déspota." Platão repete aqui a análise, referida acima a propósito da república e que tanto impressionara Kant. Apenas a análise é agora mais detalhada e vai ao cerne do conceito de *Politeia*:

> não são, afirmamos agora, Politeias, nem leis corretas aquelas que não são feitas no interesse comum de toda a cidade. Os que se beneficiam destas leis excludentes designamos como sectários, mas não como cidadãos e a justiça que alegam possuir, vã pretensão. Ao proclamarmos isto nossa intenção é a seguinte: não deferir os cargos em tua cidade nem à riqueza, nem a nenhum bem deste gênero, seja ele a força física, o tamanho, ou o nascimento [...] (Platão 1968: 715bc).

Se diante dos regimes facciosos, excludentes, a Lacedemônia se mostra superior, tal superioridade se deve, antes de mais nada, não à pureza de seu regime, mas ao caráter compósito de suas instituições políticas. A verdadeira causa de seu elogio — sem prejuízo das necessidades retóricas do diálogo — é negativa: não sendo o regime de uma facção, ela tende a ser mais inclusiva, menos excludente. Se o regime lacedemônio é, enfim, digno de figurar como paradigma é porque é um regime misto! Certamente, o texto que estamos analisando é um dos que deram nascimento à célebre *Miragem Espartana* (Título do livro em que F. Ollier elenca a força do paradigma lacedemônio no pensamento político ocidental, que culmina na obra de J. J. Rousseau). Mas Platão está longe de ser um cultor cego de Esparta. Se a Lacedemônia possui algum mérito é porque ela corresponde de certo modo ao princípio enunciado n'*As leis* e que teve tão longa sobrevida: "não instituir um megalopoder e muito menos um poder a-meiktos (literalmente: "não misturado")" (Platon 1968: 693b, 2,3). Ou seja, o poder deve ser misto. Há, portanto aqui já a ideia do poder controlando o poder. A Lacedemônia é o que mais se aproxima do conceito ortodoxo pois, como vimos, só pode ostentar o nome de *Politeia* o regime que visa o bem comum. Na medida em que o regime misto procura corrigir as distorções instauradas por cada um dos regimes reais, de modo que sendo mais includente não defere o poder a nenhuma das facções que compõem ou rasgam a pólis — riqueza, força, nascimento —, nesta medida, ele contribui para um estado de coisas que lembra a época em que Kronos governava os homens e pode, portanto, ser considerada como expressão da inteligência, como *Politeia*, o melhor regime.

É todo este conjunto de análises e temas que permitiram a Platão desenhar o perfil do melhor regime, do regime misto, que vemos reaparecer no contexto meticulosamente mais detalhado e mais rico d'*A política* de Aristóteles. Nesta obra, podemos ver os efeitos da revolução iniciada por Sócrates e o sucesso da empreitada platônica: agora, a filosofia lida de modo desassombrado com as mais espinhosas questões políticas. O filósofo entra abertamente no debate em que se dilaceram as facções da pólis e se faz escutar graças apenas à sensatez de seu discernimento, que se traduz em melhores argumentos. É o que vemos Aristóteles fazer num momento especialmente delicado da obra, pois se trata de saber quem, dos dois representantes dos maiores regimes rivais, tem razão. Com efeito, democratas e oligarcas discutem acerca das dívidas contraídas pela pólis: quem deve pagá-las?

Em particular se as dívidas hoje cobradas foram contraídas por outro regime, agora derrubado. É o que ocorre, por exemplo, diz Aristóteles, quando se passa de uma oligarquia ou de uma tirania para uma democracia:

> Alguns se recusam então a cumprir os contratos pretextando que não foi

> a pólis, mas o tirano quem os assinou; recusam muitas obrigações semelhantes sob pretexto de que alguns regimes têm como razão de ser a dominação mas não o interesse comum (Aristóteles 1998: Livro III, 1276a).

Notemos desde logo como a oposição política entre o interesse das facções versus o interesse comum, que já víramos em Platão, reaparece na análise aristotélica. Podemos dizer que é esta oposição que comandará sua análise desenvolvida nas partes realistas d'*A política*.

Já se disse que a filosofia política dos séculos V e IV nasceu com o intuito de se pôr como substituta de Péricles, o governante que era a um só tempo um sábio, discípulo de Anaxágoras e um político. Sem prejuízo desta tese, em nossa perspectiva, procuramos lembrar que não é menos verdade que a filosofia política platônica-aristotélica se faz em continuidade com as reflexões originadas com a vida e morte de Sócrates. Este ponto aparece desde logo no Livro I d'*A política* de Aristóteles. Com efeito, diz-nos esse texto sobre a origem da pólis, que "formando-se para permitir a sobrevivência ela existe entretanto sobretudo em vista do bem viver ('eu zên'- 1252b)". Não basta, pois, a mera sobrevivência. Neste sentido não basta afirmar a animalidade política do homem, pois neste gênero também entram outros animais gregários como a abelha. Mas o homem tem uma destinação naturalmente superior: ele é dotado de *logos* (linguagem articulada, razão) e é próprio do *logos*

> evidenciar o que é útil e seu contrário e também o que é justo e o que é injusto. Tal é, pois, o caráter próprio do homem entre todos os seres vivos: só ele percebe o bem e o mal, o justo e o injusto e os outros valores; ora, é a posse comum destes valores que faz a família e a pólis (Aristóteles 1998: Livro III, 1253a).

Como não associar este texto com a célebre "autobiografia" de Sócrates tal como aparece no *Fedão* de Platão, texto que é porventura o marco inicial na constituição da razão clássica? Ali ele nos conta como a descoberta da inteligência (*nôus*) como princípio, efetuada por Anaxágoras, representou para o próprio Sócrates um salto em sua investigação ontológica. Entretanto, Anaxágoras deteve-se a um passo do essencial, pois se a inteligência é o princípio do todo, ela é a *dínamis* "por cuja ação a melhor disposição possível para as coisas é a que foi realizada" (Platon 1970: 99bc). Portanto, o modo correto de enunciar o verdadeiro princípio é que ele consiste no bem (*to agathôn*).

É este o traço de união entre os filósofos que estamos enfocando. Assim, Aristóteles registra: "como a natureza nada faz em vão", tendo dotado o homem com o *logos*, ela o votou ao bem. Nossos filósofos clássicos tomarão, portanto, o conceito de razão como original e naturalmente vinculado a uma excelência que busca uma expressão também prática: a razão clássica é em sua dupla dimensão, tanto teórica quanto prática, indissociável do princípio *agathóide* e é, portanto, uma razão ética no sentido forte deste termo. Eis por que os raciocínios e reflexões da *Ética à Nicômaco* de Aristóteles são dirigidos não a homens enquanto seres "intelectuais", mas a todos os homens honestos: "para ouvir as preleções sobre o que é nobre e justo, e em geral sobre temas da ciência política, é preciso ter sido educado nos bons hábitos [...] o homem que foi bem educado já possui esses pontos de partida".

A virtude é para o homem sua mais alta destinação: isto quer dizer que a organização política deve ser norteada para a obtenção desse bem. Mas, mais do que isto, é preciso compreender que, para Aristóteles, a virtude passa a ser o *telos*, o fim incondicionado do homem (nesse sentido, a pólis, rigorosamente concebida, será apenas um meio para a obtenção da virtude, assim como o homem é mais do que um animal político). Esse condicionamento teleológico da pólis à virtude é talvez o aspecto da filosofia política clássica que mais desafiou (e mesmo chocou) os modernos. Nas palavras de G. Lebrun: "Hobbes, leitor dos gregos, fez questão de ser o antiAristóteles" (Lebrun 1981: 37).

Mas não será talvez mais apropriado conformarmo-nos à cronologia e compreender o Livro III d'*A política* como uma antecipação de Hobbes e de Locke, ao invés de empreender o trajeto inverso? Lembremos nesse sentido que o capítulo 9 do Livro III enumera assim os objetivos da pólis:

- este não consiste apenas em assegurar a posse dos bens materiais ou da propriedade;

- nem apenas assegurar aos cidadãos a proteção contra injustiças e crimes tanto de origem externa quanto interna;

- nem para facilitar as trocas, o comércio ou a garantia dos contratos...

Certamente, não pode haver comunidade política sem estas coisas que são, portanto, condições necessárias, mas não suficientes. A verdadeira finalidade da comunidade política não é a mera sobrevivência, mas a vida virtuosa. O propósito da pólis é o de promover, tanto quanto possível, a formação de cidadãos virtuosos. Aristóteles vai mais longe ao afirmar que sua finalidade não é a mera convivência, mas as belas ações (*ta kala*). E é por isso que os que mais contribuem para este fim devem ter nela uma parte maior em cargos relevantes do que aqueles que "iguais ou superiores em liberdade lhes são, entretanto, inferiores quanto à virtude que lhes é própria ou dos que sendo mais ricos são, entretanto, menos virtuosos".

Tentemos por fim entender o porquê de tanta preocupação ética. Já o vimos, uma de suas raízes é a dimensão ontológica da filosofia socrático-platônica. Mas há uma outra origem não menos importante, ainda que menos transcendente, mais terrena para tal preocupação. Retomemos o texto de onde partíramos para a análise de Aristóteles. Nele, vimos enunciado o conflito que se declara quando ocorre uma mudança de regime. Deve o novo regime arcar com as dívidas contraídas pelo antigo? Vimos como esse debate nos permitiu descobrir o critério do regime legítimo: o bem comum. No mesmo Livro III, no capítulo VI d'*A política* (1279a), lemos:

> É claro que todas as constituições que têm em vista o interesse comum são de fato corretas segundo a justiça absoluta; aquelas que visam apenas o interesse privado do governante são defeituosas e são desvios das constituições corretas: estas são formas de despotismo; ora a pólis é uma comunidade de homens livres. (Lembremos que despotismo quer dizer aqui regressão a modos não políticos de governo).

Esse critério uma vez obtido pode-se então classificar as constituições distinguindo as corretas das desviadas:

> chamamos realeza as monarquias que visam o interesse geral, aristocracia o governo de poucos [...] seja porque os melhores detêm o poder, seja porque seu poder visa o maior bem da pólis [...] e quando a massa governa a pólis tendo em vista o bem comum dá-se a este governo o nome de Politeia, nome que é comum a todas as constituições:
>
> às formas ortodoxas correspondem os desvios: à realeza monárquica corresponde então a tirania, à aristocracia, a oligarquia e à Politeia, a democracia.

Todas essas formas desviadas são assim chamadas porque, ao invés do bem comum, visam o bem privado dos governantes. Mas o texto de Aristóteles é mais preciso. Assim, para ficarmos apenas entre os dois regimes mais comumente existentes, a oligarquia e a democracia, seu texto precisa que esses regimes não são, como a literalidade da nomenclatura poderia nos levar a crer, respectivamente, o governo de poucos (*oligoi*) e o governo da maioria (*demos*): "a verdadeira diferença que separa a democracia da oligarquia é a pobreza e a riqueza", assim, "a soberania de uma minoria ou de uma maioria é apenas um acidente" (Aristóteles 1998: Livro III, cap. VIII, 1279b-1280a). Nesse sentido, é perfeitamente possível pensar uma pólis cujo governo fosse constituído por uma maioria rica: ela seria rigorosamente uma oligarquia — e não uma democracia. Inversamente, uma pólis governada por uma minoria pobre seria uma democracia — e não uma oligarquia. Análises como estas constituem "o reconhecimento de uma importante verdade", nas palavras de W. L. Newman, o editor inglês d'*A política* de Aristóteles do final do século passado. Ele mesmo acrescenta que as teorias contratualistas modernas prevalecentes, "obscure our recognition of the fact which Aristotle had long ago pointed out, that the constitution of a state has its roots in what modern terms its social system" (Newman 1973: I, 223). Assim também, no IV livro d'*A política*, depois de consolidar o princípio de que a pólis é uma pluralidade, Aristóteles procede a uma enumeração de seus elementos constitutivos: agricultores, trabalhadores, artesãos, comerciantes, os servos (*thetes*), as forças armadas, os ricos, os funcionários e magistrados, os virtuosos etc. (Aristóteles 1998: Livro III, cap. VIII, 1291a). O que há de notável nesta passagem é que no texto que se segue, Aristóteles extrai daí uma importante conclusão. Primeiramente, afirma que as mesmas pessoas podem trocar entre si estas funções: "assim, as mesmas podem ser simultaneamente defensores do país, agricultores, artesãos ou ainda conselheiros e juízes". Há, entretanto, uma exceção a esta troca quase universal de funções: "as mesmas pessoas não podem ser simultaneamente ricas e pobres". Daí a conclusão: "eis por que consideramos como partes por excelência da pólis os ricos e os pobres". Poucas vezes a análise política terá chegado a tal grau de realismo: ricos e pobres, oligarquia e democracia são as classes e os regimes dominantes na política grega. Dominantes e antitéticos. Daí a questão, talvez a mais fundamental de toda a obra: a quem deferir o governo sem injustiça, ou seja, sem exclusão? Nenhuma das duas classes pode governar hegemonicamente sem acarretar injustiça para a outra.

Resta um terceiro componente da cidade constituído pelos que não são nem ricos nem pobres enquanto tais, os virtuosos, homens que não são eminentemente apegados aos bens materiais. Aqui parece então estar a pista para a solução do problema político. Nesse sentido, Aristóteles nos diz no Livro V, onde trata das revoluções, que os virtuosos são de todos os cidadãos os que teriam os mais justos motivos para uma insurgência (Aristóteles 1998: Livro V, 1301a), pois são os que têm as melhores razões para se crerem desiguais (*anisous*) e, portanto, acrescentemos, seriam os possuidores dos melhores títulos para governar. Mas, lamenta-se o próprio Aristóteles, procuremos na cidade os homens de bem: dificilmente acharíamos sequer cem deles (Aristóteles 1998: Livro V, 1302a). Além do mais, os virtuosos parecem ser reticentes e pouco aguerridos quanto a manifestar suas reivindicações na arena política. Para não renunciar completamente à virtude, que Aristóteles reconhece ser um elemento mais vinculado às causas suficientes do que às necessárias da pólis, será então preciso combinar as instituições políticas de tal modo que possam, a um só tempo, refletir a pluralidade da comunidade, sem perder de vista sua finalidade superior. Dito de outro modo: procurar-se-á introduzir indiretamente a virtude neste composto que é a Politeia de Aristóteles e na qual, como se sabe, ricos e pobres — "as partes por excelência da pólis" — conviverão em equilíbrio, graças a um novo e importante elemento que Aristóteles agora introduz como fiel da balança: a classe média.

Seu regime será, portanto, um regime misto em concordância com o ideal teórico d'*As leis* de Platão. Lemos no IV livro d'*A política*

> que a melhor comunidade política é aquela constituída pela classe média e que as cidades capazes de ter uma boa constituição são justamente aquelas onde existe uma classe média numerosa e se possível mais forte do que as outras duas [...] seu peso faz inclinar a balança impedindo que os extremos prevaleçam (Aristóteles, Livro V, 1295b).

Sabemos a fortuna a que estava destinada esta metáfora da balança nas concepções políticas posteriores, assim como o quanto a concepção do regime misto impregnou o pensamento ocidental. Depois de Aristóteles, ela ganha nitidez, do historiador Políbio (século III a.C.) passa a Cícero e a Plutarco (1818), ganhando a seguir o mundo moderno através de Francis Bacon e sobretudo de Montesquieu que registra no XI livro do *Espírito das leis* (onde ele aliás cita Políbio): "Pour qu'on ne puisse abuser du pouvoir, il faut que, par la disposition des choses, le pouvoir arrête le pouvoir."

Perguntamos acima sobre o porquê dessa ênfase ética no pensamento político dos antigos. Digamos que, mais do que nós modernos, eles tinham uma percepção aguda — tocquevilleana — da relação existente entre o regime e o caráter dos homens ou mais precisamente, da capacidade que têm os regimes de formar os caracteres. Vimos a classificação dos regimes de Aristóteles e sabemos que é muito frequente a ocorrência dos regimes deturpados e isto quer dizer então: dos caracteres mal-formados. Já em sua Politeia, sua descrição do melhor regime, os homens livres governarão em condições de igualdade e num sistema de ocupação dos postos de governo por rotação. Ele assim incorpora em seu regime o ideal de liberdade da democracia. Mas liberdade supõe educação como vemos no Livro VIII. Vemos então novamente por que a democracia — o governo dos pobres — lhe parecia, assim como a Platão, um regime defeituoso; isto menos pela pobreza em si mesma — afinal Sócrates vivera e morrera pobre — mas mais pelo fato de ela em geral ser um impedimento à educação. Os sofistas educadores bem o sabiam e procuravam suprir esta carência da democracia com seu saber e suas aulas. Mas, ao condicionarem suas lições aos que podiam pagar, iam contra o *ethos* da democracia. No Livro VIII d'*A política*, Aristóteles assinala para um sentido de liberdade que a distingue das atividades que possam tornar "o corpo ou a alma ou a inteligência impróprias para a busca e a prática da virtude" (Aristóteles 1998: Livro VIII, cap. II, 1337a). O vínculo teleológico entre a liberdade e a virtude que reaparece no final da obra é perfeitamente coerente com o princípio, enunciado em seu início, que dava uma destinação ética à pólis.

Dos dois conceitos que procuramos ressaltar na caracterização do pensamento republicano clássico, um, Politeia, em sua forma mais realizável de regime misto, está profundamente entranhado na modernidade, como pudemos exemplificar com Hamilton. Mas o que dizer da virtude que desde Maquiavel vem sendo objeto de uma contínua, ainda que não homogênea, rejeição? Ao final deste trabalho, queremos apenas deixar o registro de alguns índices acerca desta profunda revolução semântica. Obscurecimento e ambiguidade marcam esta noção em Maquiavel. Assim, referindo-se a Hanibal, diz-nos que ele possuía "uma crueldade desumana juntamente com outras virtudes", e faz a mesma observação a propósito do criminoso Agathocles que também aparece como virtuoso. No mesmo sentido, a noção de príncipe em alguns casos não se distingue da noção de tirano. No capítulo XV d'O *príncipe*, escreve:

> Muitos imaginaram repúblicas e principados que jamais foram vistos ou nem se sabe que existiram. Há uma distância tão grande entre o modo como alguém vive e como deve viver que aquele que rejeita o que o povo faz em prol do que deve fazer, traz-lhe a ruína mais do que a preservação.

Maquiavel não tem dúvidas quanto ao resultado da conjunção havida entre a tradição de virtude dos clássicos e o cristianismo: ela representou uma efeminação do mundo. A partir de Maquiavel, o caráter irrealista da reflexão política clássica tornar-se-á um topos que se multiplicará como hipostases na literatura filosófica moderna. Assim, Espinosa escreve no Capítulo I do *Tratado Político*:

> Os filósofos concebem as emoções que se combatem entre si, em nós, como vícios em que os homens caem por erro próprio; é por isso que se habituaram a ridicularizá-los, deplorá-los, reprová-los [...] julgam assim agir divinamente e elevar-se ao pedestal da sabedoria, prodigalizando toda espécie de louvores a uma natureza humana que em parte alguma existe, e atacando através dos seus discursos a que realmente existe. Concebem os homens, efetivamente, não tais como são, mas como eles próprios gostariam que fossem.

No mesmo sentido escreve J. Locke em *The reasonableness of Christianity*:

> Virtude e prosperidade não andam juntas frequentemente; por isso a virtude raramente tem seguidores. Não admira, pois, que ela não prevaleça em um estado onde as inconveniências que a esperam são visíveis e à mão; e as recompensas duvidosas e distantes.

Ou ainda Montesquieu, que compara a virtude política da república a um monastério e seu modo de vida semelhante ao fanatismo (Montesquieu 1979: Livro V, cap. II).

Não é, portanto, sem razão que Leo Strauss caracteriza o pensamento político moderno, por contraste com o antigo, como tendente ao hedonismo. De fato, boa parte dos autores modernos prepara o caminho para concepções decididamente utilitaristas de D. Hume, Jeremy Bentham e James Mill, que reconhecem apenas o princípio de utilidade como fundamento político.

Concluamos dando a palavra a um cientista político contemporâneo que sabe tirar proveito de seu conhecimento dos antigos. Após constatar que a ciência política contemporânea se preocupa talvez excessivamente com a agregação das preferências, ele acrescenta:

> Uma ciência adequada deve ter antes como preocupação a formação das preferências. Deve procurar responder à questão de como podemos desenvolver, de modo democrático, uma compreensão racional de nossos problemas [...]. Esta será uma ciência política preocupada com a definição e a implementação do bem comum (Bluhm 1987: 269-290).

Filosofia e Música na Grécia Clássica: a conversão musical de Sócrates[8]

Sócrates um ponto de inflexão e um vórtice
da assim chamada história universal (Nietzsche 2007)

Tendo em vista nossas limitações — de tempo, de saber — centrarei minha exposição na obra do filósofo Platão, não só porque é uma das nossas fontes mais importantes sobre música na Grécia, em Diálogos como *As leis*, *A república*, *Gorgias*, *Filebo* e *Timeu* (origina-se n'*A república* a nomenclatura dos modos musicais: lídio misto, jônio, dório, frígio, até hoje empregada), como também porque o resultado de suas reflexões ecoa ao longo de nossa história.

Sabemos que a filosofia é uma forma de atividade cognoscitiva particularmente onívora, no sentido em que, os temas que aborda, sejam eles, economia, política, religião ou arte, são sempre inscritos no 'sistema' concebido pelo filósofo. O discurso filosófico tende a tomá-los mais como meios, para a afirmação ou comprovação de seus princípios fundamentais, do que como fins.[3] Dito negativamente, ela raramente lhes concede autonomia, atitude que vocês certamente poderão comprovar nas próximas palestras, ou no trato com os chamados filósofos musicais, como J. J. Rousseau, e sobretudo Schopenhauer e Nietzsche — para não mencionar, mais recentemente, Theodor W. Adorno, que viu o Jazz 'como música de escravos' e manifestação totalitária (Buck-Morss 1977:

100). Isto é eminentemente visível na obra platônica, onde não só a música, mas as artes em geral, e as ciências, como a matemática, e também a política, a religião são todas metabolizadas e postas a serviço do sistema, ou melhor, da intenção de cada obra. Procurarei, entretanto, mostrar como, em Platão, esta relação entre filosofia e música (Brann 2004) se deu em mão dupla. Pois, se é verdade que há em sua obra uma instrumentalização da música, sobretudo a serviço da educação cívica, há igualmente nela uma musicalização da filosofia, visível no que podemos designar como a conversão musical de Sócrates.

Se quisermos saber a importância da música para a filosofia na Grécia basta lembrar a tese de Damon (filosófo Pitagórico do século V a.C.) citada por Platão n'*A república*: "não podemos mudar os modos da música sem ao mesmo tempo por em risco as leis fundamentais do Estado" (Livro IV, 424c). Pois a música, que se dirige diretamente à alma, diz-nos o filósofo, é a parte mestra da educação.

Assim, na formação de seu melhor regime, em suas duas versões, *A república* e *As leis*, Platão confere à música uma importância extraordinária, pois um dos pontos capitais na concepção de sua cidade justa é a educação musical dos guardiães e dos legisladores, os responsáveis pela sua administração.

Este destaque conferido à música não é monopólio de Platão, sendo, ao contrário, uma constante na filosofia antiga, antes e depois dele, a começar de seu discípulo Aristóteles em cuja cidade ideal a música desempenha um papel igualmente importante. De fato, dizem-nos os historiadores que "os grandes tratados greco-latinos foram redigidos por seguidores de escolas filosóficas que interrogam sobre qual é a natureza da ciência musical: é matemática, física, é uma ciência nova?" (Leclant 2005: 1479).

De resto, é fato sabido o relevo de que a música foi alvo na escola pitagórica, cujas especulações sobre a 'música das esferas' chegam a Euclides e ressoam nos versos famosos do *Mercador de Veneza* de Shakespeare:

Como é doce o luar sobre essas encostas!
Aqui fiquemos, pra que os sons da música
Encham nosso ouvido: a noite calma
Combina com os sons dessa harmonia.
Senta Jéssica. Vê o chão do céu
Patinado de ouro flamejante:
Não há uma só órbita no espaço
Que ao mover não cante como um anjo,
Pra acalentar os doces querubins —
Tal canto está nas almas imortais,
Mas enquanto esta podre lama humana
Nos encobrir, não podemos ouvi-lo...
(*Entram os músicos*)
[...]
...Orfeu encantou rochas e enchentes,
Porque não há nada de tão rude ou mau
Que a música não mude e não transforme.
O homem que não tem música em si,
Que a doce melodia não comove,
É feito para a traição e o crime;
É como a noite o tom de seu espírito;
Seus sentimentos negros como Erebus;
Não é de confiança. Escuta a música![6]

(*tradução de Bárbara Heliodora*)

Tema que ressoa nos versos "quem não gosta de samba bom sujeito não é", de Dorival Caymmi.

O motivo desta importância extraordinária conferida à música é duplo, consistindo não apenas no poder da sonoridade propriamente dito, tal como se constitui em acordes, harmonias e ritmos que, segundo Platão "são particularmente aptos a penetrar na alma, embelezando-a com sua beleza" (Platão 2001: 401d), mas, sobretudo, talvez porque *Mousiqué* em grego tem uma acepção mais ampla do que a nossa palavra música, significando toda a cultura intelectual ou literária, as belas letras, enquanto oposta aos exercícios físicos, próprios da ginástica. O adjetivo *Mousiké*, como se sabe, diz respeito às Musas, as filhas de Zeus com Mnemousyne, que inspiram os poetas soprando-lhes os versos e as melodias. Quando Sócrates pergunta que educação dar aos guardiães de sua República a resposta soa natural: música para a alma e ginástica para o corpo. Platão tem como sinônimos os termos: *apaideutos* (sem educação) e *akoreutos* (privado da dança) (Platon 1968, Livro II, 654a).

Tendemos a valorizar a filosofia — a inventora da razão, a rainha das ciências — como a maior contribuição deixada pelos gregos. Mas, não se pode ignorar que foi a poesia a primeira forma de saber que ali surgiu, e que possuía então uma dimensão literalmente demiúrgica (formação de um povo), muito superior ao que hoje designamos como tal. Assim, segundo Heródoto (*História*: 2.53.2), Homero e Hesíodo foram não apenas os educadores da Grécia, mas os criadores da religião grega. Neste sentido, os poetas realizaram na Grécia o que os profetas realizaram com respeito à Revelação Judaico-Cristã-Islâmica, no Oriente próximo: deram aos homens a Lei, no seu sentido forte de constituir a primeira forma de organização da vida civilizada. Por sua vez, os poetas eram designados como *Aedos* (Naquet 2000) cantores, e a literatura poética — epopeia, tragédia, comédia, poesia lírica, de Homero, Safo, Alceu, Anacreonte, Pindaro, Aristófanes — era indissociável da música que a acompanhava.

Assim, esta introdução chega ao primeiro ponto que queríamos esclarecer. Tomaremos a seguir a noção de música no sentido original, de cultura ou formação do espírito, ou da personalidade como um todo, que inclui também a música no sentido comum. Deste modo, permaneceremos fiéis ao conceito grego, não divorciando a música da poesia, referindo nestas designações, simultaneamente, a produção, tanto da forma, quanto do conteúdo, tanto dos versos, quanto da melodia (o que não nos afasta da atualidade com nossos músicos-poetas, como Vinicius de Moraes e Tom Jobim).

Quando nos transportamos para as origens do mundo grego vemos que as relações entre música e filosofia eram singularmente polêmicas, o que se compreende, pois se os *musikoi* foram os inventores das formas encantatórias do canto e da poesia, os filósofos foram os inventores do *Logos*, da Razão, como formas de *Skepsis*, de *acribia*. De fato, os fisiólogos, os primeiros filósofos, cujas especulações geraram o conceito então inédito de *Physis*-Natureza (não há palavra para Natureza no velho Testamento), introduziram em nossa história um novo tipo de discurso para designar a totalidade do ser. A novidade marca-se já no estilo severo e sóbrio desta linguagem, graças à qual, agora, apreende-se o cosmos, não mais como resultado de Forças Primordiais ou de agentes sobrenaturais, mas como o produto de acontecimentos banais, familiares, que vemos se reproduzir em nosso dia a dia. A adoção dessa nova linguagem afasta para sempre as explicações altamente dramáticas, passionais e fantasiosas das teogonias e das cosmogonias antigas (Vernant 2002: 100-101).

Mal comparando, o que ocorre no século VI a.C., na Grécia, é um fenômeno análogo ao que se deu no século XVII da era cristã, na Europa onde, a partir das primeiras críticas iluministas — de F. Bacon, T. Hobbes e B. Espinosa — aos Testamentos dos profetas, estes passaram a ser vistos como superstições e preconceitos. E, assim como os modernos tiveram que criar uma verdadeira conspiração (D'Alembert 2000: 129) contra a religião estabelecida, no intuito de fazer renascer a filosofia, assim também na Grécia, os fisiólogos, no afã de fundar seu novo saber, declararam guerra contra a poesia e os *musikoi*. Platão refere-se a esta guerra ao registrar em termos eloquentes o eterno antagonismo entre poetas e filósofos, dando a palavra aos poetas que comparam os filósofos a "cadelas que latem contra seus mestres" (Platão 2001: Livro X, 607b). De fato, muitos pré-Socráticos, entre eles, Heráclito e Xenófanes, referem-se de modo pouco lisonjeiro aos pais da poesia grega, Homero e Hesíodo; e o poeta Aristófanes, por sua vez, representou Sócrates como um tolo no plano prático, incapaz de se defender do trapalhão Estrepsíades. Neste sentido, Platão parece aqui corroborar sua convicção de que os verdadeiros rivais da filosofia não são os sofistas, os oradores, mas os *mousikoi*, os poetas.

Nossa atenção deve se voltar então para esta rivalidade e acreditamos que, da compreensão desta animosidade, poderá emergir alguma luz sobre nosso tema, sobre a importância e o sentido da relação entre música e filosofia na Grécia.

A característica essencial assumida pela filosofia em seu começo foi, como notou Hegel, a busca do mais imediato: o primeiro pensamento, diz o filósofo alemão, era extremamente abstrato e nele, 'o absoluto é pensado, mas não como pensamento', pois a filosofia começa voltada para o mais exterior, como filosofia da natureza. De fato, tratava-se de explicar o cosmos, primeiro reduzindo-o a um, ou alguns elementos naturais, digamos, a tetrarquia, água, fogo, terra, ar, e logo a substâncias mais complexas. Em seu entusiasmo pelo novo método de apreensão da realidade, os fisiólogos viam o cosmos como a manifestação múltipla de uma unidade fundamental, seja ela física como os átomos, seja inteligível como os números dos Pitagóricos. O universo surgia então como nada mais do que um arranjo de unidades. Para esta mentalidade arcaica, por sua vez, até mesmo a alma, se representava também como um número, uma harmonia do corpo (Ramnoux 1983: 429). O número aparecia como este elemento oculto que se visualiza nas figuras sensíveis e geométricas e nas esferas celestes, cujos movimentos, sendo harmônicos, são musicais. Em suma, a filosofia põe seu foco na explicação da natureza e se dá então como apreensão da exterioridade. De fato, uma das características do conceito segundo Hegel é sua paciência, e será necessário um bom tempo antes que o pensamento, voltado para fora, 'pobre e abstrato' sinta a necessidade de retornar a si mesmo, o que ele fará no momento em que se decidir por tomar como seu tema não mais o externo, mas a própria subjetividade. E este momento chegou com o Sócrates de Platão. Como disse Cícero, Sócrates, o pai da filosofia, fez a filosofia descer do céu para penetrar nas casas dos homens.

Falamos de um Sócrates de Platão porque a tradição grega nos apresenta pelo menos dois Sócrates distintos ou dois momentos de Sócrates, como lemos na autobiografia que ele mesmo narra no *Fedão*. De fato, nossa primeira fonte cronológica sobre Sócrates é Aristófanes. Em sua comédia *As nuvens*, a personagem Sócrates guarda as características de um fisiólogo, um investigador da natureza, como nos são apresentados, hoje, os 'pré-socráticos'. Seguindo a caracterização de Hegel, teríamos então um Sócrates voltado para a objetividade seguido de um outro, para a subjetividade.

De fato, quando ele surge em cena nesta comédia, a chamado do confuso Estrepsíades que quer se tornar seu aluno, vemo-lo no Pensatório, espécie de 'torre de marfim', onde reside junto com seus discípulos, em quase total isolamento com relação à vida política. E ele ali surge numa inusitada posição: pendurado numa cesta investigando o sol e os astros. Sócrates encarna aqui esta primeira forma de filosofia a que acima nos referimos, que visa desbancar o saber mítico.

Iniciada sua instrução filosófica, percebendo que nela não há lugar para as divindades tradicionais, o aluno pergunta:

> "E Zeus?", ao que o mestre retruca,
>
> "Que Zeus? Não diga tolices! Nem sequer existe um Zeus!"

Aristófanes antecipa assim no ateísmo de Sócrates um dos elementos que servirão mais tarde para sua condenação.

Ora, sem Zeus, tampouco há Musas.

A vida no Pensatório é inteiramente dedicada à investigação da natureza: lá não há lugar sequer para o amor: Sócrates não tem uma mulher e não há tampouco qualquer insinuação de homossexualismo.

Voltado inteiramente para a exterioridade, imprudente, pois incapaz de perceber sequer os riscos que corre ao admitir em sua escola alguém que mal conhece, não surpreende que sua nova experiência pedagógica termine tão mal, com a queima do Pensatório pelo instável Estrepsíades, ao final da peça.

Em suma, Aristófanes pinta em Sócrates a nova personagem que surge na paisagem urbana com o advento da filosofia, o intelectual, o grande especialista do *Logos*, do raciocínio. E deste mestre, ao contrário do mestre da peça homônima de E. Ionesco, que não tem cabeça, pode-se dizer que a tem em excesso, pois é demasiadamente intelectualizado. Entretanto, a contrapartida desta hipertrofia do intelecto é mais do que uma desatenção, uma ignorância do humano no seu aspecto mais evidente, o seu lado a-lógico, não-racional, representado pelas paixões, os desejos, as emoções, os sentimentos, a imaginação; em suma, todo esse conjunto de características psíquicas que os gregos designam como *Thymos* (ímpeto-coração), *Epithymeticon* (desejos-paixões), *Eros* (amor) (Hobbs 2000; Newell 2000).

Para usar uma expressão cara a Platão, e que ele atribuirá ao 'seu' Sócrates: conhecedor da natureza, ele, entretanto, ignora a natureza humana, não conhece a si-mesmo, e se torna impotente quando descobre o caráter peculiar de sua filosofia, isto é, seu formidável impacto crítico em relação aos costumes, tão forte que pode desencadear, nos leigos, paixões funestas capazes de se voltarem contra o mestre. A advertência do poeta — assim podemos interpretar sua obra — ultrapassa a mera segurança física do filósofo: é a própria existência da filosofia que está em jogo na sociedade fechada de Atenas. Em suma, o filósofo ignora o que é bom para si mesmo e para seus discípulos e o quanto seu *Phrontisterion* (pensatório) é dependente da comunidade em que vive.

Ignora sobre sua incapacidade de defender a filosofia e a diversidade da natureza humana — que o poeta bem sabe.

Examinando n'*A política*, os projetos políticos de seus antecessores, Aristóteles nos dá um exemplo, na figura do arquiteto

Hipódamos de Mileto, do que seria uma política que desconhece a importância dos elementos irracionais da natureza humana. Hipódamos concebe sua política num raciocínio a priori e centrado no número três: divide o território em três regiões, divide a população em três classes, as leis em três categorias, em três os tipos de crimes, e por aí vai... Seu erro consiste em tomar como homogêneos segmentos da realidade que são peculiares, *sui generis*, como é a política, o que o leva a supor no objeto, comenta Aristóteles, uma clareza e simplicidade que ele não comporta (Aristote 1994, Livro I, 1094b).

Há, portanto, na comédia de Aristófanes uma lição importante para o filósofo. O músico-poeta mostra a existência de uma tríplice falha neste tipo de saber filosófico: enquanto imprudente e distanciado das realidades cotidianas que marcam a vida dos cidadãos comuns, ele é a-político; e ignorante quanto ao que constitui a matéria prima do músico-poeta, ou seja, as paixões humanas, ele é além disso a-músico e a-erótico (Strauss 1966).

Quando, alguns anos depois da peça de Aristófanes, retomamos contato com Sócrates — em Platão, mas também em Xenofonte — notamos imediatamente o resultado da assimilação da lição do poeta pelo filósofo. Embora ele não se imiscua na práxis política no seu sentido profissional, Sócrates está agora perfeitamente integrado na pólis ateniense, onde vive como qualquer cidadão: tem um lar onde reside, e é casado (com a insuportável Xantipa), é soldado e pai de família.

Em sua nova forma, Sócrates é agora a própria encarnação da razão erótica (Xenofonte afirma não se lembrar de um período em que o filósofo não esteve apaixonado por alguém) (Platon 1951: VIII, 2), ilustra com sua vida o que é levar a sério esta promessa erótica, não apenas no sentido do amor pessoal, mas também e, sobretudo, do amor pelo saber. Ao fazer isto, passa a conhecer a natureza humana e sua própria alma — 'conhecer a si mesmo' — realizando em si, talvez, a mais divina vocação disponível ao homem: a filosofia como busca amorosa pelo saber.

Faz-se necessário enfatizar então que, em Platão, a própria razão experimenta uma redefinição: é (como em Kant) uma força espontânea — não uma faculdade passiva destinada a calcular — e é neste sentido, pode-se dizer, que na alma humana ela é impulsionada por Eros. Em consequência, o próprio núcleo da alma será agora definido por esta pulsão, Eros (a que Freud faz alusão nos seus ensaios sobre a sexualidade), constituindo-se assim numa Razão propriamente Erótica, e não mais como uma razão entendida como mero entendimento, faculdade calculadora. Pois a razão, tanto quanto as demais faculdades da alma, como o ímpeto e os desejos, enraízam-se todas nessa força cósmica prodigiosa que, segundo também Aristóteles, a tudo move: Eros.

Numa metáfora da alma humana Platão a mostra como composta de três imagens, apresentadas em ordem crescente de tamanho e força: um homúnculo que simboliza o elemento racional, um leão, como elemento do coração (*thymos*), e um círculo de monstros e de feras, algumas domesticáveis, outras intratáveis, simbolizando nossas paixões e desejos (*epithymetikon*). Educar consiste então em fortalecer o menor elemento, o racional, para que ele possa minimamente controlar os demais (como dirá Freud sobre o processo educacional: lá onde estava o Id é preciso que agora esteja o Ego). E, se Eros ocupa agora um lugar especial no pensamento de Platão, é porque, como diz um crítico, ele "é o único modo de experiência capaz de reunir as duas naturezas do homem, o eu divino e o animal enjaulado" (Dodds 1977: 216).

O novo gênero literário criado por Platão — o Diálogo como drama filosófico - é por si só o maior testemunho da lição aprendida e de que o filósofo abandonou completamente sua atitude arrogante com relação aos discípulos das musas, os poetas. Realmente, sem abrir mão do elemento racional, este gênero integra, com suas personagens passionais, a arte poética dos *Mousikoi*. Mais do que isto: auxiliado pelo charme dos *Mousikoi*, Platão pode agora promover uma apresentação pública da filosofia, na qual ela não só ganha direito de cidadania — que ela não tinha como atestam as perseguições aos filósofos (Derenne 1976) — como ganha, sobretudo respeitabilidade. Não é pouco: lembremos que, para obter seu passaporte de entrada no mundo moderno, a filosofia também teve que se reinventar, até mesmo como ciência natural.

Mas o maior testemunho da metamorfose pela qual passa o filósofo sob o efeito da lição musical é o próprio Sócrates. Já mencionamos o texto autobiográfico de Sócrates no *Fedão* de Platão. Nele, Sócrates revela por que a partir de certo momento dedicou-se à composição musical: "Muitas vezes repetiu-se o mesmo sonho ao longo de minha vida... que dizia invariavelmente: É à composição musical que deves te empenhar" (60e).

Sócrates primeiramente interpretou o sonho como uma exortação a prosseguir no que fazia, pois pensava: "Há música mais elevada do que a filosofia?"(61a). Mas a seguir se apercebeu de que isto não bastava e de que a injunção divina consistia na necessidade de, literalmente, compor música, e assim passou a fazer composições musicais.

Eis então a conversão realizada: o filósofo que, advertido por Aristófanes, já aderira à sua arte, mas que até então se limitara a versejar, agora vai além e passa a também compor. Para concluir, exploremos brevemente algumas das consequências desta conversão à música.

Platão atribui enorme importância à psicologia que serve de fundamento a sua filosofia e, como bem mostram os Diálogos, os poetas possuem genuíno conhecimento da alma. Assim sendo, a *mousiké* encaixa-se no centro de sua reflexão, por ser não apenas uma forma de psicologia, mas também de psicagogia, de guia da alma.

Nos textos em que a expõe, traça um quadro bastante complexo da alma humana, composta de pulsões racionais e de poderosos elementos a-lógicos, irracionais, como vimos, incontroláveis. Não é, pois, de admirar que nós humanos vivamos num estado de tensão. Somos joguetes nas mãos dos deuses, e se "somos autores da melhor e mais bela tragédia, a que constitui nossas próprias vidas"

(Platão 1968: 817b), nossa vida começa no desamparo, na ausência de instintos suficientes para garantir a nossa sobrevivência. Mas como lidar com estes elementos irracionais que podem levar o pânico à nossa alma? O choro dos bebês testemunha o terror que se apossa de nós desde o berço e Platão localiza neste *Pathos* a fonte primária de nossa necessidade de música, pois em socorro dos bebês as mães entoam as cantigas de ninar que os encantam Platão 1968: 490e). E, o filósofo prossegue, "como se encantariam as bacantes frenéticas, num movimento combinado de dança e de música".

Eis os efeitos da música propriamente dita: ela pode tanto produzir moderação quanto exaltação, pode tanto aliviar nossos mais profundos sofrimentos, quanto aprofundar nossa felicidade, a depender dos modos, dos ritmos, dos instrumentos etc. Comentando este texto, Allan Bloom escreve:

> A música, ou a poesia, que é aquilo em que a música se transforma quando a razão emerge, sempre envolve um delicado equilíbrio entre a paixão e a razão [...]. Como todos nós sentimos, a música oferece uma justificativa inquestionável e um prazer pleno para as atividades que acompanha: o soldado que ouve a marcha da banda sente-se arrebatado e reanimado, o religioso exalta-se com o som do órgão no templo e o apaixonado fica empolgado e aquietado com o romântico violão (Bloom: 1989: 91).

Mas, as consequências da conversão musical do filósofo não param por aí.

Em *As leis*, assistimos à elaboração de um projeto constitucional para a construção de uma nova cidade. O filósofo-rei passa então por uma metamorfose, transformando-se primeiramente em legislador. Mas, ainda uma vez, Platão vai além: ele aproxima o filósofo-legislador do *mousikós* e leva ambos a traçarem um vasto programa educativo para os novos cidadãos. Esta educação cívica é essencialmente filosófico-poético-musical: e agora num sentido propriamente musical, pois a música consistirá de corais que se apresentarão em festivais, e que são caracterizados tanto como os mais sóbrios apolíneos, quanto como os mais prazerosos dionisíacos (Pangle 1980).

Podemos bem imaginar as dificuldades para a implantação desta educação musical; dúvidas surgirão quanto ao seu caráter, quanto à liberdade que será deixada aos músicos pelo filósofo, enfim, quanto à sua real contribuição para a formação do espírito cívico necessário à república.

Seja como for, Platão plantou em seu último projeto político a ideia da importância da educação musical para a formação da cidadania republicana. Nesse sentido, importa notar que poucas vezes em nossa história, em particular na história da filosofia, teremos assistido a uma defesa tão notável e vigorosa de uma cidade musical.

Para terminar passamos a palavra ao idealizador e realizador brasileiro de um projeto semelhante, que também apostou na qualidade da música — e até mesmo dos Corais - para a constituição da cidadania, refiro-me a Heitor Villa-Lobos (responsável pela introdução do canto orfeônico em nossos currículos), que dizia: "A música, eu a considero, em princípio, como um indispensável alimento da alma humana. Por conseguinte, um elemento e fator imprescindível à educação da juventude" (Villa-Lobos 1997).

Sabe-se que Sócrates foi responsável por introduzir a filosofia num novo domínio redirecionando-a do estudo da natureza para o da ética e da política. Menos divulgado é o quanto essa conversão deveu ao poder, então por ele descoberto como uma revelação, da música. Sob seu impacto, seu maior discípulo, Platão conferirá, aos seus projetos políticos um lugar de destaque à arte das Musas, criando uma cidade-musical.

Formação da opinião e formação filosófica no mito da caverna de Platão[9]

For knowledge alone can make men free.
Leo Strauss (1899-1973)

Desde a antiguidade dizia-se que no portal da Academia Platônica figurava a inscrição: "Não entre aqui quem não for geômetra". Mas, a julgar pelo mito da caverna, tal como é descrito em *A república*, a inscrição deveria ter a seguinte sequência: "nem tampouco quem não for poeta". De fato, pois esse que é talvez um dos textos mais célebres da história da filosofia é obra de um filósofo-poeta. Sendo assim, pensei que não seria um despropósito iniciar meu comentário sobre esse texto recorrendo a um autor que poderíamos, com alguma licença poética designar de poeta-filósofo, tanto mais que no caso se trata de um poeta muito próximo de nós, o mineiro-carioca Carlos Drummond de Andrade. Leiamos então os versos de sua *História Natural:*

Cobras cegas são notívagas.
O orangotango é profundamente solitário.
Macacos também preferem o isolamento.
Certas árvores só frutificam de 25 em 25 anos.
Andorinhas copulam no voo.
O mundo não é o que pensamos.

Em sua admirável concisão, o poema, que elenca esquisitices e paradoxos do mundo ambiente, sem precisar mencionar o homem, que segundo Sófocles é de todos os seres o mais prodigioso, tem um sabor pré-socrático, remetendo o leitor a Parmênides que, no raiar da filosofia, foi o primeiro a levantar a questão das relações harmoniosas ou dissonantes entre ser e pensar. Ser e pensar: aí estão os termos do grande enigma que todos nós somos cedo ou tarde convidados a enfrentar. O que é ser, o que é pensar? Que tipo de relações há entre ambos? Questões eternas da filosofia. Cito os versos de Drummond porque é isto exatamente o que, em outro registro, o filósofo Platão nos diz no mito da caverna: que o mundo, eivado de paradoxos e de esquisitices, não é bem o que pensamos.

Realmente, somos naturalmente levados a pensar que o mundo é isso que experimentamos com nossos sentidos, mas o filósofo nos convida a fazer uma reflexão que problematiza essa nossa certeza, arrancando-nos violentamente de nosso confortável habitat. Sugere que na verdade estamos presos num antro onde permanecemos desde nossa infância, submetidos aos grilhões do pior tipo de falseamento: a falsificação psíquica que nos é imposta desde sempre convencendo-nos de que a realidade é o que parece. Exagero de um idealista que, como dizia Nietzsche, incorreu no "pior, mais persistente e perigoso dos erros"; "foi um erro de dogmático: a invenção platônica do puro espír*ito e do bem em si*" (Nietzsche 1998). Ele dedicou também sua reflexão ao tema da caverna em sua *Aurora* (2004: 90), com o título "Na prisão", onde lemos: "Os hábitos de nossos sentidos nos envolveram na mentira e na fraude da sensação: estas são, de novo, os fundamentos de todos os nossos juízos e 'conhecimentos' — não há escapatória, não há trilhas ou atalhos para o mundo real"; e trata-se como se vê de uma caverna sem saída. Para um comentário deste texto de Nietzsche, em paralelo com Platão e Wittgenstein, ver Rosen 2000: 198-199).

Mas leiamos um autor de nossa época, insuspeito de idealismo, o fenomenólogo Merleau-Ponty:

> Nós vemos as próprias coisas, o mundo é isto que nós vemos: fórmulas como essas exprimem uma fé que é comum ao homem natural e ao filósofo desde que ele abre os olhos, elas remetem a uma base profunda de "opiniões" mudas implicadas em nossa vida. Mas esta fé tem algo estranho [...] se perguntamos o que é nós, o que é ver e o que é coisa ou mundo, entramos em um labirinto de dificuldades e de contradições (Merleau-Ponty 1964: 17).

De Platão a Merleau-Ponty parece que temos que pagar um preço alto para perdermos nossa ingenuidade, o de descobrirmos que vivemos em cavernas ou pior, em labirintos.

Vejamos então como nosso texto se apresenta e se ele ainda é capaz, mais de dois mil anos depois de escrito, de nos dizer algo significativo. Ele começa com a proposta de estabelecer a metáfora da caverna como uma comparação que nos permitirá compreender o que é a educação.

Como todos já leram o texto passo então a algumas distinções iniciais bem evidentes.

1. temos representados dois estágios na educação: o estágio pré-filosófico — ilustrado pelos prisioneiros — e o filosófico — ilustrado pelo percurso de saída e retorno do prisioneiro guiado pelo filósofo.
2. temos representadas três categorias de homens agentes na caverna: prisioneiros, 'carcereiros' ou produtores/artesãos/artistas, que habitam a zona média da caverna e o filósofo libertador.
3. temos uma representação topológica que mostra três estágios: o fundo da caverna, o muro ou 'teatro' no ponto médio, e o exterior; e um percurso duplo: do inferior e interior ao superior e exterior, bem como o movimento inverso, do exterior superior ao interior inferior.
4. neste percurso há uma gradação luminosa que vai da quase

obscuridade total no fundo, ao luzir da fogueira no ponto médio e ao brilho cegante do sol lá fora, e vice-versa. Luz é metáfora de saber.

5. há também três tipos de 'objetos' na metáfora: os de fora — que são as Formas Inteligíveis da ontologia Platônica, e os de dentro, de dois tipos, primeiramente os fabricados e, em seguida as suas sombras ou cópias projetadas.

Feitas essas distinções vejamos agora, ainda estaticamente, o interior da caverna.

O autor destaca na sua topologia dois locais — o do fundo e o do meio que, seguindo a sugestão do texto (que menciona um espetáculo de marionetes: 514b) chamamos de 'teatro', dois locais que correspondem a duas categorias de objetos: os objetos que passam ao fundo, que são apenas imagens projetadas — chamemo-los de simulacros; e os objetos do meio, que são objetos designados, de modo preciso, como fabricados pelos homens livres; são eles que desfilam diante da fogueira cuja luz os projeta para o fundo, onde os veem os prisioneiros: chamemo-los artifícios.

O que Platão está nos dizendo, primeiramente, é que somos o que vemos ou, mais precisamente: nosso modo de 'ver o mundo' ou de pensar é determinado primeiramente por aquilo que vemos. Neste sentido, é da maior importância para compreendermos o significado do mito, notar que há uma diferença entre o que os prisioneiros veem e o que os produtores-artesãos-artistas veem. Portanto, cada categoria de habitante vê o mundo de modo próprio. Esta situação de diferenciação é tanto mais grave quanto as regiões em que se encontram são diversamente iluminadas: mais escuras para os prisioneiros, mais claras para os fabricantes-artistas. Em suma: os de cima veem mais e melhor do que os prisioneiros. Não apenas sabem mais — o que não quer dizer que saibam cientificamente — como também e, sobretudo, determinam aquilo que os prisioneiros irão ver e saber. Portanto, e este é o segundo ponto para o qual o autor chama nossa atenção, para além de uma diferença de saber, há também uma relação de poder entre ambos os segmentos: os artistas dominam e controlam os prisioneiros. Este é na minha leitura o ponto mais importante do mito: como dirá T. Hobbes mais tarde, *Scientia propter potentia* — em suma, saber é poder.

Gostaria de desenvolver algumas observações sobre esta relação entre os artistas e os prisioneiros associando este ponto com o exemplo dos experimentos de um artista plástico contemporâneo. Mas antes temos que terminar nossa exploração da caverna.

Vejamos agora a Dinâmica da caverna.

A alegoria nos dá a primeira visão total de como se dispõe a vida de uma comunidade humana do ponto de vista de sua representação do mundo e das relações de poder que aí vigoram: a caverna é a cidade (pólis). O primeiro ponto importante que ela nos mostra é como toda vida social é basicamente artificial, é construída. Esta artificialidade se dispõe em níveis distintos conforme o ponto geográfico em que estivermos. Mas é uma artificialidade de que os prisioneiros são completamente inconscientes.

De fato, se somos prisioneiros, o que nos é dado ver? Estamos cercados de trevas, e pior, nada vemos de nós mesmos; e como estamos nessa posição encarcerados — presos pelos pés com bolas de chumbo — desde a nossa infância, então somos literalmente entrevados. Nossa ligação com a vida da cidade se dá através dos simulacros, isto é, imagens de imagens, que tomamos pela única realidade. Esta 'realidade' é produzida pelos atores-artistas — *antrópous pherontas* (carregadores) que vivem livres e ocultos dos prisioneiros atrás da mureta. Ali eles produzem utensílios variados e estatuetas ou efígies de homens e de animais em pedra, madeira, trabalhadas das mais diversas maneiras; alguns deles falam, outros se calam (514b).

Entendemos que eles produzem, portanto, apenas aparências — o que em grego se diz *doxai*, termo que sublinho porque *doxa* significa tanto aparência quanto opinião (como dizemos: parece-me que...). Assim, na medida em que essas aparências constituem tudo o que os prisioneiros podem ver e saber, os produtores são, literalmente, os formadores de opinião para os prisioneiros que estão submetidos a sua autoridade e poder. Estas *doxai* são ao mesmo tempo os simulacros e a matéria-prima das opiniões dos prisioneiros.

Começamos agora a ver mais nitidamente o sentido e o resultado da produção dos artesãos-artistas que habitam por detrás do muro no centro da caverna. As aparências que eles de fato produzem são, de modo geral, os *nomoi*, as leis e costumes, as convenções, os modos de ser que pautam a vida social de todas as comunidades humanas, sendo criações que variam de povo para povo, isto é, de caverna para caverna. Aqui se vê que para se obter o real conhecimento não basta mudar de caverna (o que fazia Heródoto) pois sempre encontraremos diversidade de convenções: a única solução será 'sair' delas.

Aqui vemos também como se desenvolve o que abusivamente poderíamos chamar de a primeira educação — se é que se pode chamar assim o que há décadas passadas designávamos de lavagem cerebral (ou alienação): ela pode ser paradoxalmente descrita como uma 'educação' para a ignorância. De fato, os prisioneiros veem o mundo pela ótica dos formadores de opinião e suas percepções, visões, crenças são inteiramente dependentes do modo como os formadores interpretam e constituem o mundo.

Agora que temos uma visão mais clara do que fazem estes formadores de opinião, que como se vê ocupam um lugar e função centrais no mito, então podemos caracterizá-los de modo mais rigoroso. De fato, eles são, no caso da Grécia, os autores que assumiram a responsabilidade de, pela primeira vez, formar o povo grego, abrindo para eles um leque de paradigmas de modos de vida, comportando desde seus heróis, seus deuses, sua religião, até enfim sua identidade como povo grego.

Em sua *História*, Heródoto (1952: vol. I, Livro II, 53) afirma: "Homero e Hesíodo, que viveram quatrocentos anos antes de mim, foram os primeiros a descrever em versos a teogonia, a aludir aos sobrenomes dos deuses, ao seu culto e funções e a traçar-lhes o retrato" (Livro II, 53).

Os artistas, os poetas são realmente, historicamente, os primeiros fundadores da grande civilização grega — a filosofia, como diz Hegel, é o pássaro de Minerva/Atena, que só levanta voo ao entardecer.

Portanto, se perguntarmos quem são estes formadores de opinião que se ocultam por detrás do muro temos a resposta: são os poetas, os artistas e os legisladores (hoje, como veremos, teríamos muitos 'tipos' atrás da mureta...). O que eles transmitem não são as coisas naturais, mas imagens dos objetos naturais, objetos produzidos por sua arte, uma arte que serve primeiramente aos interesses deles, dos artistas, e que eles fazem astuciosamente parecer naturais. Constatemos que, segundo Platão, essas opiniões não são necessariamente o fruto de reflexões rigorosas sobre a natureza, mas criações de uma realidade artificial composta de mitos, ritos, hinos, lendas, poemas etc., destinados a fazer com que os prisioneiros se tornem cidadãos gregos, mais precisamente patriotas; pois governar crenças é governar o que governa. Os produtores de artefatos que estão ocultos dos prisioneiros atrás de uma mureta, na alegoria da caverna, são os que projetam os 'filmes' que são vistos como realidades pelos prisioneiros. São os poetas (profetas) criadores dos deuses, do encantamento e, como tais, responsáveis pela constituição de modelos de vida ('os *softwares*') que serão seguidos pela comunidade, constituindo assim as regras da vida civilizada, como o fizeram Homero e Hesíodo. De fato, eles nos ensinam sobre os rituais que marcam nossa conformação como cidadãos, desde o nosso nascimento até nossa morte; Como devemos amar nossos pais, respeitar nossos mestres, nossa pátria, cantando hinos de louvor a ela e jurando defendê-la ao custo de nossas vidas; Como devemos nos casar e cuidar de nossos cônjuges, de nossos filhos e de nossos pais, cultuando nossos antepassados. E enfim, como devemos tratar nossos deuses, constituidores e garantidores do nosso universo, de nossa justiça, a quem devemos render nossos preitos e orações para que a natureza continue nos dando seus frutos, ('o pão nosso de cada dia nos dai hoje'...) e a ordem do todo — cosmos — se refaça a cada novo ciclo anual, renovando *Os Trabalhos e os Dias* (Hesíodo).

Por fim, quando Glauco manifesta surpresa com a estranheza de todo este quadro dos prisioneiros, Sócrates se limita a dizer que se assemelham a nós. Nós? Nós quem? Nós que somos agora os leitores da obra? A resposta parece ser positiva: os prisioneiros somos nós enquanto não somos educados pela filosofia. Vejamos agora o quadro de modo dinâmico.

Libertando os prisioneiros:

O que eles pensam ser a verdade é, de fato, a sombra projetada dos objetos artificiais produzidos acima — sombras de objetos artificiais: cópia de cópia; estamos, pois distantes do real; quanto ao que é realmente a verdade, disso são ignorantes. Pior, esta situação não os incomoda, pois estão perfeitamente habituados a ela desde a infância — ignoram que seu estatuto é de ignorância. A primeira tarefa do filósofo será conduzi-los à percepção deste fenômeno, isto é, de que ignoram que ignoram: o célebre "sei que não sei" socrático é o primeiro grau necessário do conhecimento e talvez o mais difícil, pois implica em uma transformação interna: um processo doloroso de autoconvencimento. De fato, auxiliado pelo filósofo, que agora entrou em cena libertando-o (e, hoje talvez pelo psicanalista e o artista) ele é obrigado a fazer uma conversão (*periagogê*), virando-se de costas para o fundo da caverna e expondo-se pela primeira vez ao plano de realidade em que transitam os artistas formadores de opinião: ao fim deste primeiro movimento, porventura o mais árduo para quem transformou este modo de ser em sua segunda natureza, eles se aperceberão do estado atual abjeto, de erro em que viviam. A dificuldade provém do fato de que este erro constituiu o nosso comportamento desde sempre, e mudá-lo implica mudar nosso modo de ser. Simplificando ao extremo: apesar de sermos seres racionais, somos também seres intensamente passionais e para nós, todo aprendizado consiste em articular nossas pulsões a objetos, e objetos que se manifestam dinamicamente — (como dizem os psicanalistas, investimos nossa libido, fazemos *catexia*). Esta redução simplificada do processo de conhecimento já basta para indicar que para mudar nosso modo de ser temos que proceder a novas *catexias*, novos investimentos, algo como transformar, em alguns casos abandonar, nossos 'obscuros objetos de desejos': nada mais doloroso ou mesmo indesejável! — como bem o sabem aqueles que já tentaram abandonar um simples hábito ou um vício.

O caráter dramático e árduo da tarefa de libertação se torna mais claro quando somos informados (em 519b) que os grilhões que nos prendem — a 'chumbada' — são os prazeres, banquetes, glutonerias, em suma, o hedonismo que, eu cito, "volta para baixo o olhar da alma".

A indisposição do prisioneiro para a libertação da ignorância é tanta que, já livre e posto diante dos originais, cujos simulacros via antes, e perguntado sobre quais são os objetos mais verdadeiros, dirá que os simulacros o são! (515cd). Por isso, preferiria voltar à sua posição original a avançar na penosa ascensão para o conhecimento. Donde ser necessário o uso da força para retirá-lo da caverna e fazê-lo ver os objetos verdadeiros. A dificuldade da tarefa é também assinalada pelo fato de que o prisioneiro sairá da caverna à noite, contemplando inicialmente as sombras, as imagens espelhadas nas águas e depois os próprios objetos, e em seguida a lua e os astros, e finalmente o deslumbrante sol tal como ele é: o próprio Bem.

Todo esse longo e doloroso percurso topográfico ilustra então a propedêutica da educação filosófica, pois todas essas metáforas de ascensão, descenso, uso da força, o arrastar, o ofuscamento, os grilhões etc., nada mais são do que a tradução sensível e pois metafórica do desenvolvimento psíquico, intelectual e emocional necessário para a aquisição do saber filosófico.

Notemos que o caminho de volta e a reinstalação no fundo da

caverna não são apresentados como menos problemáticos. Não que o alforriado se arrependa do esforço que fez. Ao contrário, ele se sente agora irreversivelmente recompensado. As barreiras que ele agora enfrenta são de outra ordem, talvez mais difíceis, pois provêm da parte dos ainda cativos. Para estes o filósofo fará primeiramente figura grotesca — objeto de riso — devido à forma de seu saber que não coincide com o saber dos cativos. Em seguida, persistindo em sua ciência e tentativa imprudente de competir com os prisioneiros seria condenado à morte.

Como na peça de Aristófanes, *As Nuvens*, antes se zomba do filósofo, depois queima-se o seu 'pensatório' (*phrontistérion*). Como o que aconteceu com o próprio Sócrates, e no século XVII com outros filósofos que também resolveram olhar para cima, como Giordano Bruno e Galileu, que dizia que "de todos os ódios nenhum é maior do que o da ignorância contra o conhecimento" (Santillana 1962: 145).

O trajeto todo se dá entre dois polos: o fundo sombrio da caverna e seu exterior de luminosidade cegante onde aprendemos a conhecer as Formas ou Ideias, que hoje designamos de idealidades como os objetos da matemática e da geometria.

Há, portanto, no mito, a sugestão de duas tentações para o aprendiz (518ab: "os olhos estão sujeitos a dois tipos de perturbação que ocorrem em dois momentos diferentes"). A primeira já vimos: consiste na entrega ao encanto da vida tribal, nacional, étnica com seus eventuais patriotismos e, no limite, fanatismos próprios das experiências comunitárias inimigas do Universal (quem já viu uma torcida enfurecida pela derrota de seu time, para não mencionar os fanatismos teológico- políticos, pode avaliar o que é este *Pathos*). A segunda tentação, embora se situe já no plano exterior à caverna, não é menos perigosa porque, ali o educando está imerso na homogeneidade sem resistência das idealidades, dos objetos de tipo matemático — os Universais. Ele tende a se encantar com a facilidade apolínea com que tudo pode ser reduzido a unidades dóceis, ao raciocínio, e pode se esquecer da heterogeneidade e do poder da irracionalidade no mundo em que vivemos, no fundo da caverna. A primeira é própria da experiência dos poetas, a segunda, dos cientistas-matemáticos. Como diz um crítico: "Sabedoria é um ídolo da caverna" (Bernadete 1989: 179).

O filósofo deve ter algo de ambos: ser capaz de perceber no interior da caverna o elemento racional obscurecido em meio às irrupções do irracional, que podem ser potencializadas até à barbárie nas cidades desprovidas de filosofia; e ser, inversamente, capaz de não se deixar seduzir pela visão das formas puras apolíneas que o tentam a fixar residência fora da caverna ou, descendo, a procurar submeter cruamente o mundo contingente da pólis e da política ao rigor da ciência de tipo matemática (Aristóteles se referirá ao cientista social como o que mede a realidade contingente do fundo da caverna com a régua de chumbo dos arquitetos de Lesbos (Aristote 1994: V, 14, 1137b 30-31). Ao fazer o filósofo retornar à caverna (520c: "cada um deve descer à morada onde estão os outros e habituar-se a contemplar as sombras"), o autor adverte contra ambas as tentativas de reducionismo, seja do heterogêneo ao homogêneo, seja o inverso. O filósofo terá que ter algo do matemático para conhecer o fundo pitagórico do ser, e passar além; e algo do poeta para conhecer as paixões que arbitrária e tiranicamente buscam se impor sobre a razão. Daí o segundo poema de Drummond (2001), *Também já fui brasileiro*, que flagra o momento em que nos descobrimos como seres que transcendem a 'caverna Brasil'.

Eu também já fui brasileiro
moreno como vocês.
Ponteei viola, guiei forde
e aprendi na mesa dos bares
que o nacionalismo é uma virtude.
Mas há uma hora em que os bares se fecham
e todas as virtudes se negam.

Eu também já fui poeta.
Bastava olhar para mulher,
pensava logo nas estrelas
e outros substantivos celestes.
Mas eram tantas, o céu tamanho,
minha poesia perturbou-se.

Eu também já tive meu ritmo.
Fazia isso, dizia aquilo.
E meus amigos me queriam,
meus inimigos me odiavam.
Eu irônico deslizava
satisfeito de ter meu ritmo.
Mas acabei confundindo tudo.
Hoje não deslizo mais não,
não sou irônico mais não,
não tenho ritmo mais não.

Como havia dito acima, e como estou neste belo espaço do MAC (Museu de Arte Contemporânea de São Paulo — MAC/USP), gostaria de encerrar estas breves considerações recordando a obra recente de um artista contemporâneo que, assim me pareceu, realizou um experimento estético em que pôde agir, parcialmente, do modo como o filósofo age na caverna. Refiro-me à obra de Vik Muniz que foi objeto do documentário *Lixo Extraordinário* (dirigido por Lucy Walker, 2011), que todos aqui certamente conhecem. Muniz escolheu um grupo de catadores de lixo no Jardim Gramacho no Rio, fotografou-os em seu local de trabalho, ampliou os perfis dos modelos e projetou-os no terreno onde os próprios modelos-catadores se encarregaram de 'pintar' a obra empregando entulhos de toda sorte e cor. A obra pronta foi levada a um leilão de obras de arte em Londres. O quadro que tinha como modelo o catador Sebastião Santos foi leiloado por 28 mil libras, cem mil reais, e no total a mostra apurou 250 mil dólares. O resultado da venda foi revertido para os modelos que puderam então mudar de vida — muitos declarando não querer voltar ao lixão. Há um paralelo entre o que fez o artista Vik Muniz e o que faz o filósofo no mito da caverna? Em certa medida sim: assim como os artistas no mito, projetando imagens sedutoras, são os responsáveis, como vimos, pelo modo de ser e pensar falsos, dos prisioneiros, o artista Muniz também assumiu a responsabilidade de determinar um outro modo de ser e pensar para os catadores (cujo modo de vida tem algo da vida dos prisioneiros), apenas agora trocando os sinais: ao invés de aliená-los, de algum modo, libertou-os. Tudo se passa como se o artista tivesse se transformado momentaneamente em um filósofo que, como no mito, liberta os prisioneiros, no caso, os catadores, de seus grilhões, isto é, dos restos que a sociedade despeja nos fundos de sua caverna. Para tanto ele se valeu de seu prestígio internacional. Mas, ao associar seu prestígio e valor de mercado aos catadores, realizou uma operação semelhante a que vimos o filósofo realizar na caverna, quando liberta o prisioneiro e o leva até o lugar onde residem os artistas. Muniz também eleva os catadores à condição de artistas e assim os liberta de sua miserável condição. Certamente, com isso os catadores não se tornam filósofos platônicos perfeitos, pois realizam apenas parte do percurso necessário à conquista do saber dialético. Mas, ainda assim, ao percorrerem parte da trajetória, que como assinalamos acima, é talvez a mais árdua, habilitam-se para seguir adiante. Dizem no documentário que ganharam outra visão de si mesmos e do mundo. Nele é particularmente emocionante o momento em que, pela primeira vez, os catadores-modelos contemplam o resultado de sua obra. É como se no espelho que lhes oferece Muniz eles, pela primeira vez, vissem seu ser e não aquele simulacro de gente, aquela triste imagem que tinham de si mesmos até então. E realmente, a maioria dos catadores manifesta a intenção de abandonar aquele massacrante modo de vida.

Eis como Muniz fez de sua arte um instrumento de educação, de aquisição de conhecimento e, em certa medida, de libertação.

Trata-se de uma libertação tanto mais notável quanto ela não se dá pela via da rebelião ou da revolução, pelo emprego da violência, mas da arte como veículo de um processo real de educação. Parece-me que nós, que vivemos sob o efeito de teorias filosóficas modernas que, baseadas em uma antropologia negativa (a de Maquiavel, de Hobbes, de Marx, de Nietzsche...), pregavam a violência como forma de emancipação, temos interesse em refletir sobre esta contribuição estético-filosófica de Vik Muniz.

Adendo:

O catador-modelo Sebastião Santos que, com a renda do leilão criou uma organização de catadores de material reciclado (ele corrige Jô Soares dizendo-lhe que lixo é o que é imprestável e o que ele recolhe é material reciclável), manifesta no Documentário sua intenção de, no futuro, prosseguir nos estudos e quem sabe, tornar-se até mesmo presidente. Ora, também em Platão como sabemos, o destino mais alto do filósofo é o tornar-se rei em sua cidade.

Concluo com uma reflexão contemporânea sobre o mito.

O que eu acho é que nós nunca vivemos tanto na caverna de Platão como hoje. Hoje é que estamos a viver de fato na caverna de Platão. Porque as próprias imagens que nos mostram a realidade de certa maneira substituem a realidade. Nós estamos num mundo a que chamamos áudiovisual, estamos efetivamente a repetir a situação das pessoas aprisionadas ou atadas na caverna de Platão olhando em frente vendo as sombras e a acreditar que é a realidade. Foi preciso que se passassem todos estes séculos para que a caverna de Platão aparecesse finalmente na história da humanidade que é hoje e que vai ser cada vez mais a realidade (Saramago 2001).

Nota sobre Eros em O *Banquete* de Platão[10]

A pessoa que ama é a expressão mais clara da imperfeição natural do homem e de sua busca de perfeição (Bloom 1996)

São muitos os meios de que dispomos para medir a distância que nos separa da reflexão filosófica sobre o amor-eros levada a efeito pelos gregos antigos — a começar pelo fato de que ela ocorre num banquete, ocasião para beber e discursar, e não em um sisudo congresso científico. De fato, n'O *banquete* de Platão somos conduzidos à casa de Agatão onde se comemora sua vitória no concurso de tragédia. Ali estava reunida a nata da inteligência ateniense, poetas, médicos, oradores, filósofos, ou seja, discípulos em geral da grande geração dos sofistas, os promotores do 'Iluminismo' grego, alguns personagens da história universal, como o genial comediógrafo Aristófanes, Agatão, o General Alcibíades e o próprio Sócrates. Por divertimento decidem que aos prazeres do jantar e da bebida acrescentarão o prazer de pronunciar discursos sobre o deus Eros. Assim é que nos brindam com sete discursos sobre o amor, cada um deles estabelecendo uma articulação entre seu modo de vida e os encantos de Eros.

O *banquete* é um Diálogo singular de Platão, pois é a única ocasião em que vemos um confronto direto entre poesia e filosofia. Certamente, a hostilidade entre ambas vinha de longe, como atesta Platão: "há uma antiga briga entre filosofia e poética." E o poeta Aristófanes já havia levado à cena, na peça *As nuvens*, um Sócrates ateu, que habita num Pensatório e que ao final por pouco escapa da fúria de um pai de família inconformado com o caráter desagregador de sua filosofia. Trata-se de um retrato do filósofo bastante diferente daquele que nos acostumamos a conhecer por Platão, Xenofonte e Aristóteles. Tampouco é este o Sócrates que vemos discursar n'*O banquete*, onde agora se mostra severo para com a poesia.

Mas como compreender esta rivalidade entre filosofia e poesia?

Aqui tocamos em cheio no verdadeiro tema que se descortina n'*O banquete* a propósito de Eros, o das relações entre o saber herdado da tradição, em particular a religiosa, e a filosofia ou, mais precisamente, o das relações entre poesia e filosofia. Sim, poesia, pois, ao contrário do que aconteceu na modernidade, onde os filósofos tiveram que lutar contra os guardiões teológicos da religião revelada — os Torquemadas, Luteros e Calvinos — na Grécia, como afiançava Heródoto, foram os poetas Homero e Hesíodo os verdadeiros autores da religião grega, e consequentemente, os naturais adversários teóricos dos filósofos. A Grécia não precisou aguardar o advento da filosofia para fundar a civilização que foi, sobretudo, obra dos poetas. Mas, quando ela entrou em crise, a filosofia viu-se obrigada a reinventar-se para tentar salvá-la. Esta reinvenção culminou na criação da filosofia política de Sócrates, Platão e Aristóteles.

Começamos a antever o que está em jogo quando, por ocasião da celebração da vitória de Agatão, no banquete, os amigos escolhem discursar sobre o pequeno deus Eros. Por pequeno que seja, e sabemos que Eros não era objeto de um culto público em Atenas, refletir publicamente sobre os deuses era sempre uma questão delicada. *O banquete*, ao encenar o debate entre filosofia e poesia, trata, portanto, de um dos pontos mais controvertidos da história da filosofia, da questão das relações difíceis entre a filosofia e a religião, que na Grécia vitimou Sócrates e que Espinosa, em outro contexto, batizaria de teológico-política.

Platão indica que o simpósio ocorreu em 416 aC., uma data particularmente funesta da história de Atenas, que marca o momento em que o general Alcibíades, tido pelo povo, segundo Tucídides, como um aspirante à tirania, organizara uma excursão militar — um "cometimento gigantesco" — contra a Sicília que reiniciaria a guerra do Peloponeso. Segundo Tucídides, os atenienses foram tomados por um amor (Eros) intenso pelo empreendimento. Mal a frota se fez ao largo, surgiram denúncias de que o próprio general envolvera-se em atos de impiedade, com conotações políticas. Criou-se um clima de caça às bruxas e, em decorrência da histeria coletiva, com dezenas de condenações à morte, Alcibíades fugiu refugiando-se em solo inimigo, e a expedição militar, carente de seu idealizador, fracassou, acarretando o início do processo que levaria à derrota final de Atenas por Esparta. Dando conta destes eventos, Tucídides diz que se levantaram "suspeitas de conspiração para uma revolução com o objetivo de abolir a democracia." Ao aproximar as datas e os eventos, Platão sugere ao leitor da obra que, de fato, ocorreu ali, com a presença de Alcibíades, a revelação de um mistério. Mas deixa ver que não havia nenhum motivo para histeria, pois o que de fato se revelou naquele ambiente refinado e graças à filosofia foi o mistério de uma divindade menor, Eros. Mas indica, simultaneamente, com a presença de Alcibíades nos dois eventos, a proximidade de Eros com o fenômeno político da tirania (Singh 2005; Lilla 2001).

Eros e tirania? Sim, a associação entre o desejo amoroso e a ambição política extrema era vista como natural pelos filósofos, e Platão refere-se ao tirano como "Eros encarnado". Esta não é uma das menores surpresas que o leitor moderno encontra na obra onde, desde o início, vemos que o poder de Eros ultrapassa a esfera das relações pessoais projetando-se no domínio das ambições da grande política. Neste sentido, veremos este ponto confirmado em *O banquete* no discurso de Aristófanes, onde, ressalte-se, a satisfação sexual propiciada por Eros surge como fenômeno secundário, estando longe de esgotar sua dimensão mais ampla e profunda.

Notemos inicialmente, que nenhum dos oradores reunidos naquele memorável dia, na casa do poeta Agatão, por certo acreditava na divindade de Eros, pois todos aprenderam com os filósofos e os sofistas a distinguir os domínios da natureza e da convenção, e que os deuses existiam apenas por convenção. E não foi no espetáculo de *As nuvens* de Aristófanes que o público ouviu e viu o eco destes críticos, quando a personagem Sócrates proclamou a morte de Zeus? Não é, pois, exagero ver uma semelhança entre as duas crises, a do nosso horizonte niilista, e aquela vivida pelos atenienses do final do século V a.C. Ambas têm em comum o solapamento dos valores fundamentais responsáveis pela organização espiritual das respectivas civilizações; para nós, valores derivados da revelação, e para os gregos, da poesia. Os filósofos gregos do final do século V e início do século IV a.C. viram-se diante da tarefa de elaborar novas bases capazes de sustentar seu mundo em crise. Sendo este, portanto — e muito resumidamente — o horizonte em que se insere nossa obra. Não será surpreendente que, ao fim e ao cabo, associada a Eros, a filosofia receba um intenso elogio, sob forma de tratamento poético, vendo-se promovida a ocupar o lugar divino que cabia à poesia.

O banquete desfila seis discursos sobre o amor, aos quais se soma o sétimo, de Alcibíades. No curto espaço desta apresentação, vou me limitar a comentar, resumidamente, apenas os três que antecedem o de Alcibíades, porventura os mais interessantes. Procuraremos evidenciar que Platão torna manifesto, em última análise, a presença de duas alternativas dominantes em sua compreensão de Eros: Eros como amor possessivo, e Eros como amor ao belo.

No conjunto da obra, o discurso de Aristófanes é o quarto, ocupando o seu centro e neste sentido pode ser considerado como estrategicamente o mais importante. De fato, Aristófanes traz uma novidade importante — ele dirá que vê o que ninguém vê ou viu, o verdadeiro poder de Eros, pois tivessem os homens visto o que ele viu, ou sabe, haveria uma revolução religiosa. É que Eros é o mais filantrópico dos deuses (não o mais antigo ou o mais útil ou o mais novo, como disseram os oradores anteriores). Enquanto que para Fedro, Eros é o deus mais útil para o amado, para Aristófanes ele é o mais útil para a humanidade! E não apenas como um ministro, mas como um verdadeiro médico. De fato, cabe a ele curar a humanidade fazendo-a mais feliz, pois a doença da humanidade é uma infelicidade de origem física — e, como veremos, ele não cura apenas uma doença, mas cura a humanidade em sua própria essência, nada menos. Daí entendermos a advertência que ele faz ao iniciar com um mito sua argumentação: "Primeiro é preciso aprender o que é a 'Anthropine Physis'", a 'natureza humana'. Portanto, Aristófanes vai mesmo revelar um mistério — dito de outro modo: ele vai nos iniciar prometendo revelar um saber que diz respeito mais à natureza humana, mas sem o qual não compreenderíamos a natureza de Eros.

Segundo o mito do comediógrafo, há duas eras que marcam uma profunda transformação da natureza humana, sua transição dos aborígenes para a humanidade propriamente dita. Na primeira, havia como 'gêneros' não apenas macho e fêmea, mas também um terceiro, comum de dois, que desapareceu, mas cujo nome permanece: andrógino, nome então amaldiçoado.

Os três gêneros tinham na era primitiva a forma esférica, globular, com oito membros (quatro pernas e quatro braços, uma cabeça com duas faces: todos os membros duplicados, exceto a cabeça e o pescoço; assim também quatro orelhas, dois aparelhos genitais — enfim, um ser estranho e muito feio este nosso antepassado — redondos, semelhantes aos astros de que descendiam). O gênero masculino era filho do sol; o feminino, da terra; o andrógino, filho da lua (que é composta de matéria do sol e da terra) — como eram globulares rodavam e rolavam como os astros paternos. Assim, nossa origem ancestral provém de deuses cósmicos, pois há dois tipos de divindades: as cósmicas e as olímpicas. Em suma, temos aí o quadro de uma religião cósmica dos bárbaros, ao lado de uma religião olímpica (e, como veremos, civilizadora). Esses nossos antepassados eram, portanto muito fortes, e caracterizavam-se por terem pensamentos insolentes. Nessa condição, decidiram tomar de assalto o céu, morada dos deuses olímpicos. Mas a rebelião fracassa e Zeus medita sobre o que fazer para desencorajar os rebeldes de uma vez por todas, sem extinguir a raça. Decide-se por cortá-los longitudinalmente ao meio, encarregando Apolo de costurar as peles no lado cortado. Assim, Zeus os preserva, reduzindo sua *Hybris* e aumentando seu cortejo: mais homens e mais fracos.

A consequência desta cisão imediatamente se manifesta: cada metade se atira respectivamente sobre a outra, macho sobre macho, fêmea sobre fêmea, macho sobre fêmea e vice-versa, agarrando-a sem soltá-la, e assim feneciam ambas as partes por inanição. Zeus encontra nova solução ao virar tanto os órgãos genitais quanto os rostos de fora para dentro, para o lado onde o corte foi feito. Note-se que antes os seres globulares já eram dotados de sexualidade — mas não de Eros — e procriavam depositando o esperma na terra onde as fêmeas deixariam os ovos, fertilizando-os. Vemos aqui que nossos aborígenes eram desprovidos de Eros. Apolo age como um sapateiro trabalhando o couro para fazer o peitoral e cobrir a barriga, puxando a pele para formar o umbigo (que permanecerá como um sinal da origem traumática), de modo a que as novas criaturas assemelhem-se aos deuses olímpicos. É importante notar que nesta tarefa ele pegaria a pele necessária retirando-a da outra metade que, assim, pereceria; detalhe decisivo, pois, por sua ação, Apolo torna impossível o desejo mais íntimo dos homens, o de encontrar sua genuína cara metade. Mas a semelhança com os olímpicos parece ser apenas física, pois, quanto à alma, os humanos permanecem "cósmicos" por seu desejo. Seja como for, a partir de agora podemos procriar normalmente — humanamente — e assim salvar a espécie da extinção.

Vemos que a condição para a entrada na civilização é a punição, o corte (em grego, corte e castração são designados pela mesma palavra: *diatemno*). Note-se que Zeus ameaça cortá-los de novo ao meio — transformando-os numa espécie piorada de Saci-Pererê — caso eles não se corrijam.

E é daqui então, desta busca desesperada pela unidade perdida, que emergirá Eros, pois esta operação de virar os genitais para o interior decreta a forma e a condição definitiva para os humanos. Inconformados pela cisão, e movidos por Eros, por um desejo essencial, mas vão, de restaurar o Ego, a unidade perdida, os humanos continuam se agarrando uns aos outros. Apenas agora não mais perecem, pois depois dos abraços e uniões, podem se afastar para cuidar de suas vidas. Eros como amor interpessoal constitui-se num prêmio de consolação pela individualidade para sempre perdida: em vez de tomar o céu, agarramo-nos uns nos outros. Notemos que estes semelhantes, os homens e os deuses olímpicos, possuem em comum a sexualidade: a diferença entre ambas as raças é que para os deuses sexualidade é apenas prazer, enquanto que para os homens, sem ela, a sua própria raça se extinguiria: aqui, a sexualidade é necessidade.

Podemos agora ver a real 'mensagem' do mito. Eros, que não faz parte nem do Olimpo, nem da condição humana original, é em sua essência rebelião. Mas se esta rebelião é amor, então o que ele visa realmente é o amor possessivo, amor por nossa metade perdida. Para avaliarmos corretamente o significado da tese implícita no mito temos que ver primeiramente com clareza o caráter oposto e a tensão entre as ações de Eros e a dos deuses olímpicos: enquanto estes impõem a ordem, ou seja, a lei, e assim estabelecem o único regime possível para os seres rebeldes, Eros fará o inverso: de fato, Eros, enquanto esta força que move os seres fragmentados a buscar sua parte mutilada, é o movimento de retorno à condição original globular. Reduz-se assim a associação entre Eros e Afrodite (expressão propriamente grega para coisas do sexo): o que realmente visam os humanos não é o sexo, mas um anseio maior, o abraço que, conquanto efêmero, encena a unidade para sempre perdida e para cuja obtenção o sexo é apenas instrumental: Eros realiza indiretamente nossa aspiração de sermos inteiros, de sermos alguém. E, na medida em que os olímpicos são os instauradores da nova ordem humana civilizada, Eros é, portanto, insatisfação radical e inextirpável com a condição atual da civilização.

Neste sentido, Eros é essencialmente impiedade, e uma impiedade que ameaça a vida civilizada transgredindo dois dos seus maiores tabus: o incesto e, em certa medida, o canibalismo. Esta dupla característica de seu caráter rebelde se deixa ver à luz do seguinte texto onde Aristóteles registra sua concepção da natureza humana:

> Por natureza há nos homens o impulso para a associação política e aquele que a estabeleceu pela primeira vez é o responsável pelo maior de todos os bens. Pois assim como o homem, quando aperfeiçoado é o melhor dos animais, do mesmo modo, quando divorciado da lei e do direito ele é o pior de todos. Pois a injustiça é a mais dura se ela está armada. Mas o homem nasceu tendo a posse de armas como a prudência e a virtude que ele pode usar de modo extremado para fins opostos. Portanto, o homem é o mais ímpio e o mais selvagem sem a virtude, e o pior com respeito às coisas sexuais e ao alimento (Aristoteles 1998: 1253^{a}39).

Vejamos:

- "pior com respeito às coisas sexuais" — eis a possibilidade ímpia do incesto;

- "o pior com respeito ao alimento" — eis a possibilidade ímpia do canibalismo.

À diferença da maior parte dos animais, o homem é este ser que pode viver incestuosamente e alimentando-se de seu semelhante. Vemos agora a real medida da *Hybris* de Eros, de sua rebelião contra a lei olímpica: a inclinação nostálgica pela forma teratológica dos aborígenes e a recusa da nova forma assumida pela humanidade, onde os homens recebem a aparência dos belos deuses olímpicos, implicam uma negação da condição humana civilizada sob a dupla recusa da interdição do incesto e do canibalismo - ao procurarem por suas metades os humanos mostram desejar sua própria carne e sangue. Nesta ânsia de realização o que realmente se visa é a libertação da coerção, e nesta medida Eros é vontade de poder.

Derrotados em sua rebelião original, em sua nova condição, os humanos, agora sob a égide de um Eros intempestivo, onipresente, têm que conviver com a limitação por parte da lei imposta por Zeus. Mas é uma imposição que, reunindo-os de modo intermitente, finalmente salva a espécie que, de outro modo, sucumbiria caso a fusão total de Eros pudesse se realizar. Vê-se a sabedoria da solução olímpica e, finalmente, do próprio mito: Eros — 'destrutivo ou construtivo' — passa a ser a própria condição humana em sua dilacerante contradição de querer e de não querer a fusão.

> "Desde os primórdios, portanto, que o Eros de cada um é inato nos seres humanos, como um modo de restaurar a antiga natureza, tentando fazer um a partir de dois e assim curar a natureza humana" (191d 1-3).

Percebe-se agora mais claramente o tema da doença de cuja cura se encarrega Eros. Movido por ele, o homem aspira a algo inatingível, a um estado de integridade inalcançável: sua condição atual é, portanto, defeituosa, infeliz — eis a doença, digamos, ontológica, constitutiva do ser humano, esse vazio que lhe é inerente e incontornável. Situação miserável, portanto, a nossa, que nem Eros pode realmente sanar. Quanto a ser injusta, bem, como vimos, este estado de coisas resultou de nossa própria *Hybris*, ao tentarmos assaltar o céu (aqui impressiona a proximidade com a Bíblia e com o pecado original).

Há no mito de Aristófanes uma curiosa coloração Nietzscheana nesta recusa implícita da civilização vista como doença.

Ora, "cada um de nós é uma metade de um ser humano, pois que cada um foi fatiado, como um peixe, dois de um. Assim, cada um procura por sua metade" (191d 4-6). Eis a nossa maldição: jamais reencontraremos nossa cara metade, como lamentarão posteriormente tantos poetas — "il n'y a pas d'amour heureux" (Aragon). Aquela que é talvez a mais alta aspiração humana não pode ser realizada. Temos que nos conformar em vivermos seccionados, tal é o preço a pagar pela desmedida dos nossos ancestrais e pela vida de acordo com a lei.

De acordo, portanto, com o poeta cômico, nossa situação é nada menos do que... trágica — uma das últimas ironias de Platão para com Aristófanes. Em *As nuvens*, ele pintara Sócrates com os traços e as cores de um cientista não politizado, não músico e não erótico. Para Aristófanes, o único erotismo que conta é o horizontal, pouco importando os desejos próprios da mente que Sócrates parecia ver como uma forma de erotismo tão ou mais substantiva do que o sexo.

Concluamos, como dissemos acima, notando que sendo Eros rebeldia, inconformismo, anelo por restauração, unidade, integridade, totalidade reduz-se enormemente a importância de sua ligação com Afrodite. E, pois, como nada disto pode realmente ser alcançado, Eros é desejo infinito, incestuoso, bárbaro, contra a civilização, sempre maior ou além do que se pode obter — desejo por uma utopia.

Cabe aos homens, desde então, o mal menor de viver a divisão: respeitar os deuses do Olimpo, ser piedosos, pois terão assim a possibilidade de gozar dos benefícios de Eros como um mal menor — ainda que de um Eros atenuado e pior, ilusório — e de, assim, escapar das ameaças olímpicas de se tornar como uma versão piorada de Sacis-pererês. Nossa condição humana nostálgica fica balizada entre os polos do medo e do prazer efêmero.

Muito resumidamente, o discurso de Agatão apresenta dois temas dominantes, realizando duas articulações, entre Eros e o belo e entre Eros e a poesia. A este que de todos os deuses é o mais belo falta-lhe, porém, um poeta como Homero para mostrar sua delicadeza. Com Agatão, amor deixa de ser um deus e passa a ser a ação de amar — ele assim abre caminho para Sócrates que, em seguida, negar-lhe-á a condição de deus. Notemos desde logo o outro ponto sobre o qual Sócrates também concordará, ainda que à sua maneira: Eros é amor ao belo e não, como vimos em Aristófanes, amor possessivo.

De acordo com o poeta Agatão Eros é pois, "um poeta, e sábio, tanto que também a outro ele o faz; qualquer um em todo caso torna-se poeta".

E o que realmente produz esse *poiétés*, esse artífice? O que resulta da arte deste igual a Homero? Os poetas são os verdadeiros genitores dos deuses olímpicos que só subsistem por sua arte. Eros é agora um poeta; entenda-se, ele inspira os cantores humanos que, por sua vez, concebem e cantam os deuses conferindo-lhes a glória eterna. Mas Agatão, à diferença de Aristófanes, é um poeta trágico. Aqui não há rebelião contra os deuses, pois o trágico, ao contrário do cômico, ao criar os deuses de modo solene e dar a eles a forma humana, eleva a humanidade, projetando sobre ela uma beleza expurgada dos nossos defeitos. Enquanto o cômico empenha-se pela libertação humana dos deuses responsáveis por impor a lei, o trágico faz obra de encantamento, pintando os deuses em eterna juventude, estabelecendo os limites legais como óbice à humana vontade de poder. Em suma, por via dos artifícios e encantamentos os poetas trágicos fazem obra civilizatória por excelência.

Neste sentido, somos remetidos à Caverna d'*A república* onde os artífices desempenham este papel. De fato, são os *poiétés* que produzem os artefatos, cujas sombras projetadas no fundo do antro constituem a realidade dos prisioneiros. Pois este é o poder encantatório dos poetas, estes produtores de uma ilusória, mas nobre mentira que modela a vida civilizada. Entretanto, a Alegoria da Caverna deixa ver que, ao mesmo tempo em que pela fatura dos deuses os poetas dão assim forma à vida civilizada, seus produtos impedem a percepção da verdade pelos habitantes da caverna que é a pólis. E, aqui, o papel do filósofo é decisivo ao libertar o prisioneiro levando-o a um patamar superior àquele em que obram os poetas-artífices e de onde ele poderá apreender a verdade, sobretudo a verdade da produção dos simulacros poéticos que ele tomava como realidade.

Resta examinar então o discurso de Sócrates que se autointitulara um especialista de Eros e que se encarrega de nos dizer a verdade a seu respeito. Ele abre seu discurso com uma crítica avassaladora dos demais oradores, tidos como mentirosos. Não os acusa de ignorância sobre Eros: os oradores sabiam a verdade, mas recobriram-na com sua bela retórica. Diante de tanta falsidade não lhe resta mais do que dizer a verdade. Mas Sócrates não é um estraga-prazer. Com efeito, procederá, sem sacrificar a verdade, a uma escolha, privilegiando e destacando os aspectos mais decentes da realidade ambígua de Eros.

Inicialmente, o filósofo conclui que Eros não é nem belo nem bom. Começa então algo inusitado, pois em vez de discursar, ele passa a palavra à mestra que o iniciou no erotismo, uma bruxa poderosa, capaz de intervir adiando a chegada da peste a Atenas. Notemos que o diálogo com a bruxa Diotima deu-se quando Sócrates era ainda jovem, o que equivale a dizer que aquele Sócrates era ainda imaturo e ingênuo, particularmente incapaz de se aperceber do lado obscuro, baixo, irracional, feio da vida. Conta Sócrates:

> Ela me refutava... que Eros não era belo, nem bom.
>
> E eu então: - que dizes, ó Diotima? É feio então o amor, e mau?
>
> E ela: — Não vais te calar? Acaso pensas que o que não for belo é forçoso ser feio?
>
> — Exatamente.

A bruxa desencanta o jovem aprendiz: Eros sequer é um deus e não é belo nem bom. O jovem filósofo não é capaz sequer de reconhecer que se algo não é belo ou bom, nem por isto pode ser dito feio ou mau: há uma mediação entre essas qualidades e Eros é precisamente uma dessas mediações, diz Diotima, um gênio (*daimon*), um ser mediador. Diotima narra então a ascendência de Eros que tem como pai Recurso e como mãe Pobreza. O leitor notará aqui também a exclusão quase total da deusa Afrodite na origem de Eros — que lhe é associada apenas pelo fato de que ambos nascem no mesmo dia; e por ser ela bela e Eros amante da beleza, ele será seu servo e acompanhante. De fato, como vemos no mito do nascimento de Eros, por sua mãe ele herda características negativas: pobreza, necessidade, carência.

> [...] uma das coisas mais belas é a sabedoria, e o amor é amor pelo belo, de modo que é forçoso o Amor ser filósofo e, sendo filósofo, estar entre os sábios e os ignorantes. (204b-d)

Feio, pobre, descalço, sem lar, um meio termo entre a sabedoria e a ignorância, filósofo: não é preciso muito engenho para ver aqui Eros como um autorretrato de Sócrates. Pois este meio termo não é metade ignorância e metade sabedoria, mas um saber da ignorância que é a característica fundamental do filósofo clássico, seu reconhecimento de incapacidade diante das mais elevadas questões, sua perplexidade e aporia. Em suma, este sem teto, ao contrário de seus semelhantes, vive perfeitamente à vontade nesta condição em que parece ser feliz: conforto, riqueza são coisas às quais é inteiramente indiferente.

Diotima estabelece a seguir uma conexão entre o belo e o bem com relação a Eros, pois se Eros não é belo, ele, entretanto, é amor ao belo. Mas o que deseja quem aspira tanto assim pelo belo? Ela agora interroga trocando a questão do belo pelo bem, de modo a tornar patente que quem ama as coisas boas quer possuí-las para ser feliz. Amar é, portanto, querer ter o bem. Resta perguntar que tipo de bem — e é deste modo que Diotima fará emergir a questão que sempre acompanha a experiência erótica, a da mortalidade.

"É o amor de consigo ter sempre o bem". Sempre, eis a palavra fatídica: há uma dimensão de anseio pela eternidade no amor. Este é um desejo universal. Ela sugere três modos de satisfazer este desejo de superar a morte, talvez o maior anelo humano.

Primeiramente, por via da procriação. A união do homem e da mulher que, sob o signo da beleza, produz geração é obra divina, pois constitui-se no único modo pelo qual nós mortais podemos participar da imortalidade; o amor não é apenas o amor do belo, mas "da geração e da parturição no belo".

> [...] admitimos que o desejo da imortalidade está necessariamente ligado ao bem, visto dirigir-se o amor para a posse perpétua do bem. A conclusão

forçosa desse argumento é que o amor é o anseio de imortalidade. (207a)

A segunda via se dispõe numa escalada do amor: ele começa 'donjuanescamente' como amor à beleza de um corpo, logo de uma multiplicidade dos corpos, para em seguida buscar o belo presente na alma, nos costumes, nas leis, nas ciências, até chegarmos à contemplação do 'vasto oceano da beleza' e assim poder gerar "belos e magníficos discursos, com o que brotarão pensamentos a rodo do seu inesgotável amor à sabedoria...". Como vemos esta escalada é uma ascensão até a poesia — todo este movimento é posto agora como uma forma de conquista da glória; pois, a produção poética não dá à luz apenas aos heróis imortais, mas também à glória do poeta. Glória que, por contraste com o modo de conquista da imortalidade pela via indireta da procriação, configura-se como o modo que mais se aproxima da imortalidade a que o indivíduo pode aspirar. Mas Diotima não se detém aí:

E, por fim, se "perceberá de súbito uma beleza de natureza maravilhosa... o belo em si mesmo" (211cd) e isto facultará ao filósofo "gerar não simulacros de virtude, mas a própria virtude".

Vemos agora como esta escalada culmina, por via de uma extraordinária elevação do tom — até as alturas místicas — na caracterização da filosofia numa versão altamente moral: como compreender isto?

Destaca-se agora a noção de contemplação — tão logo, pela via da ascensão, o amante abandona os corpos em prol da beleza das leis, costumes, ciências, poesia — ele passa de amante a espectador. Em suma, Diotima agora faz algo surpreendente, ela simplesmente elimina Eros! Note-se que a palavra-chave empregada aqui por Diotima é Imaginação (*Phantasthésetai*): "o belo ele imaginará não como um rosto..." (211a6).

Estamos diante daquilo que havíamos enunciado acima: a representação poética da filosofia — é-nos ministrada uma imagem da fantástica superioridade da filosofia sobre qualquer outra coisa. A ausência de Eros deste momento sublime convida-nos a entender que ele é algo que se dá apenas entre seres humanos: mesmo quando amamos a alma não podemos fazê-lo divorciada do corpo — corpo e alma não são separáveis. Ao criticar os discursos anteriores, Sócrates nos dá, inicialmente, uma percepção filosófica da poesia, mas pelo artifício de dar a palavra à bruxa Diotima, ele também nos dá uma percepção poética da filosofia. Certamente, esta visão imaginária da filosofia nada tem a ver com sua realidade; filosofia é *sképsis*, exame, saber dos limites do saber, e não encontro místico com o belo em si, ou a posse do saber absoluto. Entrementes, aqui temos, no registro da imaginação o que seria a concepção de um sábio acabado, completo — imagem falsa, mas, como diz A. Bloom, que "ajuda a explicar as experiências parciais de um filósofo por meio de uma imagem do que elas poderiam significar se fossem completadas. É por isso que Sócrates considera Diotima uma sofista." Ao trazer para seu leitor, na voz desta estranha bruxa Diotima, uma imagem mitificada da filosofia, Platão faz-se poeta no intuito de indicar que, para além, tanto do amor possessivo, quanto do amor pela glória, há um amor pelo saber que, mesmo imperfeito, é segundo Sócrates, a única via real que realmente nos resta para uma felicidade na medida dos mortais. E é esta conexão entre a filosofia e a moderação e que o embriagado Alcibíades não consegue estabelecer. Pois, como diz da filosofia Leo Strauss, a propósito d'*O banquete*, "Apesar de sua majestade e de sua nobreza, ela poderia parecer como Sisífica ou feia, quando contrastamos sua realização com sua meta. Entretanto, ela é necessariamente acompanhada, sustentada e elevada por Eros. É agraciada pela graça da natureza."

Leo Strauss, uma filosofia política intempestiva[11]

Se há algo que aprendemos com Sócrates, que nada escreveu, é que só há um meio de adentrarmos ao portal do conhecimento possível para nós humanos: é passando pelo domínio da *doxa*, da opinião. Sabemos como os modernos, sob o impacto da linguagem higienizada da ciência, passaram a compreender o domínio da opinião, não mais como uma manifestação articulada ao plano da aparência, mas como o domínio dos preconceitos. Façamos então como Sócrates, ao iniciar nosso encontro com Strauss: uma breve *Sképsis* das opiniões a respeito de Leo Strauss, ou melhor, dos preconceitos que cercam suas obras.

O tema é bastante amplo para poder ocupar, por si só todo um ensaio: vou aqui me limitar às referências essenciais. Como é do conhecimento geral, a *doxa* atual, mais precisamente, a imprensa mundial tem, desde o final dos anos 90 apresentado Strauss como uma espécie de sorrateiro gênio do mal, o chefe da grande conspiração straussiana. Esta é a tecla que tem sido batida pela grande imprensa, do New York Times ao Washington Post, passando pelo Le Monde e o The Economist e daí para a imprensa brasileira.

Uma pesquisa sobre as origens desta teoria da conspiração nos leva até a pessoa de Lyndon LaRouche. LaRouche é bastante conhecido nos Estados Unidos como eterno concorrente à Presidência (1976, 1980, 1984, 1996, 2000 e 2004). Entre nós, ele se tornou um ídolo de pelo menos um candidato a Presidência, que em 1994 registrou a proeza de ter tido mais votos do que Orestes Quércia e Leonel Brizola, refiro-me a Enéas Carneiro (falecido em 2007). Entre as teses favoritas de LaRouche estão as que consistem em proclamar que o mundo está sendo governado pela Banca Internacional de Judeus inspirados por um culto Babilônico, e que a rainha da Inglaterra é uma traficante de drogas. Em resumo, o relativamente poderoso grupo LaRouche desencadeou uma campanha de alcance internacional contra Strauss, que culminou na edição em 2004 de 400 mil cópias de um dossiê batizado de *Os filhos de Satã*, apresentando Strauss como o chefão do partido neoconservador radicado na administração Bush. Entretanto, esta foi apenas a última manifestação do grupo. Em 2003, o lunático grupo produziu amplo material revelando a lista dos Straussianos de Washington, que serviu de base para publicações mais respeitáveis, como o New York Times e a revista New Yorker. Coube a ele também informar que fazem parte dos inspiradores da conspiração fascista, os seguintes filósofos e intelectuais: Karl Jaspers, Theodor Adorno, Hannah Arendt, Jean Paul Sartre, além de Max Horkheimer, Herbert Marcuse e Leo Lowenthal.

Creio que tais referências bastam, por ora, para nos alertar quanto à procedência dos preconceitos e podemos deixar de lado nossa *Sképsis* e passar diretamente ao nosso tema (Zuckert 2006).

O tema Strauss e o totalitarismo comporta várias faces, não apenas teórica, mas prática, já que sua família foi vitimada pelo totalitarismo nazista. Refugiado nos Estados Unidos (depois de breve passagem pela França e pela Inglaterra), lá desenvolveu sua carreira de professor até o ano de sua morte em 1973. Na exposição a seguir vamos nos limitar ao aspecto teórico dessa relação.

Strauss inicia sua reflexão pública sobre o tema inicialmente em uma conferência sobre a II Guerra Mundial, feita em Nova Iorque (na New School for Social Research, em 26 de fevereiro de 1941) com o título: *Sobre o niilismo alemão*, publicado pela primeira vez em francês na revista *Commentaire* (junho de 1999) e simultaneamente em inglês na revista *Interpretation* (Queen's College, New York, vol. 26, n. 3).

A questão é retomada agora em um novo quadro conceitual, no seu comentário de 1948, do diálogo *Hiero ou Sobre a tira-*

nia, de Xenofonte. Trata-se de sua primeira obra escrita em inglês. Em 1954, veio à luz a edição francesa sob o título *De la tyrannie*, acompanhada de uma crítica feita pelo filósofo hegeliano russo-francês Alexandre Kojève, bem como de uma réplica, por Strauss.[3] Notemos que, enquanto reflexão sobre o tema, ela antecede *A sociedade aberta e seus inimigos* de Karl Popper (1950), *As origens do totalitarismo* de H. Arendt (1951) e *Democracia e totalitarismo* de Raymond Aron (1965) — sendo antecipada pelas análises sobre o fascismo de Adorno e Horkheimer em *A dialética do iluminismo* (1947).

Nessa obra Strauss inova em seu tratamento, à primeira vista paradoxal da questão. De fato, ele sustenta que a ciência política moderna, assentada na distinção entre juízo de fato e juízo de valor, não teria sido capaz, ao contrário dos clássicos, de apreender corretamente o fenômeno da tirania, tendo preferido referir-se ao tema empregando uma nova nomenclatura mais neutra, que recorria a designações como Estado das Massas, Ditadura, Totalitarismo, Autoritarismo e outros. Ao contrário da moderna atitude de neutralidade da ciência, a ciência política antiga viu desde logo a Tirania como um perigo coetâneo e natural da vida política. Strauss é aqui absolutamente preciso quanto à divergência de visão entre as duas percepções, chegando até mesmo a negar o estatuto de cientificidade à percepção relativista moderna, ao constatar: "Uma ciência que não pode falar de tirania com a mesma confiança com a qual a medicina fala, por exemplo, de câncer, não pode compreender os fenômenos sociais como eles são. Portanto, ela não é científica" (Strauss 2006: 177).

Trata-se, como se vê, de posição bastante original, tanto mais quanto o autor indica sua fundamentação invocando, como raiz da diferença entre ambas as posições, as obras associadas às duas tradições opostas de pensamento, respectivamente a de Sócrates e a de Maquiavel. Realmente, enquanto a tradição Socrática (que inclui Platão, Xenofonte, Aristóteles) distingue nitidamente entre as figuras do Rei e a do Tirano, *O príncipe* de Maquiavel apaga com perfeita indiferença essa distinção. Maquiavel é, como se sabe, o *maitre-à-penser* reconhecido e elogiado por uma legião de filósofos modernos, que inclui desde os fundadores F. Bacon, Hobbes, Espinosa, Locke, a Rousseau, Kant, Hegel, Marx, até Nietzsche. Não admira, portanto, que seu nome seja invocado aqui por Strauss, como origem de uma nova concepção da ciência política.

A nova concepção política que trata do fenômeno totalitário ergue-se sobre dois conceitos que serão responsáveis pela substituição do conceito explicitamente pejorativo de Tirania pelo mais neutro de Totalitarismo: os conceitos de Tecnologia e de Ideologia, ambos, por sua vez, derivados, em última análise, da nova concepção Baconiana-Cartesiana da filosofia e da ciência como dedicadas à dominação da natureza. Nota-se já aqui um indício da amplidão e do quanto é ambicioso o empreendimento de Strauss: suas análises da contemporaneidade emergem como resultado de uma compreensão da filosofia que, à maneira de Hegel, mobiliza toda a sua história.

Certamente, não se trata no breve tempo desta exposição, de reconstituir todas as articulações que, segundo Strauss, dão conta da formação da história da filosofia moderna e, em particular, da concepção política relativista dela resultante. Limitar-nos-emos apenas a destacar as duas maiores escolas de pensamento dos séculos XIX e XX que, de acordo com ele, são as fontes do relativismo contemporâneo.

Positivismo e Historicismo

Já aludimos à primeira delas, o positivismo, segundo o qual apenas fatos são passíveis de tratamento científico, já que valores colocar-se-iam para além de uma validação racional. Nesse sentido, dirá Strauss, o cidadão condenará de todo o coração o conceito de tirania, mas como cientista o rejeitará como 'mítico'.

Entretanto, mais grave do que o positivismo como responsável pelo relativismo atual é a segunda escola que ele caracteriza como historicismo, já que, além de recusar a distinção positivista entre fato e valor, ela vai além, pondo em xeque todas as formas de sistemas que se apresentam como 'conhecimento', inclusive a própria noção de ciência. Historicismo é a doutrina segundo a qual o pensamento de uma época é verdadeiro, não por seu caráter intrínseco, mas porque cada filosofia é essencialmente a expressão do espírito de seu tempo, e, portanto, válida apenas naquele momento, sendo, consequentemente, verdadeiro o pensamento apenas para determinada época. Neste sentido, não haveria problemas filosóficos gerais que transcendam a história, mas apenas os de cada época: assim toda resposta filosófica seria historicamente determinada (Strauss 1989: 99-124). O problema do historicismo foi resumido pelo historiador F. Meinecke: "O historicismo que analisa a si mesmo e procura uma compreensão de um estudo de sua gênese é uma cobra que morde seu próprio rabo" (Mainecke apud Herbst 1972: 219).

De fato, mais abrangente, o historicismo, segundo o qual todos os padrões de significação e de coerência são em última análise temporários, acusa o próprio positivismo como apenas mais uma dentre as formas subjetivas, variáveis, mutáveis e, portanto, historicamente relativas, de 'conhecimento'. A ciência constitui-se como um corpo de proposições verdadeiras que se apresentam como respostas válidas às diversas questões e sua validade decorre de aplicações de regras lógicas. Mas, como estas questões não descem do *topos ouranos* platônico, da mente pura, como diz Nietzsche, então elas dependem, por sua vez da direção de interesse e, portanto, dos valores do pesquisador. São, consequentemente, subjetivas, ou, se se preferir, são dependentes, em cada caso, do estado do saber da sociedade que as formula. Pois está claro, alega o historicista radical, que valores não são mais do que manifestações radicalmente temporais e contingentes — ou seja, propriamente históricas — da vida ou da existência, manifestações que, embora possam, por vezes, se representar como universais, inscrevem-se nos vários horizontes culturais ou 'cavernas' em que, sempre singularmente, se distribui a humanidade. Não se pode, portanto, falar realmente de valor sem que se especifique e indique o tempo e o espaço, as condições contingentes e impermanentes a que se está referindo.

Para se ter uma ideia da gravidade com que Strauss trata da questão, e das consequências que dela decorrem, recordemos que foi por adotar essa posição historicista radical em *Ser e Tempo* (obra cujo título explicita a intenção do autor de pensar o ser na exclusiva dimensão da temporalidade) que Heidegger — de quem Strauss fora nos anos vinte um empolgado aluno — comprometeu sua filosofia com o nazismo em 1933. Vale a pena citar um fragmento elucidativo da crítica que Strauss dirigiu ao seu ex-mestre.

> Foi o desprezo por estas permanências que permitiu que o mais radical historicista, em 1933, submetesse ou antes, tenha dado as boas vindas, como um despacho do destino, ao veredito da parte menos sábia e menos moderada de sua nação, no momento em que ela mesma se encontrava envolta no seu estado de espírito menos sábio e menos moderado, falando ao mesmo tempo de sabedoria e de moderação (Strauss 1989: 23-24).

Notemos enfim que, se de acordo com Strauss, o Positivismo oferecia uma posição política sem gume, incapaz de dar 'nome aos bois', o caso do Historicismo era incomparavelmente mais grave, haja vista que, agora não só recuperava-se o gume, como punha seu poder de corte a serviço dos regimes totalitários. O caso Heidegger configurava-se como didaticamente emblemático, pois atestava que a nova posição filosófica era potencialmente geradora de um novo fenômeno, o dos intelectuais filotirânicos.

Conta-se, a propósito do retorno de Heidegger à docência, em 1934, após seu vergonhoso reitorado sob o patrocínio do partido nazista, que um colega ter-lhe-ia perguntado: "Voltando de Siracusa?" A anedota é saborosíssima, mas duplamente injusta. Primeiramente porque Heidegger nunca manifestou, privada ou publicamente, seu desapego ao nazismo — ao contrário, na *Introdução à metafísica* de 1957, refere-se à "verdade interna e a grandeza desse movimento" (Heidegger 1967: 202). Mas, sobretudo é injusta para com Platão. De fato, embora Platão, como tantos intelectuais, tenha se deixado seduzir pelos apelos do tirano Dionísio de Siracusa, que lhe acenava com possibilidades de reformas políticas capazes de tornar o regime moderado, nunca houve, entretanto, em sua filosofia a menor simpatia por toda e qualquer forma de regime tirânico — senão sob a forma profundamente irônica do filósofo-rei d'*A república*. Ao contrário, sabe-se com que denodo ele se empenha em criticar todas as formas de tirania que ele associa com o fenômeno mais amplo do erotismo, ou seja, como um traço constitutivo do nosso psiquismo, em diálogos como *A república* e o *Górgias*[8]. É notável o estudo de Lilla (2011) sobre o conceito tirania em Platão. Ele dá conta de um fenômeno novo, o do intelectual filotirânico surgido no século XX. Sua obra estuda os seguintes filotirâncos: M. Heidegger, Carl Schmitt, Alexandre Kojève, Michel Foucault, entre outros. Os modernos filotirânicos partem de uma ideologia que reveste a figura do tirano com a aura do destino ou da história — é o que veremos no exemplo de outro filósofo contemporâneo, A. Kojéve.

Em contraste e confronto com essa posição moderna, Positivista e Historicista, cujo niilismo potencial foi denunciado, como acima sugerimos, primeiramente por Nietzsche, é que Strauss volta-se, intempestiva e surpreendentemente, para os antigos, em busca da possibilidade de um conhecimento filosófico consistente, que seja novamente capaz de manter a coerência na avaliação, tanto da questão política da tirania, quanto da questão antropológica, da natureza humana. Como veremos a seguir, foi esse seu movimento de retorno aos clássicos, com as teses polêmicas que dali ele extraiu (e que poderíamos designar como o seu 'Aquém do Bem e do Mal'), que se constituiu em objeto de intensa crítica por parte de seu amigo e adversário, o historicista e filotirânico A. Kojève (1902-1968), com o qual Strauss travou um debate dos mais ricos do século XX, e que teve como núcleo precisamente a questão do totalitarismo.

Note-se que, embora a crítica Straussiana da tirania abarque tanto o regime de Hitler quanto o de Stalin, é particularmente contra o comunismo que sua atenção se volta, haja vista que, depois de eventos capitais, como os julgamentos de Nuremberg, o nazismo não era mais do que um cachorro morto, enquanto que a URSS, e logo a China, ascendiam no cenário político mundial como os novos representantes do regime 'progressista' (Malia 1994; Conquest 1968, 1987; Dikotter 2010; Ampuero 2013).

Alexandre Kojève (Alexander Vladimirovitch Kojevnikov) (Aufret 1990; Arantes 1991: 72-79, 1992: 64-79)

Kojève é uma dessas personalidades maiores do que a própria vida. Os que o conheceram, filósofos como Allan Bloom e Stanley Rosen, referem-se a ele como dotado de uma inteligência ímpar. É o caso também de Raymond Aron que o descrevia como o ser humano mais inteligente que já conhecera. Radicado na França e discípulo de Alexandre Koyré, foi o mestre que ensinou a *Fenomenologia do Espírito* de Hegel — uma versão Hegeliana, centrada na teoria do senhor e do escravo (da luta de classes) e da filosofia da História de Marx — a toda uma geração extraordinária de intelectuais franceses. Seus seminários, realizados na École Pratique des Hautes Études, de 1933 a 1939 formaram alunos como M. Merleau-Ponty, Jean Hyppolite, Éric Weil, André Breton, Georges Bataille, Jacques Lacan, Hannah Arendt, Jean T. Desanti[11], para ficarmos apenas entre os mais conhecidos. Sobre Desanti, diz J. P. Vernant falando de sua adesão ao Partido Comunista Francês: "Quando aderiu era um filósofo, fez fenomenologia: assim tratava-se para ele de renunciar ao que era sua convicção filosófica; tornar-se não só marxista mas filósofo comunista". O próprio J. P. Vernant (2001) diz no mesmo livro que só deixou o Partido Comunista em 1970. Lembremos que à época esses comprometimentos significavam lutar na Resistência contra a ocupação alemã. Sobre a participação de Vernant na Resistência vale a pena ver o livro de Gildea (2015: 267). Desanti foi o orientador da tese de Paulo E. Arantes, publicada sob o título

Hegel, a ordem do tempo, em 1981.

Lá estiveram, portanto, com exceção de Sartre, *tout le monde et son pére*. A interpretação da obra de Hegel por Kojeve foi publicada apenas em 1947, sob os cuidados de Raymond Queneau.

Após 1939, Kojève abandonou a docência para ingressar no alto funcionalismo do Estado, tendo se tornado conselheiro do Ministério das Finanças até sua morte em 1968. Foi o líder da delegação francesa por ocasião do Plano Marshall e o idealizador da integração econômica da Europa ocidental no pós-guerra. Em sua visão a Europa deveria constituir uma espécie de Império Latino, que incluiria as nações do Terceiro Mundo, como contrapeso à URSS e aos Estados Unidos. Dizia que "De Gaulle decide sobre as relações com a Rússia e sobre as forças armadas, e quanto ao resto, sou eu Kojève [era seu hábito referir-se a si mesmo se autonomeando] quem decide tudo". E segundo R. Aron, ele também fazia a revisão dos discursos do Presidente Valéry Giscard D'Estaing. Por tudo isso Strauss o comparava ao Mefistófeles do Fausto, e acrescentava, ironicamente, "sempre ansioso em corromper os jovens".

Concluamos esse esboço biográfico com a observação que ele proclamava ser "a consciência de Stalin" e que, em 1999, surgiram documentos que atestavam suas conexões com a KGB (Comitê de Segurança do Estado da URSS), o que, desde então lhe valeu a fama de espião soviético (Le Monde, 16 de setembro de 1999).

A interpretação Kojèviana de Hegel girava em torno de dois eixos: a tese do fim da História (hoje retomada por Francis Fukuyama) e o tema da dialética do senhor e do escravo, através dos quais ele pretendia mostrar que Hegel, mais do que Marx e Heidegger, ou Nietzsche, era a referência fundamental para compreender nossa história atual. De fato, ele vê com Hegel, toda a nossa história como o desenvolvimento do processo de triunfo e do estabelecimento da liberdade, agora patrocinada pelo Estado. Assim é que agora, e não com Napoleão, como queria Hegel, mas com Stalin, os oprimidos de outrora, finalmente conquistaram seu reconhecimento, sua emancipação. Se, como diz Jean Hyppolite (1946:

447), "Napoleão deu a Hegel o sentimento do Estado moderno", Stalin, e Mao deram a Kojève a certeza de que este longo processo chegara ao seu fim, e que estes líderes eram os reais agentes da configuração do novo "Estado Universal e Homogêneo" (seu eufemismo para totalitarismo), uma sociedade burocrática e sem distinção de classes, racionalmente organizada, cuja construção estávamos presentemente assistindo em escala planetária.

Mas, mais importante do que o fim da história é entendermos que para Kojève, simultaneamente ao fim da história, se dá o fim da filosofia: de fato, a busca amorosa pela *Sophia*, que começara há mais de 2500 anos na Grécia, chegara ao fim. Todo esse processo, que teleologicamente culmina na constituição da contemporaneidade, é um processo transparente ao conhecimento e à razão, sendo, portanto, um processo racional. Com Hegel vemos então o processo em sua totalidade: nada de novo pode mais ocorrer no mundo. Assim é que finalmente acedemos com Hegel ao saber absoluto.

O que para muitos parece um disparate, uma tese tresloucada, para todos que compreendem que o homem é um ser historicamente determinado, ela, entretanto, tem todas as chances da plausibilidade e da verossimilhança. De fato, se a verdade está na história como um processo contínuo de desdobramento, então é só ao final do processo histórico que posso compreendê-la em termos absolutos. Kojève indica assim, como nota Allan Bloom, refletindo sobre o significado de seu próprio pensamento histórico, como ele e Hegel ultrapassaram a deficiência fundamental de Marx, incapaz de refletir sobre a historicidade de seu próprio pensamento. Nas palavras de Bloom:

> se não há um mundo transcendente inteligível, então, para que exista filosofia, ou ciência, a realidade deve ter-se tornado racional. A solução Hegeliana, aceita por Kojève, é que isso realmente aconteceu e que a enunciação dos princípios universais, racionais do homem na Revolução Francesa marcou o início do fim da história (Bloom 1990: 255).

Dotado deste saber, o intelectual que faz esse diagnóstico, enxerga em transparência o movimento para o progresso que se gesta na História e que o líder político, o tirano, é incapaz de visualizar — consequentemente torna-se um militante em prol da História e do Progresso e assume o papel de conselheiro do tirano, no caso de Kojève, a "consciência de Stalin".

Em 1946 ele escreve:

> Toda interpretação de Hegel, que não é mera conversa fiada, nada mais é do qu e um programa de luta e trabalho (um desses programas é o Marxismo). O que significa que o trabalho de um intérprete de Hegel representa um trabalho de propaganda política.

Agora que estamos cientes desta modalidade singular de interpenetração entre filosofia e política, e de como a visão filosófica, tanto de Kojève quanto a de Heidegger, conduzem a uma defesa da tirania (que eles não designam e não entendem como tal), podemos então resumir brevemente o debate entre Strauss e Kojève onde se mostra a posição straussiana sobre o totalitaritarismo.

Destacaremos em nosso resumo apenas os pontos capitais do debate.

O debate parte da crítica que Kojève dirige à interpretação Straussiana do diálogo *Hiero* de Xenofonte. Aplicando o quadro Hegeliano, que acima reconstituímos à obra de Xenofonte, Kojève afirma que as categorias do pensamento político antigo eram insuficientes para pensar o fenômeno moderno da tirania. Xenofonte não dispõe de um método dialético capaz de dar conta do dinamismo da relação mestre-escravo. A filosofia antiga, argumenta, tendeu sempre a uma atitude Epicurista de isolamento face à vida pública (Simônides, personagem do *Hiero* seria o típico intelectual utópico) perdendo assim o contato com a corrente sanguínea da história, e privando-se, em seu solipsismo narcísico, de qualquer critério de verdade. Seguindo o preceito de Marx pensa que o filósofo deve "realizar" suas ideias através das ações dos tiranos e dos estadistas.

Para os clássicos, o tema Hegeliano do Reconhecimento limitava- se ao âmbito das seitas, à elite — aos aristocratas (*kaloi te kai agathoi andres*). Mas, com isso a maioria dos homens permanecia à margem da história. Ora, Hegel mostrara que todos os homens aspiram ao Reconhecimento universal. Conferindo o Reconhecimento por vários meios — libertação dos escravos, emancipação das mulheres, universalização do acesso à cultura etc. — os tiranos ou estadistas (Kojève não os diferencia) modernos, simultaneamente emancipam os súditos e recebem sua gratidão, e são deste modo legitimados. Foi o que se deu com Stalin, (cita também Salazar) que graças a seu plano Stakhanovista de emulação, implantou uma política de satisfação (outro nome para Reconhecimento) e tornou-se o arquiteto do 'Estado Homogêneo e Universal'. Como se vê, segundo Kojève a prova dos nove da verdade de uma doutrina é seu reconhecimento pela Ágora, seu sucesso prático popular.

Simplificando muito a resposta de Strauss:

Admitindo de antemão que Kojève tomará suas observações como nada mais do que "niaiseries Vitorianas ou pré-Vitorianas", ele replica que os antigos não buscavam propriamente um Reconhecimento. Segundo os parâmetros clássicos, a finalidade da filosofia consistia na busca de uma resposta à questão: qual é o melhor modo de vida, e em uma dedicação à virtude e à sabedoria; e distinguia-se a virtude filosófica da virtude moral e da virtude política e, sobretudo, não se desvinculava a sabedoria da moderação. Assim, para os clássicos, o Reconhecimento não era mais do que uma recompensa secundária, ainda que agradável, de uma vida dedicada à amizade e à filosofia. O verdadeiro prazer decorre do conhecimento, do saber, e não do Reconhecimento ou da honra: o que o filósofo procura é a aprovação de seus pares e não um reconhecimento anônimo.

De fato, segundo Strauss, se há algum perigo na atitude algo esnobe e meio confessional da seita, um perigo muito maior decorre da tentativa de transformar a filosofia em ideologia de massa, ou seja, da troca da seita pelo Partido. Neste sentido, provoca Kojève, perguntando que bem resulta do fato de que os princípios da seita são repetidos por milhões de papagaios, em vez de por algumas dúzias de seres humanos? Em outro texto (Green 1997: 316), comentando a lição que Hitler deu a Stalin, ao implantar na Alemanha uma política antissemita, recorda a velha tese Menchevique (do social-democrata alemão August Babel e que Lenin repetia): "O antissemitismo é o socialismo dos tolos", Strauss diz: "o fato de que o antissemitismo é o socialismo dos tolos é um argumento não contra ele, mas a favor; pelo fato de haver tal quantidade de tolos, porque alguém não roubaria este raio tão útil".

A 'boa' tirania, mostra Strauss, inclui necessariamente campos de concentração e o terror deflagrado pela polícia secreta. Kojève não parece ter resposta a esta apresentação dos fatos.

A filosofia era entendida pelos clássicos não como uma *Wissenschaft*, uma ciência ou saber absoluto, mas como busca do saber. Politicamente o filósofo não pode realmente aspirar mais do que minimizar — através da construção de uma *politeia* baseada numa constituição decente — os efeitos deletérios da vontade de poder dos tiranos: sua política realista será a do mal menor. Comentando a tese do *zôon politikon* ele anota:

> Não há nenhum tipo de relação entre humanos na qual ele seja absolutamente livre para agir como bem entenda ou como lhe agrade. De algum modo, todo homem tem consciência deste fato. Ideologias não passam de tentativas de justificar para si mesmo, ou para os outros, certas ações que sentimos necessitam ser justificadas, que não são obviamente corretas (Strauss 1953: 129).

Num momento particularmente tocante de sua correspondência Strauss confessa:

> O que, claro, é particularmente deprimente é o fato de que quanto mais

velhos ficamos, mais claramente vemos quanto compreendemos pouco: as trevas tornam-se cada vez mais densas. Será talvez uma compensação duvidosa pensar que podemosentretanto discernir a falta de clareza nas ideias dos mais loquazes e dos enganadores, de modo mais fácil e mais rapidamente do que há alguns anos. A eudaimonia do theorein só é realmente disponível "pote, ut philosopus dixit" (a felicidade da contemplação só alcançamos de tempos em tempos, como disse o filósofo — referência a Aristóteles, *Metafísica* XII,7, 1072b25).

Alega que o exercício da Tirania implica na necessidade de realizar ações vis e baixas, incompatíveis com a dignidade ou o respeito que todo homem deve a si mesmo. Strauss sugere que Kojève eventualmente retrucaria que o tirano poderia estar motivado também por um equivocado desejo de beneficiar seus compatriotas. Esse argumento só valeria se nesta matéria os erros fossem difíceis de evitar, mas acrescenta candidamente Strauss:

> é fácil ver que a tirania é vil; todos nós, em criança, aprendemos que não se deve dar maus exemplos aos outros e que não devemos fazer coisas vis com vistas ao bem que poderia daí resultar. O tirano potencial ou real não sabe algo que toda criança razoavelmente bem criada sabe, porque ele ficou cego pela paixão? A resposta mais caridosa seria que ele ficou cego pelo desejo de honra e prestígio.

Dito de modo menos caridoso: tiranos, antigos ou modernos (a diferença aqui é apenas de escala relativamente aos seus crimes) são sempre voluntária e conscientemente as maiores fontes de crueldade para a espécie humana: como mostra Platão n'*A república* o mal não pode ser extirpado.

Por fim argumenta que Kojève e Hegel não fazem mais do que sintetizar numa só moral, as duas moralidades, a clássica e a bíblica. E acrescenta, ironicamente, que sínteses operam milagres, no caso, ambas as moralidades, per se muito exigentes, transformam-se numa moralidade peculiarmente relaxada. Segundo Strauss, os clássicos não concebem o homem como um ser privado de interditos sagrados, ou como alguém que possa se pautar apenas pelo desejo de reconhecimento[15]. O problema com a teoria de que os fins justificam os meios é que, uma vez deflagrada na prática, os meios mobilizados passam a determinar seus próprios fins, que todos sabemos quais são. Assim é que, para ele, o "Estado Universal e Homogêneo" de Kojève não passa de uma aberração moral.

Strauss argumenta aqui apoiado na tese de que há uma natureza humana, se não eterna, ao menos permanente, segundo os padrões necessários para avaliarmos nossa situação no mundo. Ele gosta de citar os versos clássicos: "Naturam expellas furca, tamen usque recurret", quer seja, 'Ainda que a expulses com um forcado, a natureza [ie, a índole inata de uma pessoa] voltará a aparecer' (Horácio apud Nietzsche 1998).

Kojève retrucará que a diferença filosófica entre ambos se enraiza na questão da natureza humana. Se, argumenta, de fato existe uma natureza humana, então Strauss está certo (não se pode tratar indivíduos como meios para punir oponentes como reacionários ou inimigos do povo a serem exterminados em nome da História). Mas se "aceitamos o ateísmo hegeliano radical de acordo com o qual o próprio Ser é essencialmente temporal (Ser=Devir), e cria-se a si mesmo no curso da história então", argumenta Kojève, não há razão por que a humanidade não deva ser refeita pelos que possuem uma ideologia correta.

Creio que já podemos ter uma primeira ideia de como as divergências políticas dos amigos adversários decorrem de distintas concepções que cada um tem do que é a filosofia.

Concluo com dois textos. O primeiro com a réplica mais incisiva de Kojève contra Strauss, enunciada a propósito da concepção Straussiana da natureza humana, caracterizada, ao contrário da tese Hobbesiana, como vimos, como dotada de restrições constitutivas naturais. De fato, pergunta Kojève: "Torquemada e Dzerzinski tinham 'má consciência'?" (carta de 19 de setembro de 1950, p. 255).

E em outra ocasião, notando que Strauss condena as políticas de coletivização na URSS e na China pergunta: "mas assim também se justifica permanentemente a preservação dos camponeses chineses em uma existência em estado de indigência animal" (carta de 29 de outubro de 1953, p. 262). Este debate antecipou outros tantos que se seguiriam, sobretudo na França, casos de R. Aron e Sartre e de A. Camus e Sartre.

Embora saibamos que L. Strauss era defensor da constituição norte-americana, não temos as suas respostas a essas cartas; mas em outro texto ele faz o seguinte apelo irônico: "Guerreiros e trabalhadores de todos os países, uni-vos enquanto ainda há tempo, para evitar a chegada do 'reino da liberdade'. Defendei com todas as suas forças, se preciso for, 'o reino da necessidade'" (Strauss 1953: 209).

Strauss defenderá sempre a existência de uma natureza humana permanente, e é neste quadro que confrontará o historicista e filotirânico Kojève.

Seção III Resenhas, filme, Grécia

Leo Strauss, hermenêutica da perseguição[12]

Se procedêssemos a título de exercício didático a uma divisão da obra de Leo Strauss pondo de um lado os livros mais fáceis e, de outro, os mais difíceis, diríamos que entre os primeiros estariam *Sócrates e Aristófanes* (1966), *Liberalismo antigo e moderno* (1968), *Estudos sobre a filosofia política platônica* (1983), *O renascimento da filosofia politica clássica* (1989). E entre os mais difíceis, *A Crítica da religião por Espinosa* (1930; 1981), *Filosofia e lei* (1935), *Thoughts on Machiavelli* (1958), *The argument and action of Plato's Laws* (1975) e o livro com o qual agora a editora É Realizações presenteia o público brasileiro, *Perseguição e a arte de escrever* (cuja primeira edição foi de 1952).

Como se vê, o livro que é objeto desta minha palestra está entre os mais difíceis de nosso autor. E esta foi minha maior surpresa — a segunda, pois a primeira foi a de saber que Leo Strauss estava sendo editado no Brasil. De fato, pois se trata do primeiro livro de Strauss editado aqui. Estreiar L. Strauss com os cinco ensaios de *Perseguição* é certamente um começo de quem tem fôlego, mas sejamos francos, a obra escolhida não procurou facilitar o acesso do público — digamos, do grande público — ao pensamento de L. Strauss. De qualquer modo, sabemos que quem se interessa por filosofia não está à procura de facilidade, é claro. Mas se não é de fácil acesso, *Perseguição* é uma das obras mais representativas do filósofo, e o leitor que ultrapassar as primeiras dificuldades verá abrir-se aos seus olhos um horizonte de revelações extraordinárias como raramente encontrará em outros autores.

Nascido em 1899 na Alemanha, na década de 1940, quando escreve esta obra, L. Strauss está em sua plena maturidade. Estes foram para ele tempos de grande turbulência, não só no plano privado (dificuldades profissionais devido à sua imigração para os Estados Unidos, em 1938 já que não tinha ainda o cargo de Professor na Universidade de Chicago, que lhe daria, enfim, todas as condições de trabalho; apertos financeiros; doença da esposa Miriam). De fato, de 1938 a 1948 ele esteve abrigado na chamada Universidade do Exílio, a New School for Social Research que abrira suas portas para uma plêiade de intelectuais refugiados da Europa. Como dizia um educador norte americano: "Hitler shakes the tree and I gather the apples."

L. Strauss permaneceu por uma década suportando esta instabilidade. Mas, se passava por agruras profissionais relativas ao mercado de trabalho num país estrangeiro, do ponto de vista intelectual, embora a turbulência não tenha sido menor, ela felizmente mostrou-se produtiva ao extremo — talvez este tenha sido o período mais afortunado de sua vida tão afortunada. Em carta ao amigo J. Klein ele dirá: "Sinto-me perfeitamente feliz a despeito dos grandes problemas financeiros." Tal é o poder das descobertas filosóficas que ele vem realizando.

Vejamos a seguir, antes de abordarmos a presente obra, um pouco da sua correspondência com amigos.

Numa carta a Karl Lowith de 1946, ele se abre ao amigo: "Mais uma vez sofri um naufrágio", e segue "É preciso que realmente eu recomece do começo". A que estas metáforas dramáticas estariam se referindo? Que acontecimentos extraordinários estariam agitando o espírito de L. Strauss, na década em que ele produz os cinco ensaios de *Perseguição*?

Para compreender o que se passa temos que voltar um pouco no tempo. Por essa época L. Strauss já havia percorrido um caminho intelectual notável. Havia feito seu doutorado em 1922 sobre Friedrich Jacobi (o introdutor do conceito de niilismo na filosofia); havia publicado seu livro sobre Espinosa, o livro sobre M. Maimônides e outro sobre T. Hobbes que lhe granjeou uma fama nos meios universitários.

A partir daí, impulsionado pelo desejo de compreender Moisés

Maimônides voltou-se para o estudo dos "Falasifa", como eram designados os filósofos islâmicos mestres de Maimônides, Al Farabi, Averróis, Avicena. O ano de 38 marca um momento decisivo na sua carreira intelectual, pois é o ano em que ele faz a descoberta que segundo a crítica lhe valerá o título de descobridor da arte de escrever, o exoterismo.

De fato, se consultarmos sua correspondência, veremos que algo realmente extraordinário está acontecendo. Com vimos, L. Strauss já havia trabalhado sobre Maimônides que ele compreendeu não como um filósofo, mas de acordo com a tradição, como um "judeu crente". Mas agora, em seus novos estudos, tudo muda radicalmente.

Como se sabe, para os judeus, Maimônides é considerado como nada menos do que o segundo Moisés. Ao escrever agora ao amigo Klein ele narra sua fantástica descoberta. A correspondência se inicia em janeiro de 1938 revelando o choque da descoberta de sua super-nova.

Maimônides, diz ele agora, "foi realmente um espírito livre" (Lampert 2013), mais: "ele era um averroísta. Considere isto e todas as dificuldades desaparecem". Como se sabe, no século XII, averroísta era sinônimo de epicurista, ou seja, ateu.

Podemos imaginar o estado de excitação em se encontravam então os dois amigos. L. Strauss sugere a dimensão de seu achado contando que, conversando com um grande erudito do judaísmo, Nahum Glatzer, recebeu dele a seguinte informação: "Maimônides é mais importante para o judaísmo do que a Bíblia". E L. Strauss reflete sobre seu achado:

> retirar Maimônides do judaísmo equivale a remover seu fundamento. Isto trará o interessante resultado de que uma simples determinação histórica — a determinação de que Maimônides em sua crença não era absolutamente judeu — tem hoje uma grande significação: a incompatibilidade em princípio da filosofia e do judaísmo (que vemos expressada "claramente" no segundo verso do Gênesis) seria demonstrada *ad oculos*.

E acrescenta sobre sua descoberta acerca do estatuto real do mais importante pensador do judaísmo: "Se dentro de poucos anos eu detonar esta bomba (caso eu viva até lá), uma grande batalha ocorrerá". E completa citando Nietzsche: "Tem meu punho fechado a verdade, ousarei abri-lo?"

Seis meses depois destas primeiras descobertas ele informa ao amigo que concluiu seu texto cujo título é: *O caráter literário do Guia dos Perplexos*. Ele aparecerá pela primeira vez na coletânea de ensaios *Essays on Maimônides*, editado por Salo Barron, em 1941 pela Universidade de Columbia, e pela segunda vez, na primeira edição do presente livro: *Perseguição e a arte de escrever*, de 1952 como o capítulo central da obra (sabe-se que segundo L. Strauss o centro é o local menos visitado por leitores que não interessam).

Já que este é o ensaio central do livro que estamos analisando, ouçamos seu autor: "Ele conterá seis pequenos capítulos sobre os quais o leitor exigente compreenderá tudo e que dará ao leitor superficial um pedaço de informação útil" (Lampert 2013:11).

O autor tem, portanto, em vista dois tipos de leitores e que ambos tirarão proveito da obra: estamos já então percebendo o que constitui a grande originalidade de L. Strauss: não apenas sua descoberta do verdadeiro Maimônides, o filósofo, nem tampouco o fato de que o *Guia dos Perplexos*, como logo veremos, é escrito de modo a trazer uma dupla mensagem para dois públicos distintos, como também, e, sobretudo, o fato de que o próprio L. Strauss adota, de agora em diante em seus escritos, o método do grande médico e filósofo judeu, tornando-se ele mesmo um autor exotérico. É assim que ele pretende detonar sua bomba. Vale a pena acompanhá-lo mais um pouco, no calor da hora, em algumas de suas reflexões sobre suas descobertas. Nesta mesma carta ele manifesta seu estado de espírito: "posso realmente me sentir um pouco orgulhoso por ter resolvido este enigma" e acrescenta menos friamente:

> Mas talvez meus nervos não sejam suficientemente fortes — ou eu careça de "Scientia" — ou ambas as coisas. Em suma, por vezes eu tremo diante das consequências que poderão advir de minha interpretação. O resultado será que eu, um pobre diabo, tenho que tomar uma colherada da sopa que este feiticeiro diabólico do século XII me serviu. Mas como dizem os pagãos: *Fata nolentem trahunt. Esto*" [não se pode trair o destino, que seja! Sêneca]. (Lampert, 213:11)

Como se poderá perceber lendo a ensaio deste livro sobre Maimônides, L. Strauss detonará sua bomba, mas se o oxímoro pode ser permitido, o fará silenciosamente — sim, na medida em que só realmente os leitores mais atentos serão capazes de sentir o tranco.

Uma última observação do autor, antes de passarmos para as considerações sobre os outros ensaios de *Perseguição*. L. Strauss agora nos conta qual a intenção de Maimônides.

O *Guia dos Perplexos* ou a instrução aos perplexos, é uma repetição da Torá (a instrução) para os perplexos, isto é, para os filósofos —, é uma imitação da Torá com pequenos 'acréscimos' que apenas um perito nota e que incluem uma crítica radical da Torá. (*Ib., id*).

E conclui com uma comparação ainda mais surpreendente: "O que Nietzsche tinha em mente ao escrever seu Zaratustra como uma paródia da Bíblia ocorre com Maimônides em escala muito maior."

Mas suas descobertas em torno do exoterismo, da arte de escrever, não cessam. Suas pesquisas o levam de Maimônides aos seus mestres islâmicos, em particular a Al Farabi (870-950). Mas, sobretudo, de Al Farabi ele chega ao verdadeiro mestre de todos os 'falasifa', Platão, o filósofo grego cuja importância será crescente para L. Strauss (ele dará como título de seus ensaios numa obra póstuma *Estudos sobre a filosofia política platônica*, de 1983 — entre os ensaios encontra-se *Jerusalém e Atenas*).

Como vemos, uma coisa é a descoberta, outra o modo de sua

divulgação. Pois L. Strauss sente o peso da responsabilidade sobre seus ombros. De fato, ao lermos o ensaio sobre Maimônides vemos que L. Strauss se refere ao seu dilema moral no próprio texto: escreve uma seção intitulada: *O dilema moral*, no qual registra: "a questão da interpretação adequada do *Guia* é sobretudo uma questão moral" (Strauss 2015: 65).

Realmente, pois o interprete está sendo confrontado com um segredo que o próprio Maimônides quis preservar, chegando a rogar ao seu leitor de modo enfático. Leiamos L. Strauss:

> Nenhum historiador que tenha algum senso de decoro — e, portanto, também algum senso de respeito por um homem superior tal qual Maimônides — desprezará sem peso na consciência a enfática súplica para que o ensinamento secreto do *Guia* não seja explicado. (*Id. ibid.*)

Ao divulgar os segredos, L. Strauss o fará adotando a seguinte solução:

> Em certa medida, portanto a posição do intérprete de Maimônides é a mesma posição do próprio Maimônides. Ambos se veem diante da proibição de explicar um ensinamento secreto e diante da necessidade de explicá-lo. Como consequência, talvez fosse recomendável ao intérprete imitar Maimônides também no que toca à solução do dilema, adotando neste caso um caminho intermediário entre a obediência impossível e a transgressão flagrante, e almejando assim, uma interpretação esotérica do ensinamento esotérico do *Guia*. Uma vez que o *Guia* contém uma interpretação esotérica de um ensinamento esotérico, uma interpretação adequada do *Guia* deveria, portanto, assumir a forma de uma interpretação esotérica de uma doutrina esotérica. (*Id. ibid.*)

Claro, L. Strauss sabe que o seu direito de assim proceder deriva do fato de que a situação histórica de sua época é fundamentalmente diferente da do século XII.

Escrever esotericamente sobre uma doutrina esotérica. Esta lição extraída do ensaio central sobre o *Guia* valerá para todos os demais ensaios da presente obra, para o *Cusari* e para o seu estudo sobre Espinosa.

Atendo-nos à cronologia, a seguir L. Strauss escreve o ensaio que dá nome a obra: *Perseguição e a arte de escrever*, publicado em 1941 e novamente em 1952 como o seu segundo capítulo.

Podemos agora ter uma visão de conjunto do presente livro: ele se compõe de cinco ensaios iniciando com uma introdução geral e, em seguida, com o ensaio que dá nome ao livro. No centro, como vimos, está o ensaio sobre Maimônides e, na sequência, os dois últimos, sobre os filósofos Yehuda Halevi e Espinosa.

A lei da razão n'O *Cusari*

O Cusari, "livro de debate e demonstração em auxílio a uma religião desprezada", foi escrito por Yehuda Halevi que L. Strauss designa de "o outro clássico da filosofia judaica medieval" (Lampert 2013: 32) e em outro texto, chama Maimônides e Y. Halevi de "os dois líderes espirituais da filosofia judaica medieval" (*Id, ib*, nota2). O historiador Salo Baron o chama de "o maior poeta hebreu desde a conclusão da Bíblia" (Ib, p. 38, nota 10).

Halevi (1075-1141) foi um poeta e filósofo judeu espanhol do século XII. No *Diálogo* por ele escrito, Cusari era o nome do rei dos Casars que teria sonhado com um anjo de quem teria recebido a mensagem de que Deus estava insatisfeito com sua prática religiosa. Desperto, o rei então para satisfazer Deus vai consultar um filósofo, um cristão e um islâmico, mas frustrado com os três ele se volta para um erudito judeu que o persuade de que a religião judaica que ele desprezava é a verdadeira religião para ele e para o seu povo. Esta peça de Halevi foi escrita em 1120 ou 1130 e traduzida para o hebraico em 1167 por Juda ibn Tibbon graças à qual o Cusari entrou no cânone judaico Lampert 2013).

É uma obra reconhecida como um ataque à filosofia. Já o propósito de L. Strauss neste ensaio se explicita desde o início, trata-se de saber: o que é a filosofia? Qual a sua relação com a vida política e social? Ou seja, desde logo vemos a sugestão que será confirmada no *Ensaio*, a de que para compreendermos o que é a filosofia temos que levar em conta o modo como os filósofos se relacionavam — e se relacionam — com as dimensões políticas e sociais da vida.

Para irmos direto ao ponto sobre o sentido mais amplo da interpretação de L. Strauss: sob o pretexto de atacar a filosofia e de defender o judaísmo (intenções que também se realizam) Halevi, que é na verdade ele mesmo um filósofo, inspirado por Platão — que notemos com L. Strauss é por sua vez o maior de todos os poeta-filósofos —, escreve um drama, como o de seu mestre grego, que é na verdade uma defesa da função política do filósofo. Apenas o filósofo do drama de Halevi escolhe aparecer como alguém que dá sua adesão a uma religião na qual realmente não crê, com o propósito duplo de preservar a filosofia genuína e de se preservar como filósofo genuíno.

Analisando o drama de Halevi, L. Strauss se dá conta de que o debate entre o rei e o erudito judeu é frouxo, pois o rei é uma presa fácil para a conversão ao judaísmo. Nota também que não há n'*O Cusari* um real debate entre o filósofo e o erudito judeu (como tampouco há em Platão diálogo em que dois filósofos debatam), o que teria, entretanto, sido fácil para um grande pensador como o escritor Halevi.

Por que ele não fez isto, pergunta L. Strauss. Primeiro, porque sabia que o modelo do filósofo é Sócrates e que, "um genuíno filósofo jamais poderia se tornar um genuíno convertido ao judaísmo ou a qualquer outra religião", já que a sabedoria do filósofo é estritamente humana e ignorante do saber divino. Como Sócrates ele sabe que a filosofia não é um conjunto de dogmas, mas um método, uma atitude, posição esta que L. Strauss por sua vez, assumirá como sua, mantendo-a por toda a sua carreira.

O filósofo nunca experimentou realmente as seduções da religião, as premissas em que se baseia a demonstração de qualquer verdadeira religião revelada: ele nunca foi tocado pela convicção do crente, como foi o erudito judeu e o rei, um potencial crente, desde sempre um homem piedoso. Mais: argumentos para a conversão só são convincentes para "as pessoas naturalmente piedosas que haviam experimentado um antegozo da revelação divina em virtude da revelação de um anjo como foi o caso do rei" (Strauss 2015: 113). Ora, justamente, o filósofo nega saber algo sobre a religião.

Mas seria esta realmente uma resposta satisfatória? Se fosse haveria uma impossibilidade de qualquer diálogo entre o filósofo e o religioso. Não. A verdadeira razão é outra e mais complexa.

Halevi bem sabia que os filósofos de sua época pretendiam negar a religião afirmando dispor de uma refutação demonstrativa. Note-se que estamos, portanto aqui diante da velha questão: "pode a razão refutar a revelação?"

Ao mencioná-la L. Strauss recorre à autoridade de Goethe que dizia: "O verdadeiro tema, o único e o mais profundo de todos da história do mundo e dos homens, ao qual os outros estão subordinados, continua sendo o conflito entre a crença e a descrença" (*Id., ibid.*: 114, nota 36).

Em continuidade a Goethe, L. Strauss afirma que este "é o fato mais importante de todo o passado" (*Id., ibid.*: 114B). E todo leitor de L. Strauss sabe que ele dedicou seu primeiro livro (1928-1930) a mostrar como Espinosa, o filósofo que mais plenamente se dedicou a demonstrar que a Bíblia era apenas um documento humano, tribal e que milagres não existem, não teve sucesso, comprometendo assim em sua base o Iluminismo filosófico moderno.

Mas Halevi omite este que seria um precioso debate. Por que o faz então? A sugestão de L. Strauss é a de que Halevi o faz para instigar o leitor a fazê-lo por sua conta, ou seja, para impedir que o "leitor adormecesse, que sua atenção relaxasse por um instante sequer".

Bem, agora sou eu quem me permito instigá-los, meus caros ouvintes, suspendendo — o tempo me obriga — nosso exame sobre o belo Ensaio sobre *O cusari*. Termino acrescentando apenas uma pista: que segundo L. Strauss, Halevi, num drama destinado a convencer pessoas piedosas sobre a verdade do judaísmo, omitiu de seu texto a disputa mais importante da história. E L. Strauss sugere, enfim, que Halevi se tornou um filósofo, "que havia experimentado a enorme tentação, o enorme perigo da filosofia" (Strauss 2015: 216B); E que ainda assim, retornou ao aprisco do judaísmo. Teria o segundo maior pensador judeu medieval sido, como Maimônides, um judeu em palavras e gestos, mas não em pensamento? Deixo-lhes a intrigante questão.

Como estudar o *Tratado teológico político* de Espinosa

Se, como vimos, Maimônides e Yehuda Halevi são filósofos que, se valendo de sua arte de escrever, de sua competente manipulação do Exoterismo — este notável recurso da retórica filosófica —, conseguem a proeza de, dirigindo-se simultaneamente a dois públicos distintos, satisfazer os mais atentos e os naturalmente piedosos, preservando assim tanto a filosofia quanto o judaísmo, com Espinosa o quadro muda de figura.

É claro, ele também faz em parte o mesmo: vale-se da habilidade dos recursos do exoterismo, mas agora seu propósito final é outro, digamos, muito mais ambicioso, um propósito inédito. E, mais grave, ele, muito embora nascido judeu não defende o judaísmo. Ao contrário, e para escândalo de muitos de seus correligionários ele se empenha é em defender o cristianismo, chamando o próprio Jesus de Cristo e designando-o, ambiguamente, de filósofo. Teria Espinosa sido um traidor de seu povo, um "mau demônio" como o designou o grande filósofo judeu Hermann Cohen?

Toda a atenção do leitor é aqui exigida para acompanhar a resposta nuançada que L. Strauss dará a essa questão em seu último ensaio deste fantástico livro.

(Para julgar o cuidado com que L. Strauss se dedica a ler Espinosa basta que o leitor atente para a abundância e precisão das notas de rodapé que acompanham seus textos.)

Pois todo cuidado é agora necessário já que ele está lidando com um escritor que é um grande admirador de Maquiavel e talvez o mais ousado de todos os filósofos (como sabemos, o ousado Hobbes afirmou que Espinosa o superava em ousadia). Mas, sobretudo, está lidando com um dos responsáveis pela criação de um novo regime político (sem exagero, podemos dizer, uma nova civilização), a sociedade liberal democrática em que a religião e o Estado ficariam para sempre separados.

Assim sendo, para entendermos o Ensaio de L. Strauss temos que compreender que agora não se trata mais, como antes, de um filósofo judeu que defendia a filosofia e o judaísmo. Não: Espinosa, é certo, defende a filosofia, mas ataca o judaísmo do Velho Testamento, como já o fizera em seu livro de estreia. Mas não se limita a isto. Para surpresa de todos, ele simultaneamente defende o cristianismo! Como compreender tal ousada desfaçatez?

L. Strauss já havia dedicado ao filósofo holandês um denso estudo. A crítica o considerou "o mais profundo trabalho do século sobre Espinosa" (Kruger 1988: 173-175). Mas, agora, ele descobriu a arte de escrever graças a qual pode dizer em tom de autocrítica em relação ao seu primeiro livro: "eu compreendi Espinosa de um modo excessivamente literal, porque não o li de modo suficientemente literal" (Strauss 1997: 31).

Lê-lo de modo ainda mais literal significa ser capaz de primeiramente descartar as interpretações historicistas que ao procurar fixar um autor no quadro histórico de sua época retiram de sua obra a intenção real de autor que é a de comunicar uma verdade filosófica, isto é, transhistórica. Em segundo lugar, ele procura interpretar tudo o que no texto tem a aparência de negligência, erro, contradição etc., como dispositivos empregados voluntária e conscientemente pelo autor. Foi lendo-o assim que L. Strauss descobriu que o *Tratado teológico político* mostrava uma coerência a toda prova. E que apesar de ter sido escrito em latim, e de ter sido publicado anonimamente foi escrito como ele afirma: "ad captum vulgi loqui" — ou seja, tendo em vista a capacidade do vulgo. De fato, L. Strauss apresenta ao leitor algumas regras que Espinosa emprega em sua composição: se um autor que admite, mesmo ocasionalmente, que fala "à maneira do homem" tece comentários contraditórios sobre determinado tema, a declaração que contradiz a visão vulgar dever ser tomada como sua visão séria; e mais: toda declaração desse autor que esteja de acordo com visões consideradas sagradas ou autorizadas pela perspectiva vulgar dever ser tratada como irrelevante ou, ao menos, como suspeita, muito embora o autor jamais a contradiga. (Strauss 1997: 182).

Daí segue a regra geral:

> Falar tendo em vista a capacidade do vulgo e praticar todas aquelas coisas que não podem nos impedir de conquistar o que almejamos (a saber, o sumo bem). Com efeito, somos capazes de obter considerável vantagem do vulgo, contanto que façamos todas as concessões possíveis à sua capacidade. [...] eles assim terão os ouvidos atentos à verdade, isto é, ver-se-ão forçados a aceitar as verdades que o filósofo lhes deseja comunicar e não se ofenderão com suas ocasionais heresias. (Strauss *Id., ibid.*)

Afinal, pergunta o filósofo, não foi isto mesmo o que fizeram os próprios autores da Bíblia? E Espinosa cita como testemunhas Jesus, Paulo e... o próprio Moisés! Ele chega ao ponto de sugerir que Moisés ensinou coisas em que não cria. Ele cita o *Tratado teológico político* (VII, #22), "Moisés acreditava, ou ao menos desejava ensinar" (*Id., ibid.*).

L. Strauss mostra como Espinosa aprendeu esta arte com uma escola de pensamento que havia se estabelecido de longa data. E cita alguns de seus mestres, entre os quais Maimônides e Yehuda Halevi, mas vai mais além ao nos informar que, por exemplo, Maimônides aprendeu a filosofar e a escrever com Al Farabi, a quem considerava como a maior autoridade filosófica de seu tempo (*Id., ibid:* 186). E, por fim, acrescenta que Al Farabi, por sua vez, aprendeu do mestre de todos eles, Platão. Para apoiar sua tese cita o filósofo espinosano do século XVIII Gotthold Eprahim Lessing (1729-1781), que dizia que Sócrates "acreditava no castigo eterno com toda a seriedade, ou ao menos o acreditava a ponto de julgar conveniente ensiná-lo em palavras pouco suscetíveis de causar suspeição e assaz explícitas". O mesmo valia para Leibniz (1646-1776) e para Descartes ("morale par provision"), entre outros.

(Como se vê, as descobertas de L. Strauss obrigam o historiador a empreender uma revisão de toda a história da filosofia interpretando-a agora em novas bases.)

Ao final desta canhestra apresentação formulemos a pergunta: Espinosa mentia para sua conveniência? Não: seu culto externo, diz-nos L. Strauss, mostra que ele adapta "a expressão de seu pensamento às opiniões aceitas por todos, professando-as na medida do possível ou do necessário, muito embora as tenha como falsas ou absurdas" (Strauss 1977: 182). Eis o modo certo de compreender a expressão "ad captum vulgi loqui", em vista a capacidade do vulgo.

Procedimentos como este lhe permitem negar dogmas fundamentais da ortodoxia como a Providência divina, os milagres — que segundo ele a própria Bíblia nega (sobre a ressurreição de Cristo ele dirá que foi apenas um acréscimo posterior) e que o próprio Jesus tenha sido filho de Deus. (Deus sive natura, Deus ou a natureza, é sua grande tese).

Mas é justo agir assim? Sim, responde nosso maquiavélico filósofo: há ardis bons ou legítimos:

> se o estadista se vê obrigado a empregar todos os tipos de ardil em prol do bem-estar dos governados, o mesmo dever cabe a quem a natureza confiou a orientação espiritual da humanidade, isto é, aos filósofos, os quais estão muito mais expostos do que o estadistas à desconfiança da multidão e, portanto, necessitam como ninguém de cautela. ('Caute' era seu selo)

O *Tratado teológico político* tem, portanto, um duplo objetivo, apaziguar os leitores naturalmente piedosos e despertar os potenciais leitores filosóficos. Quanto aos judeus, eles certamente perdoarão Espinosa por seus ataques ao Velho Testamento: afinal ele estava lançando as bases para a constituição da sociedade liberal democrática, onde os judeus poderiam enfim viver pacificamente e, até mesmo, acrescenta esta profecia, que se os judeus não de afeminassem — certamente pela resignação sugerida pela Bíblia — poderiam criar seu próprio Estado.

Historicismo, contexto histórico e textualismo: existem problemas perenes em história da filosofia?[13]

Nossa época tende a nos estimular a adotar noções que frequentemente se revestem de características dogmáticas, como progresso e racionalidade do processo histórico, que parecem opor-se às concepções clássicas como a existência de problemas perenes em filosofia. Poderiam tais crenças se tornar obstáculos para um contato enriquecedor com os clássicos?

Os estudantes do Departamento de Filosofia da Faculdade de Filosofia, Ciências e Letras da Universidade de São Paulo — FFCL/USP (Antigo nome da atual Faculdade de Filosofia, Letras e Ciências Humanas (FFLCH), nos anos 60 e 70, podiam escolher entre dois métodos para estudar os clássicos. O texto guia obrigatório para o estudante era então o ensaio de Victor Goldschmidt, "Temps historique et temps logique dans l'interprétation des systémes philosophiques". In: *Questions Platoniciennes*, Paris: Vrin, 1970, onde se lê: "há duas formas de interpretar um sistema: pode-se interrogá-lo, ou sobre sua verdade, ou sobre sua origem; pedir-lhe que nos dê suas razões, ou procurar suas causas" (Goldschmidt 1970: 13).

O primeiro, então muito em voga, consistia em ter um contato direto e imediato com os textos dos grandes filósofos, sem que nos fossem oferecidas quaisquer informações históricas sobre a vida e obra do autor e tampouco as circunstâncias em que a obra fora escrita. Este método era geralmente chamado de estruturalista e seus iniciadores eram críticos como Martial Guéroult (1953) e Victor Goldschmidt. De acordo com este método, o texto ficava sempre em primeiro plano. O segundo método era, ao contrário, voltado para a inserção dos textos na vida do autor, e tanto um quanto o outro na respectiva época, método este cuja tônica era o levantamento das condições históricas apresentadas como pré-condição para a compreensão das obras. Aqui se destacavam autores como Jean Pierre Vernant[5], François Chatelet, para nos limitarmos a dois exemplos. Na conclusão de *Les origines de la pensée grecque*, Vernant, depois de afirmar como a filosofia "recolocada na história" perde "seu caráter de revelação absoluta", conclui: "A escola de Mileto não viu nascer *a* razão; ela construiu *uma* razão, uma primeira forma de racionalidade" (Vernant 1969: 131).

Geralmente este método era designado de histórico ou genético. De acordo com ele a história ficava sempre em primeiro plano. Nossos mestres alternavam seus cursos sempre com brilhantismo, entre ambos os métodos, de modo que os alunos tivessem uma latitude de escolhas diante daquele que melhor os satisfizessem.

O primeiro método é aquele que hoje se designa como textualista e o segundo como historicista. Ambos, é claro, se constituíam como segmentos derivados de teorias que na verdade se configuravam como visões de mundo ou como filosofias propriamente ditas. Neste sentido a escolha por um ou por outro dos métodos não implicava neutralidade, mas a aceitação, ainda que não inteiramente consciente, de consequências que se cristalizariam em teses ou hipóteses de grande importância, inclusive política.

Assim, por exemplo, o método textualista ou estruturalista implicava uma certa fé em que as questões tratadas pelo autor eram portadoras de significações dignas de serem aprendidas para além do mero interesse histórico, enquanto que o método genético ou historicista deixava subentendido que a compreensão da obra e do autor de alguma forma se esgotava no estabelecimento e na apuração das corretas relações que ambos mantinham com as questões pertinentes às épocas que as haviam gerado. Nesse sentido, o historiador colocava-se numa posição de superioridade em relação ao autor, pretendendo conhecê-lo melhor do que ele mesmo se conhecia.

Talvez se possa afirmar que ainda hoje estas alternativas metodológicas estejam presentes em nosso universo acadêmico. Para lembrar apenas um exemplo notório, um autor como Quentin Skinner, que é hoje considerado como um dos mais proeminentes historiadores de filosofia política, apresenta-se em suas obras como decididamente contrário à abordagem textualista que, segundo ele, pressuporia a existência de uma sabedoria atemporal e universal. Consequentemente, ele nega que haja "problemas perenes em história da filosofia" (Skinner 1969: 50). Ou seja, de acordo com ele, não há que se esperar do estudo dos clássicos o resgate de "respostas a questões supostamente eternas".

Nesta comunicação, eu vou me limitar a tratar do método de proveniência historicista, procurando primeiramente apontar como ele se vincula a uma filosofia ou visão de mundo, e em seguida apenas indicarei como ele afeta o modo como compreendemos autores da antiguidade. Procurarei, portanto, chamar a atenção para o fato de que ele é, como dissemos, produto ou solidário de um grande sistema filosófico, no caso em apreço, o hegelianismo, e como tal ele implica sérias consequências políticas.

Como disse, métodos derivam de algo maior, algo como um organismo de que o método é apenas um membro e que na verdade é uma visão de mundo, uma filosofia: o chamado método dialético de Platão supõe a afirmação do dualismo ontológico da teoria das ideias e do sensível, o método de aforismos de Nietzsche supõe sua concepção de uma visão niilista do mundo... Mas, para o estudante novato é difícil estabelecer estas reais articulações, pois em geral o método se apresenta de modo isolado com relação ao horizonte filosófico ao qual ele pertence. Ao refletir sobre estas questões pensei que talvez se pudesse encontrar, fora do universo técnico dos profissionais da filosofia e da vida universitária, alguma obra capaz de ilustrar este dilema de modo a esclarecer esta relação entre o método aparentemente isento e a filosofia que o destila.

Foi neste sentido que, seguindo a sugestão de M. Merleau Ponty de que há casos em que encontramos mais filosofia nos romances do que nos tratados filosóficos, lembrei-me do romance do escritor e poeta lituano-polonês, prêmio Nobel de literatura em 1980, Czeslaw Milosz (1953). Realmente, o romance trata justamente desta questão e, neste sentido poderi ser de grande valia para nos ajudar a compreender estas duas dimensões da questão filosófica: a conexão entre o método e sua doutrina ou o seu horizonte filosófico. Assim, a seguir procurarei me valer de alguns aspectos desta obra, sem, é claro, pretender aqui levar a efeito uma análise exaustiva da mesma, que a meu ver ilustram com rara felicidade o ponto que estamos tratando.

O cenário do romance é a Polônia durante o período que vai da ocupação nazista de 1939 a 1944, seguido do período da ocupação pela URSS no pós-guerra e a consequente instalação naquele país de um governo polonês comandado por Moscou. Como se sabe, trata-se de um dos períodos mais brutais da história moderna, ilustrado neste caso por um país que sofreu consecutivamente a ocupação das duas maiores formas de barbárie do século XX. Assim como algumas de suas personagens, o próprio autor viveu ali neste período, referido por ele como o momento em que a Polônia se tornou a "vanguarda da desumanidade" (Milosz 2006: 72). O título do romance se refere justamente ao modo como um governo títere da URSS se instalou ao fim da Segunda Guerra no território polonês. Mas, como diz o autor, trata-se mais de um romance filosófico de ideias do que de uma forma narrativa dos eventos que ali figuram mais como pano de fundo para o modo como a filosofia ou ideologia do novo regime — que ele designa de "nova fé" ou "nova religião" — se impôs sobre as mentes das personagens.

Antes de passarmos ao exame do romance é preciso dizer que nosso autor confessa que em sua ficção — ele escreveu também *Às margens do Issa* e um notável livro de ensaios *A mente cativa* — ele procurou um meio de lutar contra e escapar do que designa de "o demônio deste século, a crença hegeliana na necessidade histórica, que a história se desenvolve ao longo de linhas pré-ordenadas" (Milosz 2006: 164).

Já na primeira página de *A tomada do poder de 1953*, o leitor se depara com uma personagem singular: trata-se de um professor universitário de literatura clássica grega, agora compulsoriamente aposentado pelo novo regime, o professor Gil, que apesar de sua breve presença na obra é uma de suas personagens mais notáveis. É ele que abre o romance e o faz de modo particularmente interessante para nós. De fato, vamos encontrar o erudito professor Gil no pós-guerra de uma Varsóvia em escombros, porfiando por traduzir *A guerra do Peloponeso* de Tucídides. A presença do professor no romance é ocasião para que o autor importe para sua obra alguns trechos da obra do historiador grego, em particular segmentos referentes às situações de horror desencadeadas pelo conflito, como foram a peste e a aniquilação de populações. Nenhum esforço de imaginação é necessário para que o leitor associe os eventos escabrosos narrados por Tucídides — a violência fanática, os massacres, os estratagemas, as transferências de populações, as escravizações, a epidemia de tifo (Milosz 1988: 200) — aos que assombram as personagens do romance. Assim, na medida em que a história se repete tragicamente, percebemos que o professor Gil permanece fiel ao propósito de Tucídides de deixar para o futuro questões perenes, e ao método textualista.

Ao longo da obra, vemos como os efeitos da violência que se abatem sobre a Polônia, sob o novo regime soviético, não se limitam aos acontecimentos brutais, mas afetam igualmente a linguagem, ou seja, o próprio pensamento. Assim como Tucídides nota que sob o impacto da guerra as palavras tiveram que mudar seu significado comum — a audácia vira coragem; a prudência, covardia; a moderação, fraqueza; a violência fanática, virilidade... (Milosz 1988: 16-17) — também agora, a mesma mudança se fazia sentir, pois "as palavras não tinham importância, os trabalhadores na cidade estavam calados" (Milosz 1988: 195).

Apesar de ser visto agora como "um inofensivo reacionário... um homem que não compreendia a grandeza da nova era", o desprezado professor, representante da "mentalidade pequeno-burguesa" (Milosz 1988: 99), era por vezes procurado por alguns estudantes. Há uma cena em que ele é visitado por uma jovem devidamente uniformizada com as cores carmins do novo regime, e que veio para lhe "perguntar o que significava a palavra 'estoico'" (Milosz 1988: 97). Abre-se então no romance a ocasião para que possamos perceber os efeitos da nova ideologia sobre os poloneses reeducados, ou seja, o choque entre a cultura clássica do professor e a nova cultura da aluna. Diante da moça o professor hesita. Como explicar àquela jovem formada de acordo com uma educação derivada dos princípios da nova filosofia hegeliano-historicista o que realmente significava um conceito como estoico? Pois sob a nova educação ela aprendera a "fé na ciência e na sua capacidade de revelar a verdade absoluta da história" (Milosz 1988: 99), de modo que ela estava agora convencida

> pelos que estavam no poder de que o conhecimento pleno se havia finalmente tornado a herança da espécie humana — conhecimento absoluto e pleno porque apoiado pelo poder que, segundo esse mesmo conhecimento, era a corroboração final da validade de tal conhecimento: um círculo vicioso concebido pelo gênio de Hegel. (*Id., ibid*: 99)

Ou seja, o poder absoluto dos governantes era agora apresentado como sendo nada mais do que o reflexo, no plano empírico, do conhecimento absoluto destilado pela nova filosofia. Assim, pensa o embaraçado professor,

> ela não compreenderia se lhe dissesse que o mundo novo no qual acreditava era cruel porque lhe faltava o respeito à complexidade do homem, respeito que talvez devesse ser chamado de piedade. Ela não compreenderia também se manifestasse dúvida sobre o que era no momento a nova educação. (*Id., ibid.*)

A angústia do professor provinha do fato de que ele estava diante de um representante acabado do novo regime e nesta nova era não havia lugar para seus conhecimentos, entretanto necessários para explicar, por exemplo, que não se podia compreender o estoicismo a partir das novas premissas educacionais e sem noções básicas da filosofia grega. Todo o seu saber ficara reduzido a considerações extemporâneas que não cabiam no novo regime portador da verdade final da história humana e da sua consciência, mesmo porque, neste quadro, "só se podia ser a favor ou contra. As nuances nada significavam."

Mas o que é realmente o pensamento senão uma paciente reflexão sobre as nuances? A palavra estoico era apenas mais uma ruína da Grécia antiga, assim como o professor, vivendo numa arruinada Varsóvia, era agora uma ruína viva do saber do mundo antigo, saber que ele pudera ainda alcançar no antigo regime.

Antes de ser afastado de sua cátedra ele bem que tentara "explicar aos seus alunos que a busca da verdade estava sujeita a muitos perigos, como era fraca e ao mesmo tempo esplêndida a sua luz — a luz de uma vela apagada repetidas vezes pelo vento."

Mas isto agora se tornara impossível depois que ele fora diagnosticado pelo regime como portador de uma forma peculiar de doença que ele contraíra em contato com seu saber clássico, a de "difundir o agnosticismo e o objetivismo burgueses". Era uma doença que "abarcava todos aqueles que não aderiam totalmente" ao novo regime. E ela provinha de sua teimosia em não agir como os demais professores. De fato,

> Seus colegas de universidade proclamaram, um após outro, adesão aos princípios do marxismo-leninismo-stalinismo [...]. Evitar a queda só era possível com a aceitação total da ortodoxia. Foram estimulados a isso, e a transição se fez de maneira gradual, fácil, indolor. (Milosz 1988: 100)

Restava-lhe uma esperança, a de que talvez no futuro "dentro de quatrocentos ou quinhentos anos" (Milosz 1988: 99) os trabalhadores "protegeriam com suas mãos a luz incerta" (*Id., ibid.*: 196).

> Se como Marx sustentava, a verdade era uma arma na luta de classes, então quando uma nova sociedade se formasse e a necessidade da luta desaparecesse, talvez uma nova visão da vida fosse dada aos homens. (*Id., ibid*: 109)

Temos aqui nesta metáfora da verdade como luz da vela — "luz incerta" — que os ventos apagam, mas que teima em voltar a acender, uma pintura certeira e notável como forma de denunciar a concepção oposta e dogmática do determinismo historicista que a veria antes como uma luz de brilho progressivo e definitivo, ou seja, que começaria frágil mas que aos poucos iluminaria com sua luz cegante todo o planeta. Pois, segundo o professor, a verdade não é uma arma, tampouco o resultado de um processo temporal progressivo e cumulativo em que a razão ou o espírito (Geist) — ou as condições materiais — astuciosamente se manifestariam ao longo de eventos aparentemente fortuitos da história, conduzindo a humanidade para a forma definitiva de uma sociedade universal e homogênea.

Os textos clássicos, como este que o professor se empenhava em traduzir, e tantos outros, aí estavam para desmentir esta visão prometeana de uma tal concepção apocalítica da história. Nisto ele seguia o lema do historiador grego que afirmava que os eventos ali narrados "algum dia voltarão a ocorrer em circunstâncias idênticas ou semelhantes em consequência de seu conteúdo humano" e que sua obra "foi feita para ser um patrimônio sempre útil" (Tucídides 1987: 28).

E era por isso que, apesar de o novo regime permitir certa indulgência para com a edição da obra que o professor traduzia — afinal o novo regime se representava triunfalmente como "o herdeiro de todas as civilizações anteriores" —, ainda assim, o fato de ele ter sido afastado do magistério por si só indicava que seu trabalho não deixava de representar certo perigo para o status quo.

Era bem verdade que "Tucídides não gozava de muita popularidade no momento", (Milosz 1988: 15) não obstante, como já ocorrera com tantos de seus pares em nossa história, o Estado atual decretar que "sua influência sobre os jovens era má", como fizera o de Atenas em relação a Sócrates sobre o qual pesara a mesma acusação.

Como se vê, o professor Gil, privado de exercer seu magistério no universo da "nova fé", não se sentia exatamente no melhor dos mundos.

Ele estava vivendo uma situação absurda e paradoxal. O paradoxo consistia em que, vivendo no momento que, de acordo com a nova filosofia, ele estaria no ápice da história humana e da consciência da humanidade, repetiam-se com ele episódios funestos que marcaram os primórdios da modernidade no século XVI, quando milhares de acusados de heresia foram executados. Então, as perseguições por intolerância se tornaram comuns, como no episódio escandaloso da execução, a mando de Calvino, do médico e teólogo Michael Servetus em Genebra no ano de 1553. Seu defensor, Sebastien Castellio mereceu dos historiadores o título de "primeiro grande advogado e defensor da tolerância e do pluralismo"[11].

Mas já é tempo de tentarmos passar para o final e a algumas considerações a título de conclusões.

Como disse no início, minha intenção era a de procurar demonstrar como há uma relação direta entre o método e a concepção filosófica. Escolhi como objeto o método historicista, em particular aquele derivado do autor que podemos designar como o pai do historicismo filosófico, Hegel. Em suas *Lições sobre a história da filosofia II*, o filósofo pratica seu método a propósito, por exemplo, da obra de Platão nos seguintes termos:

> é a vida do Estado grego e não outra o que constitui o verdadeiro conteúdo da *República* de Platão [...] A ninguém é permitido saltar por cima de

> seu tempo; o espírito de seu tempo é também seu espirito.[...] Pois bem, Platão soube captar e conceber o verdadeiro espírito de seu mundo [...] já que é apenas um ponto de vista grego e o princípio posterior é conscientemente postergado. (Hegel 1955: 219-221)

Platão não é, pois, um filósofo grego, mas sob a luz do método hegeliano, um grego que filosófa nos confins estreitos de sua época.

Como assevera Leo Strauss:

> Assumir um momento absoluto na história é essencial para o historicismo [...] Hegel ensinou que cada filosofia é a expressão conceitual do espírito de seu tempo, não obstante, ele sustentou a verdade absoluta de seu próprio sistema filosófico atribuindo um caráter absoluto ao seu próprio tempo; assumiu que seu próprio tempo era o fim da história e, portanto, o momento absoluto. O historicismo nega explicitamente que o fim da história chegou, mas implicitamente ele afirma o oposto [...] De acordo com Hegel o momento absoluto é aquele no qual a filosofia, isto é, a busca da sabedoria, transformou-se em sabedoria, ou seja, o momento em que os enigmas fundamentais foram resolvidos (Strauss 1989: 119).

Apliquemos o historicismo ao historicismo: teríamos então explicitado o caráter contraditório do historicismo que isenta a si mesmo de seu próprio diagnóstico. Por isso Nietzsche, o maior crítico do historicismo, destaca o caráter profundamente dogmático da filosofia hegeliana da história. Vale a pena ler seu diagnóstico:

> Essa história, lida hegelianamente foi chamada com escárnio a perambulação de Deus sobre a Terra, Deus este que, entretanto, por seu lado, só é feito pela história. Esse Deus, porém tornou-se, no interior da caixa craniana de Hegel, transparente e inteligível para si mesmo e já galgou os degraus dialéticos possíveis de seu vir-a-ser, até chegar a essa autorrevelação: de tal modo que para Hegel o ponto culminante e o ponto final do processo universal coincidiam em sua própria existência berlinense [...]

> implantou nas gerações fermentadas por ele aquela admiração diante da "potência da história" que praticamente converte todos os instantes em admiração do sucedido e conduz à idolatria do fatual [...] Mas quem aprendeu antes a curvar as costas e inclinar a cabeça diante da "potência da história" acaba por acenar mecanicamente, à chinesa, seu "sim" a toda potência, seja esta um governo ou uma opinião pública, ou uma maioria numérica, e movimenta seus membros precisamente no ritmo em que alguma "potência" puxa os fios. Se todo sucedido contém em si uma necessidade racional, se todo acontecimento é o triunfo do lógico ou da "Ideia" — então, depressa, todos de joelhos...(Niezsche 1983: 68).

Talvez o historicismo de autores como Q. Skinner não chegue até ao ponto de assumir todas as teses de seu ilustre precursor. Mas no mais, ele e Hegel estão perfeitamente de acordo. Na conclusão de Skinner, "não podemos encontrar nos textos clássicos preocupações com nossas questões e respostas, mas apenas com as suas próprias preocupações", pois "simplesmente não há problemas perenes em história da filosofia" (Skinner 1969: 50, nota 4).

Nesta comunicação eu me limitei a indicar — valendo-me do romance de Milosz — o modo como, ao incorporar Tucídides ao *métier* de uma de suas personagens, podemos de alguma forma atestar a persistência de questões do passado no presente. O mesmo certamente poderia ser dito de filósofos como Platão, Aristóteles e tantos outros. Mas Kronos é impiedoso e vejo que meu tempo já se esgotou.

O regime da pólis[14]

É preciso conhecer as coisas antigas não para mudar as novas, mas para usar bem essas últimas (Montesquieu 1979)

Em *As origens do pensamento grego*, J. P. Vernant diz que a razão grega era filha da pólis, esta nova forma de organização social inventada pelos antigos gregos. F. Wolf, refletindo sobre as difíceis relações entre a filosofia e a pólis, recorda que, se esta paternidade era real, não menos o era o fato de a filosofia ter tido um destino edipiano: Sócrates, Platão e Aristóteles 'mataram' a democracia ateniense em suas obras, assim como esta matou Sócrates e perseguiu Anaxágoras, Protágoras e Aristóteles.

Ignoramos os motivos que terão levado o historiador Pires a escolher a obra do de Aristóteles, *A Constituição de Atenas*, em vez, por exemplo, da obra de um Heródoto ou de um Políbio. Entretanto, como leitores brasileiros, já lhe somos gratos, uma vez que boas razões não faltam.

A presente edição em texto bilíngue, grego e português, vem acompanhada de um corpus exuberante de notas, que esclarece o leitor ao preço da fragmentação de sua leitura. Para se ter uma ideia do zelo que Pires dedicou ao texto de Aristóteles, basta dizer que suas notas constituem uma espécie de história paralela à que narra o filósofo, com a vantagem de dispor de uma informação científica cujo rigor lhe permite corrigir eventuais distorções ou imprecisões presentes no texto original. Por exemplo, a propósito de Sólon, adverte-nos que o entendimento 'redutoramente político' de Aristóteles não faz inteira justiça ao poema em que o grande estadista celebra a libertação da escravidão nas terras que os atenienses habitavam (Capítulo 12: 167, nota 1); ou quando o filósofo oferece datas díspares para o mesmo evento: a restauração da democracia posterior ao regime dos Trinta.

Aristóteles construiu sua obra dispondo-a em dois eixos: um, diacrônico, que narra a história de Atenas do final do século VII a.C. até 403 a.C.; outro, sincrônico, onde descreve as instituições e o modo de funcionamento da democracia à época da redação da obra, 325 a.C. Trata-se, portanto, de fonte primária fundamental para a reconstituição da história e das instituições de Atenas, e entende-se que o historiador da Antiguidade dedique ao historiador Aristóteles o melhor de sua atenção.

Não compreenderíamos tão bem as reformas de Clístenes, ninguém menos que o fundador da democracia ateniense, no final do século VI a.C., se nos limitássemos a Heródoto, que não faz referência à introdução das novas trítias Clistenianas (a população da Ática foi dividida em 10 tribos e cada tribo composta de três trítias: uma proveniente do centro, outra do litoral e outra do interior, de modo que cada tribo tivesse uma composição populacional e territorialmente homogênea — esse foi o meio pelo qual ele destruiu o contexto geopolítico tradicional que dava aos Eupátridas um poder equivalente ao dos nossos coronéis). Os Antigos atribuíam a Aristóteles uma coleção de 158 constituições que o filósofo teria estudado como um naturalista devotado à classificação dos seres vivos (*A política*, Livro IV, Cap. 4). Mas se o filósofo fazia obra de historiador — a ponto de um historiador contemporâneo referir-se a ele como 'um aluno medíocre e meticuloso' (sic!) (C. Hignett, *A History of Athenian Constitution*), o interesse de *A Constituição de Atenas* não se esgota nessa disciplina. A começar pelo título, literalmente 'A Politeia dos Atenienses'. Sabemos que Cícero traduziu o grego 'Politeia' por 'República' e que 'Politeia' é o título da grande obra de Platão: desde o título, a obra traz a marca da filosofia. Politeia deriva de 'pólis', geralmente traduzida por 'cidade-estado'.

A pólis compõe-se de diversos elementos e a politeia é a organização desses elementos, dos quais o mais importante é o governo, pois quem governa tende a imprimir sua marca em toda a cidade. Nossa melhor palavra para isto é 'regime'. Politeia é, pois, o regime: assim Platão nomeou seu melhor regime. E a democracia era o regime dos atenienses. Por que então Aristóteles não nomeou sua obra de 'A Democracia dos Atenienses'? Para entender esta preferência temos que recordar a diferença por ele firmada entre politeia e democracia. A *Política* nos informa que há três regimes corretos, aos quais correspondem três formas desviadas:

1. Aristocracia, governo dos virtuosos, ao qual corresponde a forma desviada oligarquia;

2. Monarquia, governo de um só (o melhor), ao qual corresponde a forma desviada tirania; e

3. Politeia, ao qual corresponde a forma desviada democracia.

Qual é então o critério que permite a Aristóteles essa distinção? Trata-se de um critério tão importante que se confunde com o que poderíamos designar — com algum anacronismo — como a legitimidade do Estado: o bem comum. Realmente, a classificação aristotélica dos regimes afirma: quando o governante preside tendo em vista seu interesse próprio e não o bem comum, então temos um governo desviado, seja o governante um só — tirania —, de poucos — oligarquia —, ou de muitos — democracia. Poucos, muitos? Se permanecêssemos nesse nível de abstração, a análise aristotélica não se distinguiria das análises políticas posteriores, dotadas de um complexo e sempre abstrato aparato conceitual. Ao contrário, Aristóteles constitui sua ciência política dialeticamente, isto é, explorando as teses dos adversários de modo a ultrapassá-las sem suprimi-las inteiramente. Por exemplo, no capítulo 15 d'*A Constituição de Atenas*, ele se refere ao debate travado após a restauração da democracia, relativo à dívida contraída pelos oligarcas junto aos lacedemônios em nome de Atenas. Esse evento é transportado para *A política*, onde surge como ponto de partida para uma profunda reflexão sobre a identidade da pólis: "[...] por exemplo, quando se passa de uma oligarquia ou de uma tirania para a democracia, alguns se recusam a cumprir os compromissos contraídos pretextando que não foi a pólis quem se comprometeu, mas o tirano." (Livro III, cap. 3).

Daí a importância do conceito de regime (politeia). Mas só identificamos o regime quando sabemos ao certo quem governa. Assim, na oligarquia não são os poucos (*oligoi*) que governam, mas os ricos e na democracia não são os muitos (*demos*), mas os pobres — que em toda sociedade a maioria seja pobre e a minoria rica, é um acidente. Pobres, ricos, eis pois as substâncias que os nomes eufemizam. Um regime oligárquico não pode ser tido como justo ou legítimo, já que governa apenas no interesse dos ricos. Inversamente, um regime democrático, na medida em que espolia os bens dos ricos tampouco o é: ambos são formas regressivas de despotismo, isto é, de privatização do bem comum.

Ora, a pólis é "por natureza uma pluralidade" (A *Política*, Livro II, 1261), comunidade onde convivem ricos, pobres, virtuosos e outros. Ou seja, todos os cidadãos de Atenas, os 'atenienses' a que se refere o título da presente edição — o que indica que, em se tratando de filosofia, há casos em que uma tradução literal é preferível. Por isso, Aristóteles prefere 'politeia' à democracia, já que esse conceito acarreta uma redução, atual ou potencial, do caráter universal do governo. Designando-a com o título de *A Constituição dos Atenienses*, Aristóteles circunscreve desde logo a questão política tal como a vê a filosofia: o regime legítimo é aquele que menos exclui e que resulta da combinação vantajosa das formas dominantes: oligarquia e democracia. Nesta obra, vemo-lo fazendo da história uma matéria-prima bruta de onde extrairá os belos pratos com que nos brindará n'*A política*.

O texto que o professor Murari Pires apresenta nos transporta para o nascedouro dessa forma de governo dita Constituição Mista, forma que foi prolongada por Políbio e que se firmou no Ocidente como tradição constitucionalista, onde o governo se compõe de instituições distintas e equilibradas, operando por consentimento dos governados e sob o império da lei.

No momento em que, com o fim da 'era das tiranias', redescobrimos as virtudes do pluralismo político, nada mais oportuno que a presente edição da obra do filósofo da prudência, que soube, como poucos, extrair de sua experiência as lições para uma vida política civilizada.

Ambivalências da fundação[15]

O, it is excellent to have a giant's strength;
but it is tyrannous to use it like a giant (Shakespeare 1999)

Bons livros começam com bons títulos: é o caso desta obra de Bignotto. Cidade aqui remete ao grego pólis, e pólis vista teoricamente como o lugar da vida civilizada, isto é, nem a vida tribal tacanha, nem o império descomunal e bárbaro. Não exatamente o lugar físico da habitação, mas esse nicho cravado no cosmos onde o homem, a partir do Mediterrâneo, definiu o *modus vivendi* ocidental. O título associa-a a obras como *The city and man* de Leo Strauss e *La cité de l'homme* de Pierre Manent. E por fim indica que a perspectiva do autor não é historicista — ainda somos tributários desta invenção grega — e, portanto, muito menos filiada à praga desconstrucionista que devasta sem reflorestar. E como não se propõe a fazer a história da tirania na Grécia, mas uma reflexão sobre as relações do tirano com a invenção da pólis, é obra que se inscreve naquele domínio que Aristóteles batizou de Filosofia Política (*A política*, L. III, 1282b). Essa é talvez a melhor das surpresas desta obra, reatar com a tradição da disciplina aristotélica que pensávamos estar definitivamente enterrada sob os quatro séculos de críticas dos modernos. O autor pede-nos que o acompanhemos a um mundo pré-moderno! Não é pedir demais? Se fôssemos ouvir os filósofos modernos, parece que sim. Por exemplo, Maquiavel: "como é meu intento escrever coisa útil [...] pareceu-me mais conveniente procurar a verdade pelo efeito das coisas, do que pelo que delas se possa imaginar". Ou T. Hobbes, sempre contrário aos "antigos filósofos morais"; ou F. Bacon: "somos muito gratos a Maquiavel e outros que nos ensinaram a estudar o homem como ele é e não como deve ser"; ou Espinosa: "os filósofos [...] concebem os homens efetivamente, não tais como são, mas como eles próprios gostariam que fossem [...] devendo a política, tal como a concebem, ser tomada por quimera, ou como respeitando o domínio da utopia"; ou Marx, que caracterizava as reflexões de seus antecessores como "Politischer... Nonsens"; ou Nietzsche, para quem "a influência de Sócrates até hoje, e inclusive por todo o porvir afora, se alargou sobre a posteridade, qual uma sombra"; ou Heidegger, solidário a Nietzsche ao condenar toda a filosofia pós-platônica como "esquecimento do ser". Mais próximo de nós, há alguns anos G. Lebrun pedia, em artigo no *Jornal da Tarde*, "Para acabar com a cidade grega" e, por fim, o atual Magnífico Reitor da Universidade de São Paulo assumindo o destempero de um colega seu proclama: "Chega... de Aristóteles!" (Lebrun, 1988; Marcovitch, 1999). Convenhamos, parece complô... Mas vamos ao livro.

De início, o autor nos leva das paisagens aurorais do mundo grego até o nascimento da pólis, ou melhor, dessa que foi talvez a maior invenção do gênio grego: a política. Bignotto não nos leva a um périplo pelas origens da democracia: vai tomar o outro lado dessa via, menos ensolarado, pois, como sabemos, a Grécia viu nascer simultaneamente a democracia e a tirania.

Historiadores como Vemant e Vidal Naquet demonstraram o quanto o nascimento da democracia representou de ruptura em relação à tradição, pondo em relevo, notadamente, o conceito de laicização. Reconduzindo-nos a esse momento inaugural, o autor põe em foco esse regime gêmeo, a tirania, que nasce como resultado do trauma provocado pela ruptura com a autoridade do basileus e da aristocracia do mundo homérico. Momento raro e grave, em que os fios com o passado seccionam-se e em que as novas possibilidades de vida se oferecem de chofre a uma inteligência ainda tateante e como que embriagada com sua fresca liberdade. Momento demiúrgico, em que é preciso transformar aspirações difusas em leis, instituindo assim "novos modos e ordens", hora de crise e de personagens excepcionais: demiurgos, poetas, profetas, legisladores e... tiranos. Momento desejado e temido da fundação, para o melhor e para o pior, conforme veremos em Platão.

Na Grécia, mostra-nos Bignotto, o primeiro a viver esse drama foi Sólon que "reconhecendo o absurdo da condição anterior [...] expõe o corpo social a si mesmo" (p. 31). Dele diz bem Aristóteles "que preferiu a honra e a salvação do Estado à própria grandeza, ele que poderia submeter a todos a sua autoridade e se transformar em tirano de Atenas" (p. 27). Verdadeiro *founding father*, Sólon "soube detectar o perigo contido num poder que se distancia ao extremo da cidade, à medida que identifica a lei com a vontade do governante" (p. 35).

Um século depois de Sólon, século marcado pelas primeiras tiranias (561 a.C.), Heródoto já enuncia com todas as letras o conceito de tirania como Sólon o esboçara:

> Um tirano [...] tem inveja da maneira de conduzir-se e viver dos homens de bem, e se compraz com os piores de todos os cidadãos [...] é o mais inconsequente de todos os homens [...] fica transtornado por não ser adulado servilmente [...] Mas ainda vou dizer o maior de seus defeitos: ele subverte os costumes ancestrais, violenta as mulheres e condena as pessoas à morte sem mandar julgá-las (p. 38).

Com Sólon e Heródoto já dispomos de um saber preliminar sobre esse momento de crise em que o homem, rompendo com o ancestral, pode se transformar num deus ou numa besta; nas palavras de Bignotto "estamos diante de uma página importante da história [...] em que se acha terminada a invenção do tirano" (p. 39).

É admirável como, nos três capítulos seguintes — *O tirano*

trágico, *O tirano clássico* e *A educação do tirano* — o autor nos expõe a variedade e a consistência da reflexão grega sobre a liberdade e a tirania como uma dualidade inscrita na fundação. Seu capítulo sobre a tragédia — cuja originalidade é preciso sublinhar — deixa-nos a impressão de que poucas vezes um gênero artístico terá sido tão significativo para o povo que o viu nascer.

> As tragédias foram o meio privilegiado de que se serviram os atenienses para dar plena expressão às dúvidas e conflitos que os atemorizavam e estimulavam na busca de uma nova compreensão dos limites da extraordinária experiência política que viviam (p. 55).

Suas análises de Hemon e de Creonte, destacando este último como personagem ameaçador, não apenas à religiosidade, mas sobretudo porque "revela aos cidadãos os limites de sua condição de inventores da lei" (p. 72), são contribuições para ficar. Não menos notável é a análise do Édipo-tirano, peça onde os cidadãos podiam ver em Édipo as ambiguidades da própria política ateniense: "Muito alto em direção ao zênite, esse homem lançou sua flecha, ele era mestre de uma felicidade sem sombras" (p. 81), Édipo, que por querer ultrapassar a condição humana mais se aproxima do bestial.

> O que a tragédia faz, e que amedronta a orgulhosa Atenas, diz o autor, é mostrar que a experiência da tirania, representada como a explosão dos limites do humano [...], é parte constituinte da cidade, está inscrita em suas possibilidades (p. 83).

O exame da tragédia permite ao autor formular a primeira versão de sua tese: "A tirania de Édipo é, pois, o oposto simétrico [da] democracia [...] Ela fornece a imagem de um ideal negativo" (p. 83). A simplicidade lapidar dos versos de Sófocles resume a lição trágica: "Uma cidade feita por um só não existe" (p. 67).

Mas é em Platão que encontraremos as reflexões definitivas sobre a questão da fundação e da tirania, reflexões complementadas solidariamente por Aristóteles. Como Bignotto sabe corresponder a essas reflexões seu terceiro capítulo é o ponto alto do livro. Aqui, nada de concessões, nem aos sofistas, cuja teoria não "permite uma verdadeira formulação do problema do mal" (p. 95), nem às oposições apressadas do tipo: Platão-idealista, Aristóteles empirista, "perfeito absurdo" (p. 149). Como não é possível, aqui, sequer dar uma ideia da riqueza de suas análises d'*A república*, d'*O político* e d'*As leis*, de Platão, e d'*A política* de Aristóteles, vou me limitar a destacar a articulação dos dois temas referentes à fundação, à tirania e ao legislador, porventura os de maior relevo na obra em apreço.

Inventores da política, os gregos se viram no IV século a.C. às voltas com a questão inadiável de sua fundamentação teórica. Essa questão os filósofos a trataram — e aqui nosso autor segue L. Strauss (p. 155) — ancorando-a no tema superior do melhor regime, para cuja obtenção o que "importa é o processo de formação dos homens (paideia)" (p. 156). Bignotto apreende aqui, talvez, a diferença essencial que distingue a filosofia política clássica da moderna (com a possível exceção de Rousseau). Ao contrário dos Antigos, que jamais desvincularam a *paideia* — termo que Cícero e Varrão traduzem por *humanitas*, e cuja forma mais alta é a razão filosófica — de seus projetos políticos, os Modernos pensaram chegar aos mesmos resultados tomando o homem como ele é, sem exigências (entenda-se, como ser passional), confiando apenas em que as instituições corretas emancipariam as paixões conduzindo-as à paz e ao ideal da *commodious living* com o auxílio da ciência. Esse dilema — que os Modernos pensaram através da oposição realismo/utopia foi vivido na Grécia pela oposição entre convenção (sofistas) e natureza (Platão e Aristóteles). Se a política — a justiça, o direito — nada mais era do que a reunião dos meios convencionais para se obter vantagens sobre os outros, então transformava-se numa arte das aparências: "parecer justo sem sê-lo"; ou pior, numa mera prova de forças. Mas a filosofia clássica negava que ela fosse uma mera arte (artificial). Ao contrário, sendo o homem um animal político, a política está inscrita na natureza: é, pois, algo substantivo, o direito é literalmente natural. Não obstante, Estados não nascem prontos: é preciso a intervenção humana para formá-los: daí o tema clássico do legislador, o fundador de Estados. É o que vemos Platão fazendo de modo voluntariamente abusivo n'*A república* e mais moderada ou "realisticamente" n'*As leis*, e Aristóteles n'*A política* (L. VII e VIII). Em suma, a tarefa que Sólon viveu parcialmente, Platão e Aristóteles viveram e pensaram plenamente, sem abandonar a *humanitas*, isto é, sem, por exemplo, (des)caracterizar o homem como lupino.

Fundar países? Nós que assistimos à fundação de Brasília — "apenas" uma capital — podemos imaginar a dimensão da tarefa. Bignotto chama a atenção para o caráter singular deste momento: "Os atenienses recorreram com frequência à ideia de que seu passado estava ligado à história dos deuses, e não à dos outros homens" vinculando "a cidade diretamente a uma deusa" (p. 104). Trata-se, talvez, do momento mais dramático, porque o de maior transparência na vida de um povo. Como assinala Montaigne: "as leis se mantêm em crédito, não porque são justas, mas porque são leis. É o fundamento místico de sua autoridade; não têm outro" (Villey 1961: 1072 — Meu agradecimento ao amigo Sérgio Cardoso, pela localização desse importante texto). Ou alguns séculos depois o federalista A. Hamilton, num momento capital da história moderna:

> Estava reservado à América resolver essa importante questão; se os homens são capazes de se dar um bom governo por própria reflexão e escolha, ou se a Providência os condenou a receberem eternamente a sua constituição política, da força ou do acaso [...] verdadeira desgraça seria, para todo o gênero humano, se a escolha que fizéssemos não fosse boa.

O final sombrio ecoa preocupações que já tinham sido as de Platão. "A arte da fundação, diz Bignotto, revela a grandeza da filosofia e seus riscos" (p. 106). É hora de o filósofo tomar o lugar do poeta ou do profeta (lembremos que no mundo judaico--cristão-islâmico a fundação esteve desde o início assegurada pela Revelação). Mas "se a filosofia deve abandonar o mito, nem por isso pode desconhecer os problemas que resolve" (p. 108) e entre estes está o da possibilidade do fracasso. Com isto voltamos em cheio ao tema de Bignotto, pois como não se cansaram de advertir os gregos "lá onde [...] fracassam os grandes fundadores [...] nascem os tiranos" (p. 109). A tarefa da filosofia será a de delimitar o domínio próprio da política, por oposição ao reino da violência. Não que política e violência sejam termos mutuamente excludentes — Platão não é tão sonhador. Mas então, como nota o autor em um momento capital de sua tese, o fundador se aproxima perigosamente do tirano. Com efeito, pergunta: "Como distinguir a violência exercida em nome da verdade daquela exercida em nome de pequenos interesses, mas que faz apelo precisamente à verdade e ao absoluto?" (p. 113). De fato, diz o autor, para os clássicos, a tirania não é um regime. É, isto sim,

> o negativo perfeito do regime ideal [...] [e, portanto, um]parâmetro negativo regulador da vida na cidade na medida em que aponta para a última fronteira do humano antes do reino da pura violência, assim como o regime ideal aponta para as fronteiras da vida humana nos limites superiores do divino (p. 114).

Ao enunciar essa tese em toda sua plenitude, Bignotto põe fim à persistente tentativa que se tem feito, a partir de Nietzsche e do liberalismo, de associar Platão ao totalitarismo. Com essa precisa análise da psicologia platônica, ele nos mostra que os Clássicos não desconheciam os componentes teratológicos da alma humana, sempre pronta a instaurar a barbárie.

Nosso século assistiu às hecatombes soviética e nazista e é testemunha diária de tentativas de "destruição do espaço público". Longe, pois, de descartar uma reflexão filosófica (da qual a obra a que ora nos referimos é exemplo) que demonstre a possibilidade sempre presente dessa destruição, o que se impõe é, ao contrário, o reforço dos elos que ligam a reflexão política atual a suas origens clássicas. Como diz Leo Strauss, somente quando temos em mente o indissolúvel elo entre sabedoria e moderação é que nos protegemos contra esses dois perigos gêmeos: de um lado, a busca da política como meio para a realização de esperanças visionárias; de outro, a tentação de desprezá-la, justamente porque ela não se presta à realização de tais esperanças.

Platão no velho oeste: a nobre mentira[16]

Platão no velho oeste?! A ideia que pretendemos desenvolver neste ensaio é simples. Numa entrevista do diretor do filme John Ford a Peter Bogdanovich, este último lhe pergunta se ele concorda com a afirmação da personagem do jornalista no filme, segundo a qual quando a lenda se torna um fato, imprima-se a lenda. Ford responde: "Sim — porque penso que é bom para o país. Temos muita gente que supostamente eram grandes heróis, e você sabe muito bem que eles não eram. Mas é bom para o país ter heróis a quem admirar" (Bogdanovich 1978: 86). De certo modo esta é a mesma tese que, *mutatis mutandis*, Sócrates, o criador da cidade justa de *A república*, defende naquela obra (sobre a nobre mentira: *A república*, L. III, 414b-415c). Segundo Franklin, "Nós retornamos, até a história antiga para encontrar modelos de governo, e examinamos as diferentes formas assumidas por estas repúblicas" (Franklin apud Delatte 1948: 4). Tanto o filósofo quanto o diretor parecem concordar sobre a oportunidade de tirar partido de nobres mentiras, da retórica ou da força das imagens, em suma do exoterismo, que podem ser prestativas do ponto de vista político.

Da retórica ou da força das imagens - Resumo

O filme se inicia e termina com a locomotiva chegando a Shinbone e dali partindo, respectivamente, trazendo e levando o casal Ranse — o senador e sua esposa Hallie. É ali que se passa a história que será narrada pelo senador. Shinbone foi outrora uma aldeia no oeste 'semisselvagem', e hoje é uma florescente e civilizada cidade. Somos levados, juntamente com o casal, a um velório onde, graças à narrativa que o hoje famoso senador faz aos jornalistas, conheceremos a história de Shinbone, que é também a história do casal, do bandido Liberty Valance e do herói Tom Doniphon, cujo corpo está sendo velado: saberemos então como se deu esta transformação de Shinbone, como ela ingressou na civilização.

Vemos, em retrospecto, a chegada a Shinbone do então jovem advogado Ranse. A diligência em que viaja é assaltada por Liberty Valance e seus comparsas que espancam impiedosamente o advogado. Este é posteriormente transportado e tratado na pensão de Hallie e lá fica se recuperando, enquanto pensa sobre como prender e enquadrar o bandido na lei. Nasce aí o conflito entre ambos, que só poderá ser resolvido à margem da lei, haja vista que a aldeia ainda não possui o aparato necessário para fazer justiça de modo apropriado. Começa também a nascer aí uma relação de rivalidade entre Ranse e Tom pelo amor de Hallie. Tom adverte o bem-intencionado advogado, de que para prender Liberty Valance terá que trocar os livros pelo revólver. O advogado bem que tenta aprender essa arte, mas falha. Enquanto vai se recuperando do espancamento cria uma escola, onde ensina a história e a teoria política da jovem república norte-americana.

Segue-se então o momento culminante, em que duelam o advogado e Liberty Valance, e onde, fatalmente, aquele deverá morrer. Mas a surpresa, cuja verdade só será revelada posteriormente, é que Tom intervém, à socapa, e mata o bandido. O assassino permanece oculto deixando assim que se produza a fama de vitorioso do advogado.

Livre do banditismo que protegia os latifundiários, contrária à transformação do território de Shinbone em estado, reúne-se a Convenção Democrática na qual Rance é eleito deputado. Nesse momento, acusado de ter feito justiça com as próprias mãos, Ranse hesita e só se decide a aceitar o cargo quando Tom lhe revela a verdade: foi Tom quem matou Liberty Valance. Livre da culpa, o deputado então segue carreira e a região consegue o reconhecimento da Federação, podendo assim se civilizar.

Como se esperava, Hallie casa-se com Ranse e Tom, abandonado e amargurado, perde tudo.

Ao final da narrativa, os jornalistas preferem a versão mítica à verdadeira e vemos o casal retornar a Washington, não sem antes anunciar sua intenção de voltar a viver em Shinbone, onde estão "as raízes e o coração" de Hallie.

Observações gerais

A cena se passa em Shinbone, uma aldeia afastada dos centros urbanos da civilização nos recém-fundados Estados Unidos (depois de Lincoln, provavelmente em torno de 1870) — é o *wilderness*, 'Selva e Deserto' ou Sertão — onde vigora a lei do mais forte e onde, como na Roma antiga (Incitatus, cavalo que Calígula quis nomear cônsul), cavalos entram em assembleias e 'homens se matam por um bife'.

Ranse, jovem advogado de caráter firme e boas intenções, viaja para lá seguindo o conselho de Horace Greeley (grande jornalista, fundador do New Yorker; era simpático ao socialismo, era Lincolniano, contratou Karl Marx como correspondente e chegou a concorrer para presidente), e é assaltado e surrado por Liberty Valence no caminho — e procurará então prendê-lo e processá-lo legalmente. Na cena em que o bandido agride a dama, que viaja em sua companhia, o advogado pergunta, indignado:

> "Que tipo de homem você é?"
>
> O bandido o espanca e retruca:
>
> "E você, que tipo de homem você é?", e acrescenta que vai lhe ensinar a lei do oeste.

Esse diálogo enuncia o tema — Hobbesiano — mais geral do filme: há duas leis, a civilizada (Estado civil) e a do oeste (Estado natural): qual a verdadeira, qual devemos seguir, qual a melhor ordem política? Elas são opostas, mas haverá compatibilidade entre ambas? Todas essas questões remetem à questão filosófica implícita: O que é a natureza humana?

Tema por excelência da filosofia política (disciplina que mescla filosofia propriamente dita e poesia como arte de autoconhecimento; o poeta ensina o filósofo a se conhecer a si mesmo).

Thomas Hobbes

O filme mostra o trânsito entre dois estados da humanidade; mas começa, não como na filosofia moderna, pela passagem do Estado natural ao civil, mas pela passagem inversa: faremos uma descida do Estado civil para o Estado natural, onde predomina a violência e vale a lei do mais forte.

Tom Doniphon é a contrapartida em positivo do facínora Liberty Valence: tão violento quanto, mas para o bem (o advogado lhe diz isto, logo no inicio, quando é socorrido na casa da heroína): encarnará a violência 'autorizada' como a de um Leviatã na ausência da lei e da ordem, do Estado.

'Raízes' contra 'Iluminismo'

Parece claro que as simpatias de Ford vão para o herói local que perde tudo (no cartaz, J. Wayne-Tom aparece em primeiro plano, e atrás, J. Stewart-Ranse). Para entender como se forma essa simpatia é preciso descobrir e resolver duas coisas, o motor dramático e o enigma do filme:

J. Ford apresenta, por assim dizer, dois 'mocinhos' — devemos, portanto, admirar ambos — mas faz que sintamos intensa simpatia pelo herói perdedor; como consegue isso? Esse é o motor dramático. E será através dele que nos fará enxergar uma importante verdade, geralmente oculta, sobre a vida civilizada e sobre seus limites — esse o enigma. Se isso está correto, nossa civilização parece ser fruto de um sábio processo de platonização.

Nosso propósito será o de compreender como e por que essa

verdade permanece, e talvez deva permanecer sempre, normalmente oculta. A condição para isso é, primeiramente, compreender como funciona o motor dramático acima referido: porque J. Ford nos leva a simpatizar com o herói perdedor?

O filme mostra um processo através do qual, quanto mais Doniphon perde em bens frugíferos — casa, lar, mulher amada, família, integração e reconhecimento social — mais ganha em dignidade e heroísmo (a história é narrada pelo principal beneficiário de seu heroísmo o senador/advogado, sendo, portanto, insuspeita), até se tornar um 'fracassado' e marginalizado.

Com a chegada de Ranse, o herói Prometeico civilizador, nada mais será como antes em Shinbone, que deixará de ser uma vila rústica, onde a vida se pauta pela etnicidade orgânica (Sittlichkeit, Hegel) dos costumes locais, espontaneamente constituídos, 'ingênuos' — para se tornar 'civilizada', passando de Território a Estado, com direito a representação política na capital federal. Mas essa conquista não se faz sem perdas: em especial, os aspectos pitorescos e encantadores da vida aldeã desaparecerão juntamente com os mais rudes.

Aí o paradoxo: o preço da civilização seria a destruição dos valores? Esta seria uma equação difícil de aceitar, porque a civilização é justamente o contrário: a implantação de valores.

Qual a solução?

O filme sugere esses dois estados por uma metáfora: a oposição entre a flor natural do cacto e a rosa (esta mencionada apenas pelo advogado, na parte inicial do filme, quando a heroína recebe a flor de cacto de Tom, como sinal de seu amor — "Mas você nunca viu uma rosa?", pergunta surpreso o advogado.); rosa, flor particularmente apta ao cultivo como objeto de processos de hibridação: neste sentido, flor quase 'artificial': o título metafórico do filme bem poderia ser: o cacto e a rosa.

O advogado encarna o herói civilizador, Prometeico (na mitologia grega é o responsável por levar aos homens a técnica sem a qual não sobreviveriam: dá-lhes o fogo: passamos do cru — omofagia — ao cozido): representa, portanto, as luzes, o Iluminismo.

Teríamos então dois heróis no filme: o primitivo, elementar ou fundamental — Tom, condição do sucesso do advogado e, nesse sentido, o responsável primário pela sua sobrevivência e consequentemente pela incorporação de Shinbone à civilização.

E o posterior, o portador, propriamente dito, das Luzes, das leis, o advogado.

O filme estabelece uma balança com um delicado equilíbrio entre ambos, tendo como fiel, ou mediadora, a heroína.

Eros

Entre ambos, Eros, ou melhor, entre o três, Tom, Ranse e Hallie, fazendo a mediação e criando a 'dialética' mínima necessária para a instalação da civilização.

A heroína: é a mediadora, centro de Eros, que vai fazer convergir as competências necessárias — mas opostas — dos dois heróis, para fundar a vida civilizada.

Competências que, a permanecerem separadas, sem as obras de Eros, ficarão estéreis, sem o poder de criar o novo estágio da vida. A heroína é, portanto, o ponto de intersecção que tem o potencial e a força efetiva para unir a inteligência Ilustrada e legal, porém fria e desarmada, 'tender' segundo Tom, (luz sem calor) do advogado — lei e ordem — e a destreza e força físicas, porém cega (sem luz=saber) do cowboy: unidos eles adquirem o poder napoleônico de disseminar e criar a Modernidade civilizada.

Aristóteles

Não fosse por esta dialética erótica, teríamos o seguinte quadro hipotético:

1. O advogado morreria no duelo com Liberty Valence;
2. Tom poderia se casar com a heroína e formar sua família.

Mas permaneceríamos no plano inferior da vida doméstica pré-pólis, não teríamos literalmente o Estado.

Entre marido e mulher a amizade parece existir por natureza, pois a espécie humana se inclina naturalmente a formar casais — mais do que a formar cidades, já que a família é anterior à cidade e mais necessária do que esta (*Ética a Nicômaco*, L. VIII, 1262a).

A família é primeira na ordem cronológica, e o Estado, na ordem lógica.

Política

Todo o filme pode ser visto como uma aula dramatizada sobre política, ou melhor, sobre filosofia política, se assim a definirmos como uma ciência tendo como objeto as coisas políticas: a fundação da comunidade política, os deveres e direitos de seus membros, os fins e meios de sua ação, guerra e paz internamente e em relação com outras comunidades.

Note-se que o advogado é professor não apenas de alfabetização, mas de política, ou melhor: ensina aos aldeões o que é o seu país, os Estados Unidos e que eles são cidadãos de uma República — ou como se tornam cidadãos pelo voto: na lousa da sala de aula está escrito: "A educação é a base da lei e da ordem", frase de T. Jefferson.

Cenas extraordinárias de pedagogia política:

- A imigrante dizendo que os Estados Unidos são uma forma de governo republicana onde o poder reside no povo, isto é, "em nós"!

- O negro Pompey recitando o início da Declaração de Independência: "We hold these truths to be self-evident, that all men are created equal, that they are endowed by their Creator with certain unalienable Rights, that among these are Life, Liberty, and the pursuit of Happiness" ("Temos esses direitos como evidentes, que todos os homens foram criados iguais, que eles são dotados por seu Criador de certos direitos inalienáveis, dentre os quais estão a vida, a liberdade e a busca da felicidade"), e esquecendo-se do trecho que fala que todos foram criados iguais; ao que o professor observa: "Não faz mal, muita gente esquece essa parte"; ao fundo da sala o retrato de G. Washington, um dos pais fundadores da nação, ao lado o de A. Lincoln, o refundador da República.

O professor faz o papel de filósofo/rei ou de legislador/profeta, se me permitem associação com Platão e com Maimônides: o que dá leis e, portanto, cria realmente a comunidade a partir do saber — Luzes (é literalmente, um Phôsphoros).

Cena significativa a esse respeito é a da eleição para deputados ao Congresso, com a consequente transformação de Shinbone, de mero Território em Estado da Federação.

Destaque da forma democrática da eleição, isto é, o voto livre.

(NB: apenas o negro Pompey não entra no recinto de voto, pois é negro, recém- alforriado: nos Estados Unidos, os negros só votarão realmente a partir da campanha dos 'civil rights' nos anos sessenta ("I tremble for my country when I think that God is Just" ("Tremo por meu país quando penso que Deus é justo" — lamentava T. Jefferson).

Detalhe importante: a eleição se faz no bar e o jornalista, que teima em beber durante o processo, é ríspido e seguidamente reprimido por Tom Doniphon: na democracia não se bebe por ocasião das eleições. O jornalista insiste, argumentando que "impedir a classe trabalhadora de beber é levar muito longe a democracia"; mas Tom é inflexível! Vemos o quanto o conteúdo da democracia depende do processo, da forma: não combina com 'jeitinho'. (A juíza do TRE Jacqueline Lima Montenegro afirmou por ocasião dos debates sobre a lei da ficha limpa: "Não é possível mais aceitar que um pretendente a candidato apresente a este tribunal e, consequentemente a toda a população, uma certidão repleta de anotações criminais sem qualquer preocupação com esclarecimentos e nós, simplesmente, lançando mão impropriamente do princípio de não culpabilidade, que não se aplica, abrirmos as portas a essas pessoas para que se apresentem ao eleitor como dignas de representá-los, com a chancela do TRE." Jornal *O Estado de S. Paulo*, 24/8/06, A11).

Já é hora de retomar o que dissemos acima sobre os dois heróis do filme: o cowboy e o advogado, pois aqui encontramos o grande tema tratado na obra, que é a passagem da vida natural à vida civil ou, à vida política propriamente dita.

Esse tema pode ser sintetizado na associação entre as cenas iniciais e finais do filme. De fato, o filme se abre sob a imagem impactante da locomotiva, portanto sob o signo da modernidade em sua última expressão: o poder admirável, construtor ou devastador, fáustico, da tecnologia, graças ao qual J. Ford sublinha o contraste óbvio entre os dois meios de transporte — a diligência no passado, e a locomotiva no presente; a diligência está para a locomotiva assim como o território para a democracia, ou como o habitat pré-político está para o político — ou seja, a potência da locomotiva ilustra a potência do novo regime político, a democracia, capaz de, como a máquina a vapor, domar a natureza bruta como queriam os fundadores da filosofia moderna, F. Bacon e R. Descartes. O novo *motto* do Iluminismo é: ciência + democracia. Lembrando Lenin: "o comunismo são os sovietes mais a eletricidade".

A locomotiva leva a uma Shinbone já modernizada, onde as personagens do herói e da heroína vão encontrar o outro herói: Tom Doniphon. O estado em que este se encontra revela o propósito da longa viagem, que trouxe de volta ao oeste o agora cosmopolita senador (três vezes governador e ex-embaixador na corte de St. James): o casal vem assistir às exéquias do herói. Que será velado de forma *sui generis*: em torno do caixão rústico o senador narrará as proezas do herói anônimo morto, a quem ele mesmo e a própria cidade tanto devem: aliás, o propósito da narrativa é justamente esse, louvar a glória imortal do falecido, e assim revelar à cidade — aos jornalistas, aos historiadores — sua genealogia.

A cena final reequilibra o quadro fúnebre inicial. De fato, o faz com extraordinária economia de meios: a simples colocação de um vaso de flor de cacto sobre a tampa do caixão. Homenagem singela, mas tão significativa para a heroína, e que não escapou à observação do marido. O frescor da flor, que simboliza o ciclo imortal da natureza, simboliza também o valor perene dos feitos do herói e do sentimento de Hallie.

Em suma, teríamos nessas duas cenas, a da locomotiva e a do caixão, a síntese do filme. Dito de forma grosseira, elas resumem as benesses da modernização e seu custo: justamente a dominação e a supressão da natureza em seus aspectos mais elementares e 'ingênuos'.

Mas precisamos ir além, se quisermos decifrar o enigma que é o tema central da obra e que comporta uma grande lição de filosofia política.

Aqui o tema das 'raízes', mencionado acima, pode nos ajudar a compreender o que está implícito nessa supressão da natureza e em seus custos, ou seja, a compreender a tragédia do herói natural, étnico.

Isso pode ser dito de modo brutal: a modernização — e o que visamos nesse conceito não é apenas a sua face técnica, mas a introdução da política moderna na vida da comunidade cultura/civilização (cultura da razão versus cultura do sangue e da terra) — a modernização parece querer tornar como que obsoleta a força natural/espontânea e as habilidades do herói solitário.

De fato, no novo mundo da democracia recém-criado pelos *founding fathers* os *ballots* substituem as *bullets*, os votos substituem as balas, a razão substitui a violência, a força coletiva do eleitorado se sobrepõe à força heróica do indivíduo isolado. A força do coletivo substituirá a do medroso, mas humano, xerife — o Estado/Leviatã substituirá o herói espontâneo.

Lembremo-nos da cena em que os dois heróis se enfrentam verbalmente e em que Tom diz ao advogado em tom Hobbesiano: "Sei que a lei é tudo para você, mas aqui no Oeste cada um resolve seus próprios problemas." Ao que Ranse retruca: "Você fala como

Liberty Valence."

Eis a dimensão 'ingênua', da natureza à qual nos referimos: Ranse tem razão, pois paradoxalmente no plano natural Tom, o mocinho, herói anônimo, e Liberty Valence, o bandido, são como irmãos gêmeos, e neste sentido são totalmente interdependentes.

Aqui está então a tragédia de Tom: ao cumprir seu desígnio, seu 'destino' natural, que consiste em suprimir o mal encarnado na figura de Liberty Valance, ele salva primeiramente o advogado, e, juntamente com ele, os novos tempos, a democracia, assegurando assim à comunidade natural o ingresso à esfera mais elevada da política/civilização. Entretanto, este seu gesto — aparentemente motivado por seu amor incondicional por Hallie ou pelo fato de ele ser realmente um magnânimo segundo Aristóteles — por um lado tão fértil, abriga uma dimensão letal para si próprio: de fato, ao matar Liberty Valance, ele mesmo assina sua sentença de morte, morte, por ora, metafórica, mas não menos nefasta: Tom morre para o futuro de uma vida familiar e social em companhia da amada (incendeia o que seria seu futuro lar). Se a natureza é a guerra geral — o negativo —, então é preciso negar o negativo: eis o primeiro passo da dialética que suprimirá Tom, juntamente com a supressão da natureza (Estado Natural).

Dialética

Os heróis pertencem a 'mundos' distintos: um, a natureza, o outro, a civilização. Para conseguir entrar para o novo mundo eles deverão doar o que têm de melhor e abandonar o que têm de pior. Assim se estabelece entre eles uma troca: Ranse troca a vida urbana pela selvagem do Oeste, que vai civilizar como vencedor, e Tom faz o inverso, perdendo para sempre seu mundo — é o perdedor.

Mas as coisas não são tão simples. De fato, apresentam-se ambos como presos, incomunicáveis, em seus mundos estanques e distintos, que lhes impõem alternativas incompatíveis e inassimiláveis no plano pessoal: assim é que não conseguirão realmente incorporar o que é do outro. O percurso de Ranse é nesse aspecto exemplar: transposto no *wilderness*, ele quase perde sua identidade, inclusive masculina: seu primeiro encontro com Liberty Valance lhe é tão devastador que não só o priva momentaneamente de sua profissão — livro de leis rasgado —, como o faz aproximar-se perigosamente do universo feminino, passando a usar avental e caindo vítima da zombaria dos rivais naturais — que aqui muito se aproximam! — Tom e Liberty Valance, que o chamam respectivamente de 'ladie's man' e de 'waitress' (a vida civilizada é feminina, por contraste com a dureza da virilidade do mundo natural: a própria Hallie lhe diz num repente: "Olhe para si mesmo, que bem lhe trouxe saber ler!"); ele tentará em vão se tornar um atirador.

Inversamente, o exímio atirador Tom é incapaz de penetrar no mundo do advogado. Seus mundos são estanques e assim permaneceriam, não fosse a mediação trazida por Hallie.

Os heróis trágicos

Já vimos a tragédia de Tom. Vejamos, para concluir, a de Ranse.

Seu destino é paradoxal, pois sua 'tragédia' é muito diferente da de Tom, que perde seu futuro ou a própria vida civil.

Digamos: a tragédia de Ranse é algo como uma tragédia da consciência. Ranse, ao contrário de Tom, ganha a vida civilizada, fáustica, tecnológica, científica, democrática, em suma: ele é o portador inabalável e convicto, na pureza e beleza de suas intenções, das Luzes, da Razão, do Bem, da Verdade, seus valores maiores. Mas aí reside precisamente sua tragédia: pois esse herói da verdade tem que conviver para sempre com uma mentira que colou irrevogavelmente em seu próprio ser, por uma razão óbvia: ele não é 'o homem que matou Liberty Valance'!

Eis a bomba que J. Ford faz explodir, como que silenciosamente, no filme: este outro herói é falso, ou comporta algo de falso, um simulacro! E, no entanto, sem ele... Aqui está o centro do nervo dramático do filme.

Mas o que é curioso é que isso não é novidade: sempre soubemos que Ranse não foi o matador. Mas então o que é que permanece obscuro nessa história? Qual é afinal o enigma que ela resolve?

Se colocarmos a obra e o tema Iluminismo versus Contrailuminismo, no quadro Nietzscheano da oposição apolíneo/dionisíaco, poderemos talvez ver melhor esse ponto: Tom representa o dionisíaco, as forças da terra, das raízes, do instinto, da vida rude, incondicional e injusta; Ranse, as forças de Apolo, das Luzes, da 'lei e ordem', da Razão (é socrático na caracterização de Nietzsche).

Mas — e assim o final do filme nos mostrará — esse apolíneo não terá todo o sucesso que almejava. Não completamente, pois, e essa é a lição final que Tom lhe dá, a ordem humana civilizada, por ser derivada da complexa natureza humana, possui uma condição para ser obtida: nela a verdade não pode brilhar com todo seu esplendor e força sem a ameaça de sua destruição. Estamos aqui diante de uma destas verdades que Nietzsche designa de 'Verdades mortais" (Niezsche 1989: 70). Não que a verdade e a razão não existam, não tenham importância ou não sejam necessárias: sem elas, permaneceríamos no *wilderness*. Mas é que a vida civilizada necessita da mentira para se realizar. Dito de outro modo: a civilização não é apenas fruto das virtudes apolíneas da Verdade, da Razão e do Bem, mas, como vimos com Platão — e também como veremos a seguir com Maquiavel —, um composto, que as inclui, ao lado de outras como a lenda, o mito, a violência, a mentira enfim — ainda que nobre, e mentira que encobre a violência original. No ensaio de Davi Arrigucci acima citado, ele atribui a mentira ao próprio modo de funcionamento do Liberalismo: "Num mundo onde as ideias liberais costumam acabar no mercado, já não interessa verdade alguma", ponto sobre o qual nossas interpretações divergem.

Repassemos a última cena

No trem, depois das exéquias, o casal volta para a capital. Ranse vai meio contrariado, por descobrir que sua mulher pôs o vaso de flor sobre o caixão. Pergunta-lhe se ela não gostaria de voltar a viver ali. Sim, ela responde vivamente, pois lá estão "minhas raízes e meu coração". E acrescenta por modo de agradá-lo:

> "Olhe, antes era um deserto, agora é um jardim, você não está orgulhoso?"

O semblante de Ranse, agora cheio de si, orgulhoso de sua obra se desanuvia e prepara-se para se gratificar com uma boa cachimbada. Risca o fósforo...

Nesse momento surge o funcionário da ferrovia dirigindo-se a ele com bajulações. Ranse agradece e ele retruca, na última fala do filme que perfaz aristotelicamente a unidade: pois ele é o primeiro a falar no início do filme:

> "Nada é bom demais para o homem que matou Liberty Valance!"

Ao ouvi-lo, Ranse, que ia acender o cachimbo, apaga o fósforo, frustrando seu prazer iminente. Seu semblante volta a se anuviar, espelhando a nódoa que jaz em sua consciência e que atesta seus pés de barro.

O fósforo que se apaga e que lhe sonega a gratificação também nos mostra que, de certo modo, apaga-se o fogo desse herói apolíneo-prometeico, que não é onipotente — pois no mundo dos homens seu saber técnico/racional não basta, haja vista que tem que compor com outras forças, menos claras, mas tão indispensáveis quanto a sua.

É o que nos ensinou Maquiavel: a própria virtude tem origem no mal, tudo começa mal, no crime: Caim matou Abel, Rômulo matou Remo, a democracia na Grécia nasce de um tiranicídio... O filme assim nos remete ao cap. XV de *O príncipe* onde lemos a lição que Ranse ainda não aprendera: "a distância entre como se vive e o como se deveria viver é tão grande que quem deixa o que se faz pelo que se deveria fazer contribui rapidamente para a própria ruína e compromete sua preservação: porque o homem que quiser ser bom em todos os aspectos terminará arruinado entre tantos que não são bons. Por isso é preciso que o príncipe aprenda, caso queira manter-se no poder, a não ser bom e a valer-se disso segundo a necessidade" (Maquiavel 2010: 97-98).

As coisas humanas são dotadas de uma natureza tal que, para que se realize o Bem — possível —, a vida civilizada com suas virtudes deve derivar do Mal (do terror como ensinava o discípulo de Maquiavel, T. Hobbes) — no caso, um crime cometido a sangue frio e que custou caro ao seu autor, Tom, o herói anônimo de Shinbone, crime que acompanha o glorioso Ranse como uma sombra.

Essa cena final apenas ecoa — no plano subjetivo — a lição que o jornalista prudente nos havia dado quando, ao rasgar as anotações da verdade narrada por Ranse, sentenciara platonicamente:

> "Esse é o oeste: quando a lenda se torna fato, publique a lenda."

Sobre a importância política da lenda, no caso do mito, diz Robert Gildea tratando do mito da Resistência na França ocupada por ocasião da 2ª Guerra: "To deal with the trauma of defeat, occupation and virtual civil war, the French developed a central myth of the French Resistance", mito que, explica o autor, consistia em proclamar que "os próprios franceses haviam se libertado e restaurado sua honra nacional". (Gildea 2015: 2-3).

Os pais da razão[17]

O gênio grego beira o milagre. Entre tantos feitos, nos mostraram como pensar. A impressão que Atenas me causou foi, de longe, a mais forte que jamais senti. Há um lugar onde a perfeição existe. [...] Até então, uma só revelação parecia se aproximar do absoluto. [...] Ora, eis que ao lado do milagre judeu vinha se anunciar o milagre grego. [...] Quando vi a Acrópole, tive a revelação do divino.

Nessas palavras do historiador francês Ernest Renan, em sua "Oração na Acrópole", de 1856, vemos resumida, mais do que uma impressão, uma convicção profunda compartilhada, pelo menos desde o Renascimento, por todo homem ocidental culto: a de que a Grécia nos civilizou. De fato, poucas décadas antes de Renan, o grande filósofo alemão Hegel proclamava: "Grécia: ao ouvir teu nome o coração do homem cultivado da Europa se sente em terra natal". Ambos, ex-cristãos, se sentem no século XIX como bárbaros exilados do solo espiritual da Grécia, esse solo onde nasceu a razão, que veem metaforicamente como milagre, o 'raiar do sol do espírito'.

Assim, ambos convidam o viajante a não confiar apenas no espetáculo estético da arquitetura e das obras de arte: para conhecer a Grécia é preciso 'ver' esse legado invisível, esse espírito sublime que ali brotou sob a forma da filosofia, a invenção da razão.

Mas o que há assim de tão extraordinário — comparável ao milagre bíblico da criação! — nessa invenção grega? Se quisermos resumir num só conceito essa descoberta essencial da filosofia, a palavra seria: Natureza (*physis*, em grego). De fato, com essa única concepção (o termo 'natureza' não consta da Bíblia), os gregos elevaram a história cultural da humanidade a um novo patamar.

Quando, hoje, nossa ciência fala de natureza, está falando grego (segundo os historiadores, 75% do vocabulário científico e filosófico existente provêm de Aristóteles). Como se deu essa invenção?

Certamente, a tarefa da filosofia foi facilitada pelo trabalho inaugural dos poetas — como Hesíodo, no século VIII a.C. —, que construíram a imagem mítica de um mundo composto de forças divinas. Os deuses que formavam o cosmos — Eros, terra, Céu — não lhe eram exteriores, mas faziam parte desse cosmos, ao contrário do Deus transcendente da Bíblia. Em VI a.C., Anaximandro formularia o primeiro sistema filosófico do mundo, não só por sua elegante explicação de que a Terra está no centro (sendo o universo esférico, um corpo posto no centro não tem nenhuma razão de mudar de posição), mas por sua concepção de natureza como uma totalidade composta de forças que se autorregulam, sem a interferência de agentes externos. Sabe-se que também a pólis, a cidade-estado grega, é concebida como esse modelo esférico. No centro está o poder, e os cidadãos são iguais em relação a ele, como os pontos da circunferência, que são equidistantes do centro. A própria medicina representa a saúde como equilíbrio — isonomia — das forças físicas, como diz o médico pitagórico Alcmeon. Cosmologia e política, natureza e democracia, e logo razão e teologia, surgem como conceitos novos e articulados. Se o impacto dessa triunfante, otimista naturalização do mundo será vigoroso, duradouro (a propósito, o teatro trágico do século V a.C. celebra o novo homem; diz Sófocles: "Muitas são as maravilhas nesse mundo, nenhuma maior do que o homem"), suas consequências ético-políticas serão diversamente avaliadas.

As sociedades pré-filosóficas que antecederam os gregos representavam a tradição ou ancestralidade de suas tribos como, em cada caso, a única verdadeiramente superior às demais. Ora, por seu próprio espírito de livre investigação da verdade, a filosofia é impiedosa: tende a quebrar esse modelo, em sua busca de um bem natural ou universal. Assim, opondo a natureza às convenções, ela rapidamente traz a sugestão de uma associação entre a religião popular e a superstição. O poeta cômico Aristófanes submete esses dilemas nascentes à plateia, quando faz Sócrates dizer a um ingênuo cidadão: “Zeus não existe”. Essa negatividade da filosofia leva de roldão a religião, os costumes, a moral, que agora, privados de seu fundamento tradicional, parecem hipócritas.

Os sofistas, os primeiros intelectuais do Ocidente a comercializar seu saber, pondo a filosofia a serviço de sua retórica, vão apimentar esse conflito potencial entre ela e a sociedade. Ao final do século V a.C., desenha-se uma crise de civilização na Grécia análoga à nossa: há uma justiça divina, ou prevalece apenas o direito do mais forte? O homem é um ser social, ou a sociedade é apenas um meio para a realização de fins egoístas? Para responder à premência dessas questões, novos conceitos, mais complexos, se fazem necessários. Em resposta a esses desafios, os filósofos do século IV a.C., Platão e Aristóteles, criam obras monumentais. No diálogo *Górgias*, Platão observa: “Afirmam os sábios que o céu e a terra, os deuses e os homens são mantidos em harmonia pela amizade, o decoro, a temperança e a justiça, motivo pelo qual o universo é denominado cosmos, ou ordem, e não desordem, nem intemperança”. E definindo homem como animal racional político, Aristóteles o concebe como ser *sui generis*, em cuja natureza se inscreve a capacidade racional de organizar a convivência humana em busca da excelência.

Filosofia, literatura, teatro, arquitetura, artes plásticas, história, geografia, medicina, política. Onde punham as mãos, os gregos plasmavam seu gênio. Em meio à Guerra do Peloponeso, o historiador Tucídides registrou as palavras do governante Péricles, que estudara o filósofo Anaxágoras, e que resumem esse gênio cuja força beira o milagre: “Somos amantes da beleza sem extravagâncias e amantes da filosofia sem indolência”.

Edith Stein, um desafio à academia[18]

Jamais houve até o presente subserviência pela consciência comparável àquela que o século XX conheceu (Milosz 2010)

A epígrafe deste texto mostra-nos como o poeta e ensaísta Czeslaw Milosz referiu-se, em sua obra *A mente cativa* (São Paulo: Ed. Novo Século, 2010), ao século XX estudado por Ilana W. Novinsky em seu recente estudo sobre Edith Stein.

Milosz viveu na Polônia os dois totalitarismos em sequência, o nazista e o soviético, e conheceu de perto o fenômeno da prisão mental, ou seja, da ideologia que tanto a Alemanha quanto a extinta URSS impuseram aos países que elas invadiram. Sua obra tornou-se um alerta sobre o quanto é possível, e mesmo relativamente fácil, fazer com que o domínio das botas seja completado pelo das mentes e do quanto pode ser trágico para qualquer país a função subserviente dos intelectuais na política.

Prisão mental: a expressão nos remete aos filósofos que fundaram a filosofia e que estavam pela primeira vez se defrontando com a questão do aprisionamento de que todos podemos ser vítimas, sobretudo quando os ferros físicos que prendem nossas pernas são substituídos pelos ferros psíquicos com que as ideologias tentam prender nossas mentes impedindo-nos de pensar. Afinal esta forma de libertação pelo conhecimento é a imagem arquetípica do trabalho realizado pela filosofia, tal como Platão a apresenta na Alegoria da Caverna. Vemos ali como, num mundo privado de filosofia, nascemos e crescemos aprisionados em obscuras cavernas onde só podemos ver imagens e simulacros que tomamos como a realidade.

O filósofo nos mostra então em que consiste o trabalho de educação filosófica para uma mente livre, e ele começa não com um passo a frente, mas por um movimento de reviravolta, com um voltar-se sobre si mesmo e, através de uma conversão, dar as costas às imagens e simulacros e encaminhar-se para o exterior da caverna, para a realidade e a verdade.

Lembrei-me de Milosz e de Platão, destes dois notáveis teóricos da prisão mental ao ler cada página da saga de Edith Stein, tal como ela nos é apresentada neste livro magistral de I. Novinsky, pois ela nos mostra os extraordinários esforços empreendidos por Stein em sua busca da verdade. Busca que se cumpre sob a determinação da conversão, inicialmente uma conversão à filosofia em seu encontro com a Fenomenologia de E. Husserl e posteriormente ao Cristianismo. Dupla conversão, portanto, eis o feito paradoxal de Edith e o extraordinário desafio a que teve que responder I. Novinsky em sua pesquisa. Digo bem, extraordinário, pois Edith não se contentou, ao descobrir a filosofia, em se emancipar da tradição judaica em que fora criada, mas num segundo passo, ousou negar sua primeira negação sob o efeito agora de seu encontro místico com a Cruz, como ela dizia.

Em sua época eram comuns, como mostra Ilana, os casos de judeus que, por motivos vários, se convertiam ao cristianismo (como ocorreu com amigos seus). Mas o caso de Edith é peculiar, pois se trata de uma doutora em filosofia (uma das dez primeiras mulheres da Alemanha a obter tal título), cuja tese elaborou questões trazidas por uma corrente filosófica de vanguarda nas primeiras décadas do século XX. Pois esta vanguardista, não contente em romper com os laços da tradição em que fora criada, rompeu também com os parâmetros positivistas da vida acadêmica ao entrar para o convento das carmelitas, recusando assim, na prática, o dogma da incompatibilidade entre a ciência e a religião. Seu gesto parece à primeira vista, portanto, um passo atrás, e houve quem o interpretasse como uma traição, e a própria autora chega a julgar incompreensível que Edith o tivesse feito em 1933, momento crítico para os judeus alemães.

A Fenomenologia a encantou desde cedo por propor uma via alternativa aos excessos formais do racionalismo neokantiano vigente à época. Sua proposta de "ir às coisas mesmas", de buscar o concreto, de lutar contra todos os tipos de pressupostos que até então orientavam o pensamento, abria um horizonte repleto de possibilidades para a jovem que antecipou sua vida como uma missão e que se acreditava destinada "a algo grande". Certamente, esta nova disposição intelectual mostrou-se sempre frutífera e enriquecedora para Edith, em seus trabalhos de filosofia, de pedagogia, em sua atuação feminista, e na psicologia. Como sublinha I. Novinsky, tudo isto se dá no momento histórico em que Freud proclama o caráter ilusório da religião, dogma "compartilhado por muitos ainda hoje" (p.236).

Já convertida ao cristianismo, Edith ensina por nove anos no Colégio Dominicano de Santa Madalena em Speyer, desenvolvendo novas perspectivas pedagógicas (que incluem orientação sexual para as alunas).

Mas Edith, já sob o *pathos* da nova conversão da cruz, não se limita a aplicar o método fenomenológico ao que seus olhos e seus sentidos veem, ao plano do mundano. Vai além, submetendo também os fenômenos religiosos ao novo método. O que leva I. Novinsky perguntar:

> Até que ponto a fenomenologia contribuiu para esta escolha? A procura da essência com certeza fez parte do seu caminho, permitiu seu olhar para o ontológico do ser humano e levou-a até a mística, não como uma alternativa à pesquisa racional, mas como um caminho alternativo em direção à Verdade. (p.278)

De fato, diz a autora, sem nunca ter abandonado a Fenomenologia, "seu tema de pesquisa, aquele em que mostrou sua originalidade é o ser humano, contemplado em sua vida psíquica, nas suas manifestações espirituais, nas suas diferenças sexuais, na sua vida comunitária" (p.167). E a vida psíquica ela não a podia conceber senão em sua integridade, e não de modo compartimentado, como seccionada dos fenômenos religiosos.

Diz I. Novinsky:

> Toda a questão para Edith é procurar, a partir da experiência de si, do método fenomenológico, poder vislumbrar o Divino. O objetivo é, através da introspecção de si mesmo, do acolhimento do fenômeno daquilo que se é, poder ter uma visão da questão divina, da questão do Sentido do ser [...]. Mostra que o homem precisa de sustentação para ter o Ser, o que revela a sua relação com o Divino. (p. 263-4)

Pois, realmente, se, por um lado, a descoberta da Fenomenologia Husserliana representou uma libertação, por outro, "o sol de Cristo que começou a se levantar em seu coração" e diante do qual sua "incredulidade cedeu" representou para a já madura filósofa um "renascimento" capaz até mesmo de aliviar sua depressão (p.157).

Vemos como Edith, num gesto de lealdade para consigo mesma, e para desgosto de familiares e colegas judeus ou não, leva a fidelidade ao seu próprio ser, ao seu próprio sentir às últimas consequências, não se detendo diante das demarcações convencionais que então, e hoje ainda, delimitam prudentemente as áreas das ciências e das religiões. Como poderia fazê-lo alguém que soube encarar a teratológica e covarde máquina de destruição de vidas nazista com a convicção e altivez dos mártires, dedicando-se a consolar as crianças à beira dos crematórios de Auschwitz, como nos conta a autora, citando o seguinte testemunho de um prisioneiro sobrevivente?

> irmã Benedita [Teresa Benedita da Cruz foi o nome que adotou] se desta-

cava por sua calma e postura. O desespero nas barracas e a agitação causada pela chegada dos novos prisioneiros era indescritível. Irmã Benedita era como um anjo, andando entre as mulheres, ajudando e acalmando-as. Muitas mães estavam como que enlouquecidas, não cuidavam mais de seus filhos, apenas sentadas melancolicamente, em desespero e depressão. Irmã Benedita cuidou das crianças pequenas, lavou e penteou-as, alimentando e cuidando de suas necessidades. Durante toda sua estada lá lavou e limpou as pessoas, fazendo um ato de caridade atrás do outro, até que todos notaram sua bondade (p.190).

Como se vê, a segunda conversão de Edith em nada afetou sua disposição filantrópica e caridosa. Ao contrário, como ocorreu com tantos outros religiosos, a fé reforçou sua determinação de se opor à barbárie (como não lembrar aqui, por exemplo, dos bravos jovens cristãos do grupo Rosa Branca da Universidade de Munique, Hans Scholl, sua irmã Sophie e Christoph Probst (entre 22 e 24 anos) presos "julgados" e guilhotinados - tudo em 4 dias! — em fevereiro de 1943, por distribuírem panfletos contra o regime nazista).

Foi como se a prisioneira Edith, com seu gesto de amor e coragem, quisesse reafirmar uma última vez a fecundidade da síntese entre o saber filosófico e a fé no mundo dos homens, para além do plano teórico.

Portanto, diante da grandeza em que soube transformar sua vida, em que conseguiu harmonizar os dotes intelectuais e a caridade, toda questão sobre a viabilidade da união entre razão e fé se torna, em seu caso, nada mais do que mero exercício acadêmico. Claro, isto não poderia impedir que os estudiosos de sua vida e obra manifestassem seu desconcerto diante de sua singular humanidade. E o leitor deste livro verá que sua autora não foi a primeira, nem terá sido a última, a sentir em profundidade o choque do contato com esta filósofa e santa.

Novinsky, de fato, não se propôs a fazer mais uma biografia de Edith. Escorada na psicanálise, mas numa vertente analítica que já incorpora os legados da própria Edith, nutridos, expandidos e metabolizados por outras contribuições como as de Heidegger, Levinas, Winnicott e de Gilberto Safra *inter alia*, nossa autora leva adiante o que designa de modo muito original como uma busca da "verdade emocional". Trata-se de uma expansão da atividade clínica para além do consultório. Assim, nossa autora, fiel ao seu *métier*, não se furta a proceder àquilo que um neófito no assunto como eu designaria de uma espécie de psicanálise ontológica de Edith (ou o que os Heideggerianos designam geralmente de Dasein-analise, mas a autora do presente livro não se identifica com os conteúdos da análise heideggeriana). Ela não se lança nesta arrojada e arriscada empreitada desprovida de recursos. Ao contrário, o leitor verá que ela se põe a campo bem equipada, munida de conceitos como "acolhimento", "idioma pessoal", "fragmentação ética", "falha ética", "mitopoiesis", "rosto", "sobornost" e tantos outros mais, hauridos nos autores acima mencionados, na tentativa de dar conta do caráter enigmático da vida e obra de Stein. Por fim, ultrapassando a advertência de um de seus mestres, Levinas, que dizia que "jamais posso nomear a totalidade que é o outro", chega a aventurar a hipótese de algo próximo a um diagnóstico. De fato, referindo-se à opção de Edith pelo Convento, pergunta se esta "escolha não seria uma falha ética, para com todos os seus e para com esta mesma humanidade?" (p. 278). E responde duramente à sua própria questão "ao retirar-se do mundo, Edith trai os que pretende salvar" (p. 278).

Traição que no caso é entendida como sua opção radical por Jerusalém, mais precisamente, por sua entrada para o Convento.

Assim, ao proferir este julgamento, I. Novinsky, por sua vez, permanece fiel à tradição de Atenas, a tradição daqueles que pensavam como Sócrates que uma vida de obediência incondicional a um Deus inescrutável, tal como a Bíblia exige de seus fiéis, uma vida sem *zétesis*, sem exame não tem sentido.

Já ao final de sua obra, a autora nos fala da tensão a que se viu submetida desde o início de seu trabalho sobre a figura enigmática de Edith Stein e de como esta tensão ainda se mantém para além da conclusão da obra. Esta sua confissão, pouco habitual nos trabalhos acadêmicos sempre preocupados com a isenção, de algum modo atenua a dureza de seu julgamento referido acima. E, numa demonstração de que este seu estado de alma não provém apenas da singularidade de sua subjetividade, ela nos remete às belas reflexões do contemporâneo de Stein, do filósofo Leo Strauss que em sua conferência sobre *Jerusalém e Atenas*, isto é, sobre a religião revelada e a filosofia, pôde justamente mostrar como estas duas robustas e indestrutíveis raízes constituem a insolúvel tensão que define o Ocidente.

Neste sentido é que podemos compreendê-la melhor quando ela diz que Edith é "alguém com quem se tem muito que aprender" (p. 287). Ilana Novinsky terá aprendido com esta mestra que soube estabelecer um diálogo fértil entre a religião e a filosofia, a se manter na tensão fecunda deste diálogo. E, nós leitores, de nossa parte, podemos também, a partir de agora, meditando sobre este belo livro, aprender com Edith e com Ilana que nossa humanidade se desenvolve diante de múltiplos horizontes e que o niilismo de nossa época, não tem necessariamente o caráter inexorável que lhe atribuem Nietzsche e seus discípulos.

Intelectuais na política[19]

A obra é fruto de uma preocupação política do autor com o fato de o século passado ter se caracterizado, em boa medida, por abrigar e promover regimes políticos ditatoriais, autoritários e totalitários em larga escala e em países como Alemanha, Rússia, China, Cuba, Portugal, Espanha, muitos da América Latina e Brasil (sem falar das teocracias islâmicas atuais). Em todos eles predominou uma ideologia holista (o todo é mais real e legítimo do que as partes) antiliberal contrária à democracia representativa que se exprimiu — e tem se exprimido ainda — tanto sob a forma do fascismo quanto a do marxismo. São ideologias que não reconhecem instâncias autônomas entre o Estado — onipotente — e o indivíduo por ele oprimido.

Já o Liberalismo, segundo B. Lamounier, "se caracteriza pelo reconhecimento do público e do privado como esferas distintas e igualmente legítimas — incluído neste postulado o setor econômico privado e toda a variedade de associações subsumidas na noção de pluralismo".

A obra associa a este tema o do intelectual, haja vista que intelectuais influenciam fortemente a evolução dos sistemas políticos num ou noutro sentido.

O autor distingue três tipos de intelectuais que denomina metaforicamente de:

1. Tribuno — o que defende pessoas, instituições, coletividades em situações concretas: o exemplo clássico é o de Dreyfus no século XIX francês, defendido pelo escritor Émile Zola no artigo "*J'accuse*".

2. Profeta — o homem das utopias, da conquista do céu na terra onde construirá um mundo novo que assegura livre de opressores e de oprimidos.
3. Sacerdote — é a sentinela encarregada da triagem das ideias (e das práticas) que como tal separa e distingue as boas das más, sendo que lhe cabe enunciar tanto os princípios gerais que devem ser adotados pelos cidadãos e governos quanto a "linha justa" a ser seguida por todos e pelo partido no poder.

B. Lamounier nota de modo pertinente que muitos estudos têm se referido à "morte" do intelectual (Julien Benda, Raymond Aron). O fato notável é que certos "profetas" e "sacerdotes" provenientes sobretudo do marxismo anunciaram no século XX a morte do tibuno, do defensor dos direitos humanos. Alegava-se que com o próximo advento da sociedade sem classes e da sociedade justa ele, juntamente com sua parafernália burguesa dos direitos humanos naturais, se tornaria ocioso. Mas, como diz o autor:

> a ideia de um feixe de direitos inerente a todo ser humano não desapareceu; independente da formulação técnico-filosófica que se lhe queira dar, a comunidade internacional a conservou como uma parte fundamental de sua "evolving moral consciousness"; e foi mais longe ao tipificá-la juridicamente nos acordos de Helsinki de 1973.

Além desta tipologia B. Lamounier estrutura sua obra recorrendo a três conjunturas que são, em geral, o foco dos intelectuais: a construção do Estado, a industrialização e a tematização da democracia. Munido destes parâmetros o autor estudará as questões relevantes do liberalismo e do antiliberalismo em quatro países: Rússia, Alemanha, Estados Unidos e Brasil, procurando assim contrastar países que primaram pelo antiliberalismo, como os dois primeiros, com o liberal norte-americano e ensejando assim a possibilidade de melhor abordar seu tema de estudo no Brasil.

Por fim, e já no âmbito do Brasil, procede a um sintético, mas rigoroso estudo da história do nosso país no século passado, destacando o pensamento e obra dos seguintes intelectuais: Oliveira Vianna, Celso Furtado, Mangabeira Unger e Sérgio B. de Holanda, entre tantos outros.

A obra se divide em nove capítulos (os três primeiros dedicados a esclarecimentos conceituais, os quatro seguintes aos quatro países mencionados e os dois últimos aos intelectuais brasileiros de maior projeção no século passado) e um prólogo.

Como se vê, trata-se de uma "exploração" bastante ambiciosa, escorada em uma vasta e consistente bibliografia, configurando-se como uma obra que visa chamar a atenção do público brasileiro para os dilemas políticos mais agudos que se perfilam no dia a dia do cidadão. Trata-se de temas que, queiramos ou não, conheçamo-los ou não, têm o poder de influenciar nosso modo de vida, frequentemente, de modo decisivo (medidas governamentais antiliberais podem, por exemplo, sequestrar nossas poupanças). Assim, esta é uma obra que contribui notavelmente para que possamos todos refletir e aprender sobre o regime que mais nos convém e, consequentemente, reunir as melhores condições para a escolha democrática de governantes que melhor nos representem.

O capítulo dois da obra destaca-se por trazer para o primeiro plano um paradoxo. Durante boa parte do século passado representantes do marxismo martelaram a tecla de que os direitos humanos do liberalismo seriam uma pobre metafísica quando confrontados com a sociedade socialista que vinha sendo construída no leste europeu, na China e em Cuba. Surpresa: no pós-guerra a violenta repressão aos intelectuais soviéticos e ao povo em geral repôs o tema dos direitos individuais na ordem do dia. E não apenas na URSS, mas um pouco por toda parte, em Cuba e no Brasil (aqui B. Lamounier recorda a obra de Solzhenitsyn, a morte por greve de fome do dissidente cubano Orlando Zapata Tamayo pouco antes da visita de um silencioso e subserviente presidente Lula a Cuba). O capítulo por si só vale a obra pelo faro agudo com que o autor capta todo tipo de desmandos e por sua agilidade. Lembra a luta da tribuna Yoani Sánchez e sobretudo que a revista do Instituto de Estudos Avançados da Universidade de São Paulo, ao tratar de Cuba, recorreu majoritariamente à intelligentsia oficial de Havana, deixando a Frei Betto a tarefa de assegurar aos leitores que (segurem-se em suas cadeiras!) "em 52 anos de Revolução não se conhece em Cuba nem um único caso de pessoas desaparecidas; assassinatos extrajudiciais; sequestros de opositores políticos; torturas e prisões ilegais"!

Nos Estados Unidos não se esquece dos tribunos Bob Woodward e de Carl Berstein, e, no Brasil recente, de Fernando Gabeira.

Mostra também como os Profetas, seguidores românticos de Rousseau, distribuem-se por toda parte movidos por aquilo que um autor designou como "the longing for total revolution" (B. Yack).

Quanto aos Sacerdotes nota o B. Lamounier que as sociedades liberais possuem sacerdócio, mas não sacerdotes, pois os vocacionados à figura de sacerdote são integrados nos debates em que se enfrentam os vários partidos políticos. O sacerdote é, portanto, figura característica dos Partidos Totalitários, onde se encarregam de ditar a "linha Justa" a ser seguida pelos camaradas (o caso talvez mais notável tenha sido o de Louis Althusser que na França dos anos 60 empenhou-se loucamente em "imunizar o PC francês contra um vírus idealista"). Recorda bem a propósito que o acerto de contas com os heréticos não se limitava à teoria como se soube quando do assassinato de Trotsky no México a mando de Stalin em 1940. O mesmo se verificava nos países da cortina de ferro com Mlovan Djilas detido por 10 anos por criticar a intervenção soviética na Hungria em 1956. Ou com Alexandre Dubcek, líder da primavera de Praga em 1968, expulso do partido em 1970, bem como os filósofos Roger Garaudy na França e Georgy Lukács na Hungria.

Já nos domínios do nazifascismo a grande estrela sacerdotal foi o filósofo alemão Martin Heidegger, que em 1933 saudou o *fuhrer*

Adolph Hitler em seu discurso de reitorado pondo sua filosofia a serviço dele.

Ao final do capítulo o autor chama a atenção para o fenômeno da atual politização universitária que tem suas raízes longínquas na representação da Universidade como "território livre" feita por estudantes argentinos durante a reforma universitária de Cordoba em 1918. No Brasil pós-transição e com o fim do comunismo na URSS, a esquerda adotaria a ideia de um "socialismo em construção" em que se associavam a Igreja pós-Medellin, sindicatos e seguidores de Gramsci. Como exemplo do fenômeno em questão cita a recusa da Faculdade de Direito de S. Francisco "presumivelmente também para combater o capitalismo, a postar uma placa de agradecimento à família que financiou a construção de um auditório moderno nas dependências".

Depois de recordar no Capítulo três o nascimento do termo *Intelligentsia* (juristas, médicos, historiadores, literatos, clérigos, engenheiros e cientistas com formação humanista) na Rússia tzarista (inclusive a importância da participação das mulheres, ainda que como ouvintes na Universidade de S. Petersburgo fundada em 1753), entramos no exame do antiberalismo na Rússia, pátria da Revolução Comunista no século XX no capítulo quatro. Assistimos ali ao fracasso das tentativas de criação de uma monarquia constitucional, bem como da afirmação do liberalismo no século XIX simultaneamente ao descontrole da violência. Já nas primeiras décadas do século XX inicia-se um processo de industrialização e o surgimento do operariado e de estratos médios que alteram a estrutura social ensejando novos ingredientes à fermentação revolucionária que se ensaiava e que explode com Lenin em 1917. Até então muitos intelectuais destacavam-se como Tribunos em atitudes semelhantes às de seus confrades na Europa Ocidental. Mas com o advento ao poder de Stalin "a ideia de engajamento na defesa de valores universalizáveis desaparece completamente e com ela a figura do intelectual disposto a defender os direitos da pessoa humana como tal, sem consideração de nacionalidade, de raça ou de religião." Em seu lugar surgiria o "oficialismo intelectual" sob o jugo do Partido único que tudo controla a poder de cacete e de cenoura. Desaparece o pouco da vida pluralista que ainda vicejava na Rússia. O caminho que resta aos intelectuais é o do exílio (Stravinsky, Berdiaev, Gorki...).

No pós-guerra veremos surgir a figura notável do intelectual dissidente, uma nova forma de Tribuno: homens de rara coragem, que combatem o clima de terror instalado por Stalin, como Roy Medvedev, Soljenitsin e o físico A. Sakharov. O autor procura indicar as diferenças entre o terror de Hitler (sem mediações: "solução final") e o de Stalin, que se valia de falsos procedimentos jurídicos como as confissões.

Ao final do capítulo vemos a frustrada tentativa de reforma do socialismo (segundo o filósofo e historiador L. Kolakowski "reformar o socialismo é como fritar bolinhas de neve") e o consequente fim da URSS sob Gorbachev (não sem lembrar a catástrofe de Chernobyl em 1986).

O quinto capítulo nos remete à Alemanha, e seria impróprio tentarmos aqui resumir toda a riqueza das pesquisas realizadas pelo autor. Lembremos apenas que o capítulo se inicia caracterizando aquele país como "um caso quimicamente puro de antiliberalismo." Destaque para duas formas de antiliberalismo (sem contar o marxismo, é claro): o fenômeno do "volkisch", ideologia nacionalista exaltada, xenófoba e antissemita, propensa à violência e à revolução — cujo maior representante foi o filósofo J. G. Fichte (1762-1814 — de quem o autor reproduz um texto impagável em que o gênio alemão supera de longe as grandes conquistas da Antiguidade); e a ideologia conservadora e glorificadora de um Estado forte, estável e administrador da ordem e da hierarquia.

Registremos apenas o saboroso (e não menos trágico) episódio da revolta estudantil de 1968, no auge da Primavera de Praga, quando o jovem líder alemão Ruddy Duchske, insistindo em apontar a democracia pluralista como "o verdadeiro inimigo", causou espanto estre os estudantes tchecos. Para eles, ela era o objetivo.

(Ruddy, o mais hostil esquerdista às instituições democráticas seria assassinado a tiros por um simpatizante neonazista no dia 11 de abril de 1968).

Os Estados Unidos são objeto do Capítulo 5 e temos que fazer valer aqui a mesma observação que fizemos no caso do Capítulo 4: seria vão tentar resumir um estudo tão rico. Aqui a linha adotada pelo estudo é a de conferir um justo destaque não apenas às proezas tecnológicas da civilização americana e sua notável industrialização, mas às suas conquistas nas humanidades, universidades e nas artes e, claro, à implantação do regime liberal-democrático cujas bases foram lançadas no século XVIII pelos *founding fathers*.

O estudo mostra a importância dada pelos norte-americanos, desde o século XVIII, à formação intelectual, desde os primeiros improvisados advogados e a constituição das faculdades de direito até os Colleges (voltados para as artes mecânicas e a agricultura). Ao final do século XIX, o país passa por um enorme surto de industrialização que produzirá a grande riqueza que por sua vez impulsionará a cultura. Importa notar que nos Estados Unidos o Partido Comunista (fundado em 1923) nunca conseguiu se firmar nacionalmente, nem entre os intelectuais (como, lembra o autor, já previra Engels em 1893). Nota-se também que, a partir dos anos 1920, a Intelligentsia ali, depois de uma inclinação à esquerda, soube se manter crítica com relação à Revolução soviética (soube avaliar os julgamentos de Moscou dos anos 30, o pacto nazi-soviético e o crime contra Trotsky). O capítulo não se esquece de abordar os graves problemas raciais do país e tampouco fenômenos como o Macartismo. Em resumo, conclui sua percepção do país enfatizando três conjuntos de causas positivas:

- o caráter liberal da cultura e do sistema político;
- a alta qualificação intelectual desenvolvida tanto nas Universidades quanto nos Think Tanks (qualificação esta promovida também pela enriquecedora imigração de europeus em

busca de liberdade); e

- o fabuloso enriquecimento promovido pelo surto industrial iniciado nas últimas décadas do século XIX.

Como disse, os últimos capítulos, 7, 8 e 9, são reservados ao exame da questão liberalismo/antiliberalismo no Brasil, exame este que, como foi dito, percorre as três conjunturas críticas, a construção do Estado, da proclamação da República até a II Guerra Mundial; a "industrialização", coincidindo com a reimplantação do regime liberal-democrático, do segundo pós-guerra até 1964; e a tematização da democracia, de 1964 a 1988.

O tom geral destes capítulos dedicados ao Brasil é de certo otimismo, ao menos quanto ao fato de que, como B. Lamounier, "a história intelectual brasileira é mais liberal do que a Rússia e a Alemanha, e menos do que dos EUA".

O autor mostra como a Constituição liberal de 1891 (de Prudente de Morais e Rui Barbosa, inspirada nas constituições norte-americana e argentina), e que manteve o espírito liberal da Carta monárquica de 1824, passou a ser atacada já nas primeiras décadas do século XX. Alegava-se que ela era mera cópia de constituições estrangeiras e como tal ignorante de nossa realidade. Tal crítica se espelhava na preferência que a sociologia nascente daria a autores autoritários e mesmo racistas como Oliveira Vianna (objeto de estudo do Capítulo 8) em detrimento de liberais como Rui Barbosa, Assis Brasil e Afonso Arinos.

A partir de 1945, o país passa a lidar com a tensão gerada pela disputa ideológica entre a facção Nacional-desenvolvimentista e a UDN, nenhum deles de inclinação claramente liberal. Momento em que o país sofre as consequências da Guerra Fria, da Revolução Cubana e do Getulismo (que, na expressão feliz do autor, pretendia instaurar um modelo de governo baseado num sistema político sem política, conforme os anseios de Augusto Comte). O período posterior ao suicídio de Vargas (1954) assistirá à irrupção de novas polarizações: esquerda/direita, progressistas/reacionários, nacionalistas/entreguistas etc. Inicia-se ao mesmo tempo o "pathos" do golpismo, da radicalização da esquerda que culminará no golpe de 64.

Aqui B. Lamounier estuda os grandes representantes da ideologia Nacional-desenvolvimentista: Celso Furtado, Hélio Jaguaribe, o ISEB (Instituto Superior de Estudos Brasileiros) e a Revista Civilização Brasileira de Ênio Silveira, nacionalista de esquerda. Vistos em conjunto todos são, em maior ou menor grau, fatores de promoção do antiliberalismo, seja pelo dogmatismo dualista de Furtado, ou pela visão Bismarkista do capitalismo de Jaguaribe, ainda pela posição Platônico- Comteana do "sacerdote" isebiano Álvaro Vieira Pinto ou, enfim, pelo esquerdismo dogmático presente nos colaboradores da Revista Civilização Brasileira.

O exame do 3º período, de 64 aos dias hoje procura, de um modo aparentemente paradoxal, valorizar o lado positivo presente nos anos de chumbo da ditadura militar. B. Lamounier destaca o fato de que a ditadura não alienou completamente as estruturas institucionais do regime político anterior. Assim, os militares souberam manter a legitimidade das consultas eleitorais como válvula de escape do novo regime. O mesmo se deu com a criação dos partidos Arena e MDB. Juan Linz referiu-se ao regime militar designando-o não como autoritário, mas como impositor de uma "situação autoritária".

Quanto ao antiliberalismo, digno de nota, é claro, foi o nascimento do PT na passagem dos anos 70 para os 80, fruto de egressos da luta armada, de parte do clero, de estudantes e intelectuais que se propunham a realizar um socialismo "diferente" pautado na pureza ética.

Bolívar Lamounier o caracteriza como promotor de uma "concepção da história como um perpétuo combate do 'povo' (por definição bom e oprimido) contra as 'elites' (por definição más e gananciosas)", o todo envolto num dualismo meio ético meio religioso temperado pelas ideias do teórico marxista italiano Antonio Gramsci (a mãe de todas as batalhas ganha-se no campo da cultura, não no das armas). Aqui o autor observa a ambiguidade do PT com relação à democracia formal (um pé dentro e um pé fora dela).

Os dois últimos capítulos são dedicados a dois grandes intelectuais, o "sacerdote" Oliveira Vianna e o antisacerdote, mais liberal e cético Sergio Buarque de Holanda, o mais elegante ensaísta brasileiro.

Oliveira Vianna, morto em 1951, teve enorme influência entre nós, tendo sido designado como ideólogo do Estado novo. Atuou como governador do Rio de Janeiro, deputado federal e ministro do Supremo Tribunal Federal. Foi um sociólogo de formação, simpático ao positivismo que se opôs a Rui Barbosa e aos liberais tidos por ele como "idealistas utópicos", bem como ao pensamento jurídico liberal. Lamounier nota o quanto a crítica tem sido indulgente com as teses mais rebarbativas de Vianna, como, por exemplo, seu viés racista (que ela procura atenuar como uma doutrina "apenas" eugênica) alguns pondo-o na conta de progressista (em sua obra *Populações Meridionais* onde privilegia o papel da raça branca "ariana" ele se refere aos demais como "turba informe e pululante de mestiços inferiores"). Assim, Wanderley Guilherme dos Santos procura atenuar seu autoritarismo que seria apenas "instrumental", isto é, uma etapa necessária para a instauração da sociedade liberal. Por sua posição avessa ao capitalismo Vianna foi adotado pelos Integralistas.

Nada disso encontramos em Sérgio Buarque de Holanda, o autor do século passado que, por seu liberalismo cético, se situa entre os que mais se aproximam do ideal de Lamounier. Ele trata do autor de *Raízes do Brasil* num capítulo que intitula de *Sérgio Buarque e os grilhões do passado*. Estes grilhões seriam o clientelismo, o nepotismo, o filhotismo e o bacharelismo que Sérgio em sua visão articula com sua célebre e mal compreendida teoria do homem cordial brasileiro. Pois nossa cordialidade não comporta, como frequentemente se pensa, traços dominantes de bondade ou pacifismo. Sérgio a toma como modo de ser característico que privilegia vínculos familiares e afetivos em detrimento da lealdade ao Estado como esfera pública impessoal, constituindo assim obstáculo à configuração da sociedade e do Estado como esferas independentes, e propiciando surtos de favorecimento expressos no patrimonialismo e nas várias modalidades de corrupção. Holanda partilha da visão Weberiana (Max Weber, 1864-1920) de um Estado concebido com as características modernas de racionalização e de secularização, avessas a fenômenos como o Caudilhismo — o que lhe permitiu tomar distância das correntes integralista e comunista presentes em sua época. Mostra também como Sérgio soube dimensionar as vantagens (ausência de orgulho racial e de preconceitos de raça e de cor) e desvantagens (escravidão e aversão ao trabalho, ao planejamento, tendência ao improviso e ao desleixo) de nossa herança dos colonizadores portugueses. E conclui chamando a atenção do leitor para a atualidade de *Raízes do Brasil*, seja por sua consistente denúncia dos particularismos sociais e do Estado patrimonialista, seja por sua inlinação em direção da democracia representativa compreendida como "um sub-sistema que recebe as demandas da sociedade e as transforma paulatinamente em decisões de sentido igualitário, consolidando a cidadania" — como diz Lamounier em sua conclusão. Como se pode ver por esta canhestra apresentação, o livro de Lamounier, ao abrir os horizontes intelectuais que tornam possível uma avaliação comparativa da questão da democracia liberal — e de seus obstáculos — entre alguns dos mais representativos países modernos e o Brasil, vem preencher um vazio em nossa cultura política e irá certamente se constituir como um marco para nossa reflexão sobre a busca do melhor regime político que, desde a Grécia antiga, é o ponto capital da teoria política ocidental.

Apêndice

Meu caminho acadêmico para a filosofia

"Pathei mathos"
(aprender com o sofrimento/experiência)
Ésquilo, Agamenon

Preparação para o Doutorado

Ao tempo em que concluí minha graduação em filosofia, no primeiro semestre de 1974, junto ao Depto. de Filosofia da USP, a disciplina de História da Filosofia Antiga vinha sendo ministrada pelo Prof. José Cavalcante de Souza, do Depto. de Letras Clássicas da USP, então convidado para esta disciplina. O curso do prof. Cavalcante englobava boa parte da história da filosofia grega, mas demonstrava apreço por Platão, e data daí meu interesse por este filósofo e a ideia de escrever uma tese que, posteriormente e indiretamente, se transformaria em meu doutoramento.

Hegel sinalizara na *Fenomenologia do Espírito* a diferença entre a filosofia antiga e a moderna referindo-se a primeira como a formação da consciência natural e a segunda como uma atividade em que "o indivíduo encontra a forma abstrata pronta." (*Fenomenologia*, Prefácio). De fato, parecia-me então — e ainda hoje penso do mesmo modo — que diferentemente dos grandes sistemas dos filósofos modernos, obras vazadas numa prosa técnica e abstrata, emanava dos Diálogos de Platão um certo frescor natural ao pensamenteo que raramente podia encontrar nos modernos. O filósofo da Academia parecia se esforçar para fazer com que seu leitor vislumbrasse o surgimento das questões filosóficas em seu nascedouro, brotando da convivência dos homens que se trava através do diálogo no dia a dia. E esta origem, de uma aparência prosaica, não impedia, ao contrário, suscitava a manifestação e o desenvolvimento de temas complexos e vitais da vida civilizada, próprios a atrair a atenção do amante da filosofia em todas as épocas. A filosofia não se afigurava ali como filosofia da consciência ou como uma tecnologia da razão pura. O exame racional efetuado pela personagem Sócrates se desdobrava no interior de uma coexistência cujos parâmetros eram balizados pela vida política de onde brotavam as questões e as dúvidas — e isto era o que a princípio mais me atraía nos Diálogos de Platão.

Mas naquele ano de 1974 o Prof. Oswaldo Porchat retornara ao Depto. de Filosofia e reiniciara seu curso de História da Filosofia Antiga. E, foi justamente com o Prof. Porchat que se deu meu ingresso na carreira acadêmica, uma vez que fui convidado a, simultanemente com o término de minha graduação, trabalhar como monitor na disciplina de História da Filosofia Antiga por ele ministrada. Meu trabalho, por sugestão do Prof. Porchat, consistia em dirigir os seminários sobre *A República* de Platão. Não preciso dizer que se tratava de um desafio muito superior aos recursos de que o recém- formado estudante então dispunha. Pus-me a estudar a língua grega no Depto. de Letras Clássicas, e enfrentei a tarefa de iniciar os alunos de filosofia na grande obra de Platão com mais coragem e entusiasmo do que com competência.

Neste mesmo ano recebi uma bolsa de estudo do governo francês e do Depto de Filosofia para desenvolver meus estudos sobre história da filosofia antiga na França. Meu projeto original, sob a orientação do Prof. Cavalcante de Souza, consistia em desenvolver uma pesquisa sobre a *República* de Platão que tinha como propósito avaliar a importância do conceito de *Logos* na constituição do que então se afigurava como a primeira utopia da história do pensamento filosófico ocidental — um *Logos* criador de uma cidade cujas instituições desafiavam todas as principais convenções que balizavam a sociedade grega de seu tempo. Certamente, havia ali uma lição imorredoura de liberdade e de independência ministrada pelo filósofo aliada a um patente e voluntário descolamento do plano real. Tratava-se por isso mesmo de um empreendimento que não se cumpria sem, simultaneamente, suscitar em certos leitores modernos e contemporâneos de peso reações violentas e indignadas.

Aprendera com o magistral ensaio de Victor Goldschmidt — "Les querelles sur le Platonisme" (*Platonisme et Pensée contemporaine* (Aubier Montaigne, 1970, p.165), *que "on ne parlera pas d'utopie à propos des anciens, ou en tout cas des Grecs"*, pois a questão com a qual eles se ocupavam era a de saber qual o melhor regime político. Sem dúvida, a leitura de uma obra como *As Leis* corroborava esta orientação, pois ali se tratava da fundação de uma nova colonia. Mas, o caso da *República* era distinto, pois a concepção da cidade visava servir de instrumento para responder à questão da justiça tal como os jovens irmãos de Platão a endereçavam a Sócrates. E, mais grave, pressionado pelos interlocutores sobre a possibilidade de realizar a cidade descrita em *Logos*, Sócrates afirmava que além de impossível sua realização era irrelevante (*Rep.* 592b).

Ao mostrar que o conceito de Utopia era próprio de uma outra forma de pensamento, ligada ao Renascimento (em obras de autores como Thomas Morus, Thomas Campanella), Goldschmidt fora mais longe notando que o conceito que antes denotava um plano perfeitamente irreal e inofensivo, posteriormente adquirira um sentido inverso, tornando-se contemporaneamente uma forma incisiva e, portanto, perigosa de interrogação sobre o presente. De fato, depois que Nietzsche, suprimindo a distância histórica entre a antiguidade e a modernidade, interpretara a *República* como obra que anunciara catástrofes políticas dos próximos séculos, que os dois regimes totalitários do século XX viriam confirmar, seguiu-se uma proliferação de obras que procuravam no fundador da Academia as artes de um profeta. Mais precisamente, a *República* passara de Utopia inofensiva a obra capaz de pôr em risco os regimes do presente e Platão, paradoxalmente, se tornara nosso contemporâneo.

Como compreender então a ousada obra de Platão, qual seria seu estatuto? E, por que dedicar tanta atenção a uma cidade cuja realização no fim das contas a própria obra afirmava como indiferente (*Rep.* 592b)? Por que essa distância entre a teoria e a prática que ofendia a sensibilidade da filosofia moderna tão voltada desde Maquiavel (cap. XIV do *Príncipe*) para a busca do útil (então resumida na obra de K. Popper, *A sociedade aberta e seus inimigos*, de 1945); qual a sua real significação? Eis algumas das aporias em que me encontrava então e que trataria de elaborar na minha estada francesa.

Seria acolhido pelo grupo ilustre de helenistas constituído pelos Profs. Jean Pierre Vernant, Pierre Vidal-Naquet, Marcel Detienne e Nicole Loraux, historiadores, sociólogos, estudiosos da mitologia grega. À minha chegada a Paris, como o Prof. Vernant, com quem havia trocado correspondência, estivesse fora do país fui, por ele encaminhado ao Prof. Naquet com quem me entrevistei ao final daquele ano. Matriculei-me em seu curso, então ministrado na École Pratique des Hautes Études — VIª seção, sobre a Sociologia da Antiguidade Grega, e nos cursos de Vernant e de M. Detienne, respectivamente sobre O Pensamento Social e a Religião, e sobre a A Sociologia da Grécia Antiga, cursos da Sorbonne, que se estenderam até 1975/76. Com eles e mais Nicole Loraux, desenvolveria meus estudos sobre o mundo grego antigo até o final de 1977.

Como se vê, a referida 'escola de Vernant' não tinha em seu horizonte o estudo da filosofia como preocupação central. Entretanto, meu orientador e eu mesmo pensávamos que o conhecimento da Grécia através das ciências humanas seria um complemento importante ao estudo da filosofia grega. Teria então a oportunidade de conviver com notáveis helenistas, muito embora não estivesse em meus planos tornar-me um helenista, mas tentar compreender como começara esta extraordinária aventura que foi a fundação da filosofia.

E, com efeito, pude viver então uma experiência única de pesquisa e erudição universais: convivia com alunos franceses, mas também com mestres e estudantes provenientes de distintos países e dedicados ao estudo dos mais variados temas referentes à Grécia. Havia estudos e pesquisadores provenientes de áreas tão diversas como a filologia, a história, a história religiosa, a arqueologia... Pesquisadores dedicavam-se a temas de vanguarda, por exemplo, à figura da mulher — em geral orientados por N. Loraux — aos mitos gregos — orientados por M. Detienne — ao estudo comparativo das religiões e à figura mítica da *Métis,* do *Trickster* (uma forma de inteligência prática oposta às concepções metafísicas de Platão, como vemos no livro de Vernant e M.Detienne: *Les ruses de l'intelligence, la Mètis des Grecs*, Ed. Flammarion, 1974) — orientados por Vernant, e à história política grega, particularmente sobre a invenção da Democracia — orientados por Vidal-Naquet, na sequência de seu livro *Clisthène L'Athénien,* escrito com Pierre Léveque.

É preciso mencionar que, paralelamente aos estudos à "escola de Vernant", frequentava também os seminários que o Prof. Claude Lefort generosamente havia organizado para acolher os jovens estudantes brasileiros que se encontravam então realizando estudos sobre o Brasil em Paris. O fundador de "Socialismo ou barbárie" estava às voltas com a publicação francesa de O *Arquipélago do Gulag* de Soljenitsin, cuja leitura ele me recomendara quando de sua estada em São Paulo. A França vivia então sua crise sobre o Marxismo, agravada pelas revelações espantosas de Soljenitsin. Somava-se a isso, apenas para lembrar o ambiente febril que então ali se vivia, a predominância do Estruturalismo, o anti-humanismo, o chamado 'desconstrucionismo' inspirado por um Heidegger e um Nietzsche relidos pelos pós-modernos (Derrida, Lyotard, Foucault, Deleuze), para não mencionar Bourdieu, Lacan, sem esquecer Castoriadis, cuja *Instituição imaginária da sociedade* — que associava a psicanálise de Lacan e a sociologia de esquerda reeditando o conceito Kantiano de Autonomia —, era leitura obrigatória. E o marxista J. P. Vernant só abandonaria sua adesão ao Partido Comunista Francês nos anos setenta (ver J. P. Vernant, *Entre mito e política,* ed. Edusp, p. 468).

Mas em 1975 o Prof. Naquet inaugurou uma nova pesquisa historiográfica sobre "A Grécia na história da Europa Moderna". Tratava-se de um ambicioso levantamento historiográfico sobre a recepção moderna da democracia e dos principais autores gregos, o que ele designava como uma História da História (agora editado com o título de "Tradição da democracia grega" em *Os Gregos, os Historiadres, a Democracia, o Grande Desvio* — Cia Das Letras, 2002). Naquet convidou-me a que me incorporasse à sua pesquisa. Minha tarefa teria como objeto o filósofo francês que se destacara como um dos que mais decididamente infuenciara o pensamento político brasileiro à época da fundação de nossa República e além: Augusto Comte. O posicionamento de Naquet resumia-se na fórmula: é preciso 'estar a cavaleiro', com a qual queria dizer que os estudos da Antiguidade não poderiam se fazer sem que conhecêssemos o modo como, no presente e na História posterior, os tempos antigos eram representados. Esta iniciativa nova me permitiria, posteriormente, prosseguir nos estudos sobre a influência do Positivismo no Brasil, caso tal estudo me interessasse. Inicialmente o objetivo seria consistente com o da pesquisa efetuada por Naquet: saber qual a 'imagem' do Mundo Grego antigo que Comte havia construído. Depois de um momento de hesitação, pois me parecia que meu comprometimento com aquela tarefa implicaria em um distanciamento do meu plano original de trabalho, dei-me conta de que estava diante de uma oportunidade singular de trabalhar com um novo método de pesquisa e aceitei de bom grado o convite. Realmente, aos poucos tomei consciência de que, de acordo com o método proposto por Naquet, se por um lado deixava parcialmente de lado o trabalho textual e filosófico, rente ao texto — as leituras estruturalistas, segundo o modelo do 'Tempo Lógico' de Victor Goldschmidt, que praticara com tanto afinco no Depto. de Filosofia da USP —, por outro lado abria-se a possibilidade de adentrar no diálogo estabelecido entre os grandes pensadores do passado, isto é, no horizonte do Tempo Histórico própriamente dito, que se oferecia em suas obras legadas à humanidade.

Iniciei minha pesquisa e, desde as minhas primeiras leituras do *Cours de Philosophie Positive* e *do Système de Politique Positive*, pude me dar conta de que estava diante de um autor dotado de uma enorme ambição reformadora e cujo projeto se apoiava numa erudição enciclopédica que, à maneira de Hegel, criava uma Filosofia da História destinada a justificar sua reforma que, na verdade, consistia na construção de uma nova sociedade concebida em termos alegadamente científicos. Esta primeira impressão aos poucos foi-se confirmando e tive a intuição de que neste anseio por uma reforma política, concebida em grandes proporções, poderia haver um campo comum entre Comte e Platão. Por que então não procurar centrar o trabalho na tentativa de estabelecer uma espécie de comparação entre ambos os filósofos tão distantes no tempo? Comte conhecia — como seus textos atestavam — a filosofia grega, e em particular, as obras de Platão e de Aristóteles. Haveria, porventura, alguma influência destes grandes mestres, e em particular do Platão de *A República*, sobre o pensamento do fundador do Positivismo? Em suma, este me pareceu ser o modo mais interessante de conciliar a proposta do historiador Vidal-Naquet com o propósito de prosseguir meu projeto original. E, foi desta hipótese que nasceu aquela que seria minha tese de doutoramento. Ao final de 1977, encerrou-se o prazo de minha bolsa. Expus então o trabalho que já havia realizado a Vidal-Naquet e à sua assistente Nicole Loraux, que concordaram com o segmento então apresentado — referente à imagem da Grécia nas obras de Comte — e me incentivaram a prosseguir o trabalho no meu regresso ao

Brasil. Voltei ao Brasil em março de 1978 e naquele mesmo mês fui contratado pelo Depto. de Filosofia da USP para a disciplina de História da Filosofia Antiga.

Eramos dois professores que se ocupavam então de ministrar a disciplina, eu e Ligia Watanabe (o Prof. O. Porchat dedicava-se então aos estudos sobre Ceticismo).

Uma questão de método

Conforme o exposto acima, verifica-se que, se por um lado eu tirara bom proveito dos estudos junto às Ciências Humanas — História, Sociologia, Psicologia Histórica (este era o nome da disciplina que Vernant adotara de acordo com a nomenclatura de sua fundação por Ignace Meyerson), Estruturalismo (os professores franceses aplicavam o método estrutural da antropologia de Lévy-Strauss à decifração dos mitos gregos), Antropologia — por outro lado, os estudos sobre a filosofia grega propriamente dita, haviam ficado relativamente à margem e agora cobravam meu trabalho. Constatava que os estudos feitos pela "escola francesa" baseavam-se em duas premissas metodológicas — o positivismo e o historicismo — e que tais premissas de certo modo moldavam em boa parte a natureza do trabalho. A título de exemplo da adoção da metodologia historicista, lembro a parte final do belo livro de J.P. Vernant, *As origens do pensamento grego,* pequena obra prima sociológica de síntese sobre a civilização grega e sua maior invenção, o pensamento racional. Não obstante, havia ali algo que me desconcertava, pois Vernant concluía sua obra assumindo uma posição que negava validade universal ao seu objeto de estudo, a Razão (que ele grafa com letra maiúscula). De fato, na conclusão ele afirma: "A escola de Mileto não viu nascer *A* Razão; ela construiu *Uma* Razão, uma primeira forma de racionalidade." Certamente, os gregos, como ele argumenta, não formularam o projeto Baconiano-cartesiano de conquistar a natureza, levando as faculdades recém-descobertas da racionalidade para o plano experimental de exploração do domínio da Física. Mas haveria aí nesta omissão, ou melhor, nesta recusa de passar da teoria à prática, motivo para reduzir a quase "milagrosa" (E. Renan) criação do gênio grego? Como diz K. Mannheim, "O teorema Pitagórico significou para os Gregos exatamente o mesmo que para nós." (K. Mannheim, *Essays on the sociology of knowledge*, London, 1952, p.117). Os dispositivos e o aparelhamento mental da Razão já estavam dados naquele momento, o que fazia falta não eram, portanto, quaisquer elementos fundamentais da racionalidade mas, sim, uma distinta intencionalidade: os gregos, Sócrates e o socratismo em particular, por vários motivos, não se dispuseram senão a procurar compreender teoricamente a natureza, e não a dominá-la pela teoria como viriam a fazer os modernos. O mais grave era que, se o grande trunfo da filosofia, que consistia justamente nas suas tentativas inéditas de conceber um quadro racional do Cosmos e da Pólis, se mostrava não mais do que como uma proto-racionalidade, então o que dizer do próprio projeto filosófico grego em sua totalidade? Certamente, seu estatuto teria uma sorte semelhante, na visão do ilustre helenista, se não pior. Mas, se a sorte da filosofia grega em seu projeto de ultrapassar o domínio da Doxa para conhecer a verdade estava comprometida em seu nascedouro pelos limites a que se via cerceada por sua época, como rezava o historicismo, ou seja, pelos múltiplos condicionamentos — sociais, políticos, econômicos, linguísticos, psíquicos... — que a prendiam em seu horizonte, suas raízes e seu meio ambiente, como então pretender realmente levar adiante, com a necessária determinação, o projeto de estudar as obras de Platão e de Aristóteles, filósofos que teriam permanecido apenas no plano do "à-peu-près"? Como fazê-lo segundo um método que não diferenciava realmente as questões filosóficas das questões históricas e que assim comprometia a própria possibilidade da filosofia política? Se assim fosse, nossos estudos e pesquisas sobre a produção filosófica do passado teriam que se conformar com as características de um projeto não mais do que museológico de conhecimento. Nas obras da Escola de Vernant aprendíamos *sobre* Platão, mas se tratava de um filósofo cujo saber estava confinado nos limites de sua época, e, portanto, não havia mais a possibilidade de aprendermos algo *de* Platão. Ou seja, de antemão excluía-se a possibilidade de todo universalismo porventura presente no pensamento do filósofo. Aprenderamos, entretanto, com V. Goldschmidt a evitar os excessos do historicismo evolucionista. Em seu ensaio "La méthode structurale", referindo-se à história da filosofia ele anota: "Durante muito tempo, de fato, esta disciplina acreditou fazer progressos decisivos e se constituir em uma ciência digna deste nome, trabalhando sob o signo da evolução. Agindo assim, ela sofria a influência oculta de um hegelianismo vulgarizado e laicizado e, mais conscientemente, a atração do positivismo Comtista (e também Spenceriano), bem como o prestígio da moda biológica da época...seus resultados permanecem amplamente tributários da hipótese que os sustenta: a ideia de evolução. Ora, essa hipótese revelou-se arbitrária e simplicadora..."(in *Écrits, tome II Études de philosophie moderne*, (Paris, Vrin, p. 240). Aí estava a aporia: como se vê, como soi acontecer, a questão de método apenas espelhava a questão filosófica de fundo que dizia respeito ao verdadeiro dogma historicista de nossa época. Os praticantes do método historicista punham-se na escola de Kant que pretendeu "compreender um autor melhor do que ele mesmo se conhecia" (*Crítica da Razão Pura*, 'a dialética transcendental') e de Hegel. Mas, naquele momento eu não lograra ainda vê-la com a clareza necessária, esperando que futuramente conseguiria aceder a uma visão mais elaborada do problema.

Voltei-me então para a tarefa de me preparar novamente para atender às exigências de lecionar a disciplina de história da filosofia na USP e isto me obrigou a suspender momentaneamente a redação da minha tese. Só conseguiria retomá-la nos anos 80; defenderia meu doutoramento sobre *Augusto Comte e o Mundo Grego* em agosto de 1986.

Como disse, a primeira parte da tese, a referente à imagem do mundo grego na obra de Comte já estava concluída. Planejei então dividir a tese toda em duas partes principais. A primeira consistiria da pesquisa já realizada e a segunda trataria do filósofo grego que mais decididamente deixara suas marcas em Comte, Platão.

De fato, a pesquisa da primeira parte mostrara precisamente isto: Comte, como nossa tese viria a demonstrar, adotou de Platão um princípio presente em *A República*, que exerceu um papel fundamental na concepção Comteana da nova sociedade que esperava realizar, o "princípio da separação das funções [sociais] e da combinação dos esforços."

A tese inicia-se fazendo um levantamento dos principais autores do século XVIII lidos por Comte desde a sua juventude no Liceu de Montpéllier, compreendendo o período de sua formação na École Polythechnique. Neles ele experimentou o fascínio de Rousseau por Esparta e o de Voltaire mais inclinado às proezas do desenvolvimento intelectual dos atenienses. Entretanto, dois autores do século da Luzes teriam, paradoxalmente, importância capital para a constituição de sua visão da Grécia, Condorcet, que Comte designou logo de seu "verdadeiro pai espiritual", e em seguida o líder do pensamento ultramontano abertamente reacionário, Joseph de Maistre. Com o autor do *Tableau historique sur le progrés de l'esprit humain, e de Fragment sur l'Atlantide, ou efforts combinés de l'espèce humaine pour le progrés des sciences,* Comte aprenderia não o valor da liberdade dos gregos criadores da democracia que Condorcet tanto louvara, mas a ideia de Progresso das ciências que, como mostra o título da segunda das obras citada, Condorcet havia herdado de Francis Bacon. Sabe-se que foi no *New Atlantis* de Bacon que o filósofo francês do *progresso do espírito humano* encontrou a luminosa ideia da criação de uma organização mundial de cientistas reunidos em uma república universal das ciências. E foi esta ideia que calou fundo no jovem Comte. Através de Condorcet, Comte iria, desde então, filiar-se ao grande plano de um dos fundadores do projeto moderno, o projeto Baconiano de uma nova sociedade organizada sobre bases científicas. O 'pai espiritual' de Comte era, portanto, o neto de um dos verdadeiros fundadores da filosofia moderna, F. Bacon. Condorcet lhe ensinara, entre outras coisas, a possibilidade de aplicação da ciência ao domínio político, a ideia de uma filosofia da história demonstrando o progresso das ciencias e o projeto de uma sociedade mundial de cientistas destinados a reger os destinos da humanidade.

Mas, não era tarefa simples conciliar o pensamento do liberal Condorcet com o do conservador J. de Maistre, o filósofo da ordem (de ambos Comte extrairia os conceitos de Ordem e Progresso que figuram em nossa bandeira). Assim, e já na época da redação do *Systéme de Politique Positive*, discorrendo sobre a Grécia antiga Comte escreve, "retificando Condorcet"...retificação que primeiramente nega o caráter paradigmático da experiência política grega, ou seja, a democracia, conforme havia pensado seu pai espiritual. Consequentemente, a democracia torna-se para Comte um antimodelo, uma "anomalia política", de acordo com seu jargão característico [minha tese, p. 33]. Na realidade, a civilização grega, exceto pela invenção da ciência — geometria e astronomia — empalidece, e Comte vê, por exemplo, no desenvolvimento das artes helênicas nada mais do que corrupção moral de um mundo em degenerescência. Seu termo predileto para a caracterização do regime grego é "Pedantocracia".

Compreenderia melhor o paradoxo da 'síntese' entre Condorcet e de Maistre consultando seus dados biográficos. É que na sequência às leituras de juventude, Comte tornou-se secretário de Henri de Saint Simon (na redação da revista L'Industrie) e tomara conhecimento, através do seu ex-secretário, Augustin Thierry, de uma representação da Grécia cujas origens remontavam a Montesquieu. Mas, logo a seguir, encontraria a obra de um outro pensador à qual seria muito sensível, a do conservador J. de Maistre. De Montesquieu e Thierry, Comte aprende uma representação da

Grécia consolidada no quadro histórico que se cristalizaria em Benjamin Constant e que este logo tornaria popular por sua obra de 1813, *De l'esprit de conquête et de l'usurpation...*, De acordo com a nova representação liberal salientava-se nas civilizações do mundo antigo o caráter guerreiro dos povos e o militarismo, aos quais os liberais procuravam opor o novo espírito do mundo moderno, que Montesquieu caracterizara como *espírito de comércio*. Thierry e B. Constant formulavam então o seguinte quadro histórico opondo regimes políticos irredutivelmente divergentes, o militar antigo e o liberal e industrial, moderno.

Comte reteria para sempre a noção religiosa Maistriana de um poder espiritual juntamente com esta caracterização do regime antigo como Militarismo, e o empregaria para caracterizar a sociedade grega (e sobretudo a romana). Mas, acrescentaria a este traço os novos conceitos que aprenderia com o reacionário J. de Maistre, inimigo de Rousseau (que, em seguida, Comte designaria de 'simples sofista') de Voltaire e de Condorcet. O resultado desta virada em direção a de Maistre é que ele abandonaria definitivamente qualquer resquício da representação da Grécia que os liberais iniciavam. Ele adotaria desde então em boa parte a representação dos conservadores que, com de Maistre, traçavam um quadro profundamente negativo da Grécia que, outrora, fora vista pelos pensadores revolucionários como modelo. De fato, com estes novos autores (além de de Maistre, Lamennais, de Bonald e Chateaubriand) assistimos a uma verdadeira reviravolta quanto ao retrato do mundo grego. A Grécia é agora a nação da negatividade. Realmente, o ultramontano de Maistre, meditando sobre as origens do grande cisma da Igreja cristã encontra-as na Grécia antiga! Seu raciocínio é o seguinte: primeiramente ele caracteriza o ethos grego como 'espírito de divisão' e, consequentemente, o povo grego como dividido em seitas; ora, argumenta de Maistre, seita se diz em grego Heresia: os gregos foram, portanto, heréticos, anárquicos, divisionários. Esta é linha de argumentação que consta de sua obra de 1819, *Du Pape* e que Comte adotará já no

Cours ao citar o realista *saboyard* escrevendo: "A Grécia nasceu dividida".

Uma exceção permanece na condenação de Maistre, Platão, ainda que um Platão mais próximo do neoplatonismo, pois ele só "é grande, diz Maistre, sublime, penetrante quando é teólogo, ou seja, quando enuncia dogmas positivos e eternos... que trazem tão claramente o selo oriental(...) há em seus escritos mil provas de que ele se havia dirigido às verdadeiras fontes das tradições (...) havia nele um grego e um caldeu". Como se vê, o interêsse por Platão deriva de ter sido ele um caldeu e não um grego e, menos ainda, um filósofo.

Nossa pesquisa mostrava que, se no século XVIII o helenismo servira de máquina de guerra contra a sociedade cristã, agora ele servirá como contraste negativo. Entendia finalmente como e porque Condorcet deveria ser "retificado".

Em suma, em 1822, no momento em que Comte começava a reunir os elementos conceituais que lhe serviriam de base para a formulação de sua famosa Lei dos Três Estados (cuja primeira formulação no *Plan des Travaux...* já mencionava um primeiro período militar, um segundo industrial e militar e um terceiro científico e industrial) — a Grécia despontava como presidida por um espírito sectário, militarista e onde se destacava um filósofo que na verdade era um teólogo, dotado de uma "anima naturaliter christiana", louvado por de Maistre e que desde então, começava a ser mal visto pelo jovem ateu Comte.

Podíamos agora reunir os traços com que Comte desenharia o seu retrato da Grécia antiga, inscrita nas leis de evolução dos três estados. Trata-se de uma civilização onde o militarismo, não obstante ser o seu traço básico, encontrava-se de certo modo travado — Comte dirá que ele foi abortado na Grécia e inteiramente desenvolvido, é claro, em Roma. Mas foi este 'aborto' que originou aquilo que seria o maior mérito grego, a ciência. Comte raciocina aqui com toda a convicção dogmática que lhe era peculiar: a 'energia cerebral', travada pelo aborto do militarismo, militarismo que por sua vez foi suficiente para evitar o desenvolvimento da teocracia, aquela energia conseguiu, entretanto triunfar "ao cultivar ... o domínio do espírito humano." Como consequência, os gregos, mestres da divisão, seccionaram o saber em duas partes: as doutrinas sociais, que "permaneceram teológicas"e "os conhecimentos relativos ao mundo exterior e ao homem físico que se tornaram metafísicos, e aproximaram-se mais, consequentemente, do estado positivo." (Comte, *Considérations Philosophiques*... in *Système de Politique Positive*, 4ª parte, p. 165)

Assim é que o militarismo, embora abortado, teria sido capaz de nos libertar do "aviltamento teocrático" e dado origem, involuntariamente, às primeiras manifestações do espírito positivo na Grécia, ao criar uma "elite especulativa, mas não sacerdotal".

Previsivelmente, o patrono deste espírito positivo Comte encontraria no 'grande Aristóteles', cujo pensamento, ao contrário do teológico de Platão, era "bem mais vizinho do estado positivo e tendendo a liberar o entendimento humano de toda tutela teológica propriamente dita." (Comte, *Cours*, 55ª lição, p. 389). Comte não deixa de elogiar a *Política* de Aristóteles "uma das mais eminentes produções da antiguidade, e que de resto forneceu até aqui o modelo geral da maioria dos trabalhos ulteriores sobre o mesmo assunto." (*Id., ibid.*, 47ª lição, p. 176). Autor tanto mais louvável porquanto "refutou tão vitoriosamente os perigosos sonhos de Platão e de seus imitadores sobre a comunidade de bens."

Platão, o metafísico, o iniciador do monoteísmo medieval surge então como um pensador utópico, um sonhador. Restava investigar por que Aristóteles parecia a Comte constituir-se como modelo, como o "verdadeiro criador da sociologia provisória". A resposta de Comte era: "o incomparável Aristóteles descobriu...o caráter essencial de toda organização coletiva quando o fez consistir na separação dos ofícios e na combinação dos esforços." (Comte, *Système*... t. II. p. 293).

Separação dos ofícios ou das funções, este princípio que Comte atribui a Aristóteles é, entretanto, aquele mesmo que Platão apresenta como o eixo fundamental para a constituição da sociedade descrita em *Logos* em *A República*. Mais: a própria noção de justiça é definida graças a este princípio. Comte trocara as bolas, como reconhece um de seus maiores discípulos, Pierre Lafitte, corrigindo o mestre. Mas então, Platão e não Aristóteles seria "*verdadeiro criador da sociologia provisória*". Eis uma atribuição mais difícil de ser reconhecida e basicamente porque Platão é um 'sonhador', um teísta, um místico dotado de uma alma naturalmente cristã; mas talvez, sobretudo porque Platão é para Comte "a fonte sentimental do comunismo moderno". Nossa pesquisa descobria que, vivendo nas décadas turbulentas posteriores à Revolução Francesa, A. Comte, adversário político de pensadores comunistas como Louis Blanc, via em Platão a figura paradoxal de um sonhador que nutria, entretanto, um onirismo perigoso pois que comunista. Como poderia então um sonhador, metafísico, teocrata, místico, utópico e comunista ser evocado como precursor do pai do Positivismo?

Como se sabe, Comte fará um emprego certeiro do princípio platônico na concepção de sua sociedade, ela mesma concebida de acordo com uma estrita separação das funções entre cientistas, empresários e um terceiro segmento formado pelos proletários e pelas mulheres, cada qual exercendo funções próprias e instransferíveis, como na cidade platônica.

Em um artigo de 1913, 'Platon et la science sociale', o helenista e filósofo Leon Robin reconhece Platão não só como fundador da ciência social; mostra que "A. Comte produziu uma concepção política muito vizinha da concepção de Platão". Nossa pesquisa revelava que na distante Índia outro pesquisador, V.P. Varma havia se dedicado ao tema ("Comte and Plato", *Calcuta Review*, vol, 149, dez, 1958, nº 3, p. 213 a 222, University of Calcuta.) Além dos pontos elencados por Robin, Varma mencionava outros como a classificação hierárquica das ciências, e também influências no plano político que derivam da adoção por Comte do princípio que mencionamos. Neste ensaio, sua perspectiva é a de um cientista político e como tal tende a representar Platão de um modo ainda tributário do historicismo (sobre este ponto ver adiante) e do positivismo. Assim é que afirma que Platão "foi inspirado pela etérea visão da ideia do bem...e assim sonhou com uma utopia perfeccionista "(*id., Ib.*), atribuindo a Platão uma sugestão feita pela personagem Sócrates com o intuito de mostrar aos jovens Glaucon e Adimanto tudo o que uma sociedade construída sobre a base do conhecimento filosófico teria que supor. Desde então já me parecia que nem tudo o que dizem as personagens de um Diálogo de Platão pode ser atribuído sem mais ao autor do mesmo, assim como não atribuímos pensamentos manifestados, por exemplo, por Hamlet ou Quincas Borba a Shakespeare ou a Machado de Assis.

Nesta medida, seu enfoque e método diferem do nosso. Realmente, na segunda parte de nossa tese procurávamos investigar em que medida se poderia colocar Platão, sua obra e sua filosofia na conta do onirismo.

Planejamos então dedicar o terceiro capítulo de nossa tese ao exame da imputação de Comte: seria o filósofo Platão um sonhador? Seria sua filosofia, uma das maiores obras legadas ao ocidente pela Grécia, nada mais do que onirismo ou idealismo? Dispusémo-nos então a retornar ao método do Tempo Lógico, da leitura rente ao texto com o propósito de reexaminar algumas das teses fundamentais que encontramos na obra de Platão. Procuraríamos agora examiná-las à luz do contexto da obra, ou seja, da troca de opiniões entre as personagens em que eram formuladas e não como proclamas dogmáticas formuladas como verdades absolutas.

Foi este trabalho que desenvolvemos ao longo do tempo em que ministrávamos os cursos acima referidos de História da Filosofia Antiga no Depto. de Filosofia da USP. Trabalho que nos tomou um bom tempo, tanto pelo fato de que ele se fazia conjuntamente com a preparação das aulas, quanto pelo fato de que implicava numa releitura do Corpus Platônico em sua totalidade, acompanhada de uma consulta extensa à bibliografia especializada.

Subdividimos nosso terceiro capítulo da tese em três partes, uma dedicada à questão do onirismo nos Diálogos, outra à natureza dramática da obra de Platão e a terceira ao reexame da célebre teoria das ideias. A pertinência desta triplíce configuração nos parecia provir do fato de que nosso filósofo tratara expressamente, de modo tematizado, da questão do sonho, definindo-o como um estado em que "dormindo ou acordado, tomamos um objeto que se assemelha a um outro não pela imagem deste objeto, mas pelo próprio objeto ao qual ele se assemelha", isto é, pelo próprio original (*Rep.* 476c). O sonhar configurava-se então como uma modalidade de engano, feita indiferentemente durante o sono ou em vigília, e é esta última condição que torna a concepção especialmente paradoxal. De fato, de acordo com ela, no mais das vêzes, sonhamos de olhos abertos, como que vitimados por um transe. Como entender tal paradoxo?

O exame dos textos sugeria, inicialmente, que Platão procurava apresentar sob forma dramática, dialogal, um método de reflexão que propunha ao leitor não a simples negação do mundo sensível, que seria mera aparência irreal diante do 'mundo inteligível' das Formas ou idéias, mas uma disjunção pela qual deveríamos ficar alertas quanto ao poder encantatório de nossas impressões sensíveis, de nossos interesses e de nossa imaginação. Tudo se passava como se devêssemos tomar certa distância com relação à nossa apreensão sensível do mundo apresentado, neste plano, como proteiforme. Daí a diferenciação proposta pelo texto entre o domínio dos *Eidola*, dos ídolos e o domínio próprio das ideias. O filósofo visava assim resguardar seu leitor do mesmo modo que Ulisses havia feito com relação aos seus marinheiros, fascinados e seduzidos pelo canto das sereias. Daí a apresentação da sua personagem principal, Sócrates, como uma mosca varejeira, que procura despertar os cidadãos de Atenas comparados a um cavalo de boa raça mas meio dorminhocos (v. *Apologia de Sócrates*). Daí também a caracterização do filósofo como um Alexipharmakon (v. *Primeiro Alcibíades*, 132b,1-2), um antídoto aos sortilégios dos discursos (como no *Fedro*). Pois, confessa Sócrates, no *Menexeno*, é tal o poder encantatório de certos discursos que "apenas no quarto ou quinto dia depois de ouvi-lo(s) relembro-me de mim e descubro onde estou." (235c,3-4).

Estas referências pareciam suficientes para dar uma ideia da profundidade do tema do onirismo e de sua inscrição na teoria platônica do conhecimento e em sua ontologia, ambas apresentadas metaforicamente na *Alegoria da Caverna*. Quando Merleau-Ponty assegura-nos, em sua obra *Le visible et l'invisible*, de que nossa fé no mundo nos faz entrar em algo análogo a uma caverna, ou seja, "em um labirinto de dificuldades e de contradições", pode-se dizer que ele platoniza, mas não que representar assim nossa fé ingênua no mundo seja própria de um filósofo sonhador.

Restava mostrar como uma tal visão se coadunava com os elementos teóricos que a tradição apresentava como a dogmática Teoria das Formas de Platão. Nosso exame então se dirigia aos chamados Diálogos Metafísicos, como *O Sofista, O Parmênides, O Theeteto,* além do *Timeu*, da *República e do Fedão*. De modo muito resumido, procurávamos então demonstrar como a posição das Formas se constituía apenas como um meio para escapar às contradições do sensível, patenteadas no célebre exemplo da 'fenomenologia' do dedo apresentada no L. VII da *República (524c)*. Como anota G. Milhaud, (*Les philosophes geomètres de la Gréce, Platon et ses predecesseurs*, Paris, Vrin, 1934, p. 257)"...enquanto que a ideia geral deriva sempre da constatação das características comuns a uma multidão de coisas, somos levados à ideia platônica bem mais pela contradição das impressões sensíveis exteriores do que por suas semelhanças." Ademais, Platão procurava enfrentar os ardilosos argumentos sofísticos e opostos dos Heraclitianos e do Eleatas, que arruinavam a possibilidade do conhecimento, levando à misologia. Assim, por exemplo, recorda-se como, no *Sofista,* o argumento sofístico primeiramente iguala o ser à verdade e a falsidade ao não ser, e em seguida alega-se que como o não ser não é, segue-se que o mesmo vale para o falso e que então falsear, ou seja errar, seria cometer o gesto impossível de dizer o não ser. Cabe a Sócrates então o esfôrço de demonstrar que, num certo sentido, o não ser é! Com isto não se procura, é claro, alegar que o não ser seria algo como um nada absoluto que Parmênides declarara impensável, mas apenas uma modalidade de designação do Outro. Assim, emergem no *Sofista* as cinco categorias ou cinco gêneros do Ser: ser, repouso, movimento, o mesmo e o outro. (*Sofista*, 254e).

Como diz L. Brunschvicq (in *Héritage des mots héritage d'idées,* Paris, PUF, 1950):

> "A posição de Idéias como entidades transcendentes, tal como se depreende de alguns textos do Fedão e da interpretação maliciosa de Aristóteles, levantaria, se o mundo inteligível fosse outra coisa do que uma metáfora, dificuldades que, além do mais, o autor do Parmênides foi o primeiro a indicar como inextricáveis."

Concluíamos, depois deste longo périplo, que, neste sentido, o que se convencionou chamar de 'mundo das idéias' de Platão não precisa ser necessariamente visto como uma instância duplicada do nosso mundo, um *topos ouranos* que abrigaria de algum modo um conjunto de seres quiméricos apenas visíveis à contemplação extática, mística de um filósofo mais assemelhado a um místico ou a um profeta. Trata-se antes de procurar dar conta do fenômeno da inteligibilidade, de afirmar a existência de uma inteligibilidade presente também, embora não de modo pletórico, nos 'semelhantes', ou seja, no mundo sensível. Em suma, concluíamos, Platão pede apenas que reconheçamos a disjunção entre os planos do sensível e do inteligível, ou nas palavras de V. Goldschmidt, que a opinião não é uma ideia, embora constantemente se mascare como tal. A aporia relativa ao modo como se dava a relação entre o inteligível e o sensível permanecia sem solução aparente no Diálogos que se limitavam a trazer a lume o problema. Mas esta não era, certamente, a posição de um sonhador.

Na conclusão geral de nossa tese chamávamos a atenção para

a reflexão política de Platão, especialmente para o Diálogo *As Leis* em que a personagem do filósofo era substituída pela do legislador e onde se fazia a crítica da cidade da *República*. O próprio Platão indicava assim o caráter utópico da cidade da *República*. Equivaleria isto a dizer que Comte, ao menos neste particular, estaria correto ao designá-lo de sonhador? Bem, afirmá-lo seria mera tautologia, haja vista que o próprio filósofo da Academia a construíra observando o hiato existente entre teoria e práxis, ou seja a construção era feita em *Logos*. Seu propósito não era o de sugerir como deveria ser uma cidade real, mas apenas o de descrevê-la como um instrumento para demonstrar aos desesperançados e, estes sim, idealistas jovens Glaucon e Adimanto, como seria possível empreender uma defesa da justiça num momento de crise aguda da civilização ateniense. Neste sentido, a construção da cidade "perfeita" da República — cujo caráter eminentemente teórico o próprio texto enfatizava (*Rep*. V,472D,1-3; IX,592ab) — configurava-se como um instrumento encarregado de tornar mais claro, ou mais agudo para os jovens, o problema político de uma justiça que eles compreendiam e ambicionavam ver realizada na forma de um bem absoluto.

Mais próximo da utopia estaria Comte que idealizara uma sociedade concebida segundo os moldes 'lógicos' (no sentido de válido apenas na obra escrita, in *Logos*) rígidos, estes sim platônicos, do princípio da separação das funções, de acordo com o qual substituiria o filósofo-rei platônico por algo como um sociólogo-rei. O caráter doutrinário do seu positivismo o levava a afirmar sua crença num método científico dotado de uniformidade e tal que pudesse ser indiferentemente aplicado à natureza e à sociedade.

Iniciávamos então nosso ofício pedagógico do ensino de Filosofia Antiga no Depto. de Filosofia, enquanto prosseguíamos nossas pesquisas, agora também no âmbito do pensamento brasileiro que sofrera o forte impacto do Positivismo Comteano. Defendemos nossa tese de Doutoramento em 20 de agosto de 1986, aprovada com distinção.

Atividades docentes, pesquisas e atividades de extensão.

A partir da obtenção do Doutorado, todo o meu trabalho centrou-se na docência e na pesquisa, sem prejuízo das atividades de extensão. Podem-se consultar os informes dos cursos de graduação e de pós-graduação por nós ministrados ao longo de todos estes anos e examinar a qualidade de nosso trabalho. Naquela época, não havia ainda surgido entre nós o imperativo 'publish or perish', de modo que minha preocupação fundamental seguia sendo com o trabalho pedagógico.

Além do cumprimento da carga horária relativa ao trabalho docente, prestamos alguma colaboração exercendo funções administrativas, de que são exemplos nossa colaboração em Comissões, tanto de Graduação, quanto da Biblioteca.

Desde o início, e ainda nos anos 80, pudemos também atender a convites para a realização de palestras, conferências, mesas redondas, seminários de outros campi, como os de Araraquara (Unesp: sobre os sofistas e a ilustração grega), de Marília (Unesp: sobre a natureza da obra platônica), além da própria USP (Colóquio sobre a Constituinte em Debate, sob o título: "Legislação, Constituição e Legislador em Platão", publicado pelo Seaf, ed Sofia, SP, 1987, p. 349-355). Um extrato resumido e parcial da tese de doutoramento foi publicado na Revista *Discurso* do Depto. de Filosofia da USP, em 1983, p.67-89 sob o título de "As Fontes de Augusto Comte".

Destaco a seguir nossas participações em centros de estudo, da USP e de fora, a partir do final do anos 80 e ao longo dos últimos anos, a partir das quais nosso trabalho tomaria outro rumo.

IDESP

Por volta de 1986, fui convidado pelo cientista político Bolivar Lamounier, que então, juntamente com uma plêiade de estudiosos, havia criado o Instituto de Estudos Econômicos, Sociais e Políticos de São Paulo, o IDESP, para participar dos trabalhos de pesquisa e de seminários daquele instituto. Pude então aprofundar minimamente meus estudos sobre o tema referido acima, e em continuidade com o tema de minha tese, referente ao impacto das idéias de Augusto Comte no Brasil. Muito resumidamente, graças a esta primeira pesquisa, empreendida como um prolegômeno, pude me dar conta da importância do impacto ocasionado pelo positivismo sobre o pensamento e sobre algumas das instituições políticas de nosso país. Reparti meu estudo em dois momentos, o primeiro referente ao final do século XIX, quando o positivismo se implantou no país em meio militar e em torno principalmente da pessoa de Benjamin Constant Botelho de Magalhães; e o segundo girando em torno de alguns politicos de inspiração positivista, particularmente sediados no Rio Grande do Sul. B. Constant teve papel destacado no processo de implantação de nossa República, tendo sido responsável pela conversão do chefe supremo da legalidade monarquica, o Gal. Deodoro da Fonseca ao movimento republicano. Constant era um moderado e a princípio opunha-se à receita positivista da Ditadura Militar Republicana, de união do saber e do poder (a velha transposição do ideal platônico do filósofo-rei para a nova forma do sociólogo-rei positivista que vimos em nossa tese de doutoramento). Mas quando o novo governo provisório convocou a Assembléia Constituinte, o segmento militar, liderado por Constant, consciente de que o mestre A. Comte desprezava o regime parlamentar, inclinou-se para o regime presidencialista, que mais se aproximava do modelo ditatorial positivista. Assim, a ditadura republicana se travestia em ideologia presidencialista. Era este mesmo modelo que encontraríamos em nossa pesquisa sobre os positivistas gaúchos: Julio de Castilhos, Borges de Medeiros e Getúlio Vargas. Em todos eles podemos encontrar os traços antidemocráticos da velha teoria da separação das funções projetada no plano político e nas instituições brasileiras. Numa formulação esquemática e forçosamente empobrecida teríamos:

- A sociedade é compreendida como um todo composto de

partes distintas como um organismo, cada parte tendo uma função específica.

- a função política é o apanágio de uma só parte do corpo social, à exclusão das demais.
- o governo se legitima alegando como seu fundamento uma ciência da sociedade.

Como diz B. Lamounier, "Getúlio assimilou o Positivismo sobretudo em sua formulação prática que lhe deram Castilhos e Borges, isto é, como uma concepção aplicada diretamente à situação do Rio Grande do Sul e do Brasil republicano". (texto cit. p. 15). Getúlio governaria o país primeiramente de 1930 a 34, sendo reeleito para um mandato de 34 a 38. Inconformado com a nova Constituição que lhe parecia muito liberal, lidera o golpe de Estado de 1937 e faz nascer o Estado Novo, tornando-se o primeiro ditador de nossa história, governando o país até 1945. Mas em 1950 volta ao poder agora eleito e, por fim, em 1954 comete suicídio.

Resultou deste segmento da pesquisa, nossa aula inaugural do Depto. de Filosofia da USP do ano letivo de 1987 e sobretudo nossa participação na Conferência do 14° Congresso Mundial da Associação Internacional de Ciência Política — IPSA — realizada em Washington, DC. em 1/09/ 1988, com o título, "Auguste Comte's reading do Greek Political Thought and Its Impact on Modern Political Thinking and Institutions" (ver em anexo a versão francesa deste texto: "La pensée politique Grecque selon Auguste Comte et sa influence sur la culture politique brésilienne").

Esta foi uma experiência especialmente gratificante, não apenas porque me punha em contato novamente com pesquisadores internacionais, sobretudo de língua inglesa, como também pelo fato de que, através destes contatos, pude ampliar notavelmente meus horizontes sobre o conhecimento de filosofia em geral e da filosofia política grega e dos pensadores da tradição socrática (Platão, Xenofonte, Aristóteles, Cícero...). Em particular, uma observação acerca do meu trabalho, feita pelo professor responsável pela mesa de que participei tornar-se-ia valiosa para minhas futuras pesquisas. Fiquei assim sabendo que a linha de trabalho que adotara aproximava-se do modo de abordar as obras dos clássicos gregos tal como vinha sendo praticada por estudiosos recentes de língua inglesa, que até então não pudéramos examinar com o devido cuidado. Assim foi que a partir de então pude conhecer obras de importantes pensadores que vinham se dedicando a renovar os estudos dos clássicos, particularmente na área de filosofia política, tais como, Allan Bloom (que em 1965 traduzira e comentara_*A República*_de Platão); Thomas Pangle (que em 1980 traduzira e comentara *As Leis* de Platão); Paul Rahe (*Republics ancient and modern*, 3 vols. 1992) Leo Strauss (que juntamente com Joseph Cropsey editara uma magistral *History of Political Philosophy* em 1963, obra que trazia ensaios sobre os maiores filósofos políticos de nossa história escritos por especialistas reconhecidos em suas áreas de estudo, tais como Ernest Fortin — sobre Agostinho e T. de Aquino —, Muhsin Mahdi — sobre Al Farabi, Laurence Berns, Stanley Rosen, Herbert Storing, W.Dannhauser — estudioso de Nietzsche — que têm o dom de apresentá-los de modo sucinto e em profundidade. O que aproximava estes estudiosos era a preocupação de não ceder às tentações dos reducionismos positivistas e historicistas, e neste sentido seu encontro representou para o professor em aporia teórica, mais do que uma descoberta, uma verdadeira *serendipity* (como se verá adiante).

O longo caminho de volta à filosofia

Portanto, é possível dizer que esta viagem e os estudos que foram propiciados pela abertura do novo horizonte que ela propiciou marcaram uma virada em minha vida de profissional da filosofia que ganhou novo alento. Resumindo muito, todo um novo universo de pensamento se abriu; pude começar a perceber, de forma mais ordenada e clara, de que havia me apercebido até então, a importância filosófica e política do conceito de direito natural e de sua relação com a questão da tolerância e, mais geralmente, o modo como o pensamento dos grandes clássicos da antiguidade articulava-se, seja por continuidade, seja por contraste ou ruptura, tanto com o pensamento dos medievais (como os cristãos, os "falasifa" islâmicos como Al Farabi, os judeus como M. Maimônides), quanto com o pensamento de alguns dos principais pensadores modernos, como Maquiavel, F. Bacon,T. Hobbes, Descartes, Spinoza, J. Locke, os "Philosophes" do século XVIII, os do século XIX como Kant, Hegel, Marx e Nietzsche, e ainda os contemporâneos do século XX como Max Weber, Heidegger, A. Kojève, C. Schmitt. Pela primeira vez tinha acesso, neste novo horizonte, a uma visão ampla do desenvolvimento da filosofia ao longo de sua história, em que despontavam algumas de suas articulações fundamentais. Podia recuar e ter uma percepção intelectual mais distanciada e equilibrada dos filósofos intérpretes de Platão e de Aristóteles, como Nietzsche e Heidegger. De fato, desde minha graduação em filosofia minha compreensão da literatura filosófica grega ficara marcada pelas interpretações grandiosas estabelecidas por estes dois filósofos alemães, promotores e herdeiros da grecomania alemã — Platão, em particular ficara estigmatizado, seja como um socialista cristão 'avant la lettre', seja como o responsável maior pelo esquecimento do ser. Mas, acima de tudo, pude retomar meus projetos iniciais de procurar uma compreensão mais adequada da filosofia política grega de que me havia afastado desde minha estadia na França. Foi, na verdade, uma retomada que iria paulatinamente significar minha reconciliação com a filosofia — que não se apresentasse meramente como uma *Weltanschauung* —, depois de uma longa imersão nas ciências humanas, como se verá adiante.

IEA-USP

Destaco também minha participação no importante grupo de estudos de Teoria Política que constituímos ao final dos anos de 1980 na USP e que, a partir de 1991, foi ampliado e integrado ao Instituto de Estudos Avançados da USP — o IEA — sob a coordenação do Prof. Claudio Vouga. Ele inicialmente reunia professores do Depto. de Sociologia e de Ciência Política e Filosofia da FFLCH, e logo contou com professores da Unicamp, Unesp e PUC-SP. De fato, a partir de 1991, criamos o Grupo de Teoria Política que realizava reuniões quinzenais para a apresentação de trabalhos que giravam em torno de um tema pelo qual nutríamos especial interesse, o bem comum e a noção de República. Dele participaram ativamente pesquisadores como Gabriel Cohn, João P. Monteiro, Milton Nascimento, Rolf Kuntz, Cícero Araújo, Eduardo Gianetti da Fonseca, Modesto Florenzano, além de Claudio Vouga, Célia G. Quirino, o saudoso Gildo Marçal Brandão (estes três últimos foram os editores do volume que reuniu nossas principais contribuições para o Grupo, publicado em 1998 como o título de *Clássicos do Pensamento Político* - EDUSP, e onde se encontra nosso ensaio Politéia e Virtude: As origens do pensamento republicano clássico, de 1996 — reproduzido em nossa Seleta de textos.) Neste nosso texto podem-se ver as primeiras tentativas de uma abordagem — advertida quanto às eventuais distorções reducionistas mencionadas acima — dos clássicos da filosofia bem como os traços dos primeiros progressos realizados na tentativa de articular o pensamento republicano dos clássicos ao dos modernos (este texto foi publicado também na *Lua Nova*, Revista de cultura e política do CEDEC, nº 38, 1996, p 55-76, dirigida e editada pelo Gabriel Cohn).

Além da participação nos Seminários e desta conferência feita no IEA, pude contribuir com uma palestra (texto inédito) sobre a obra *A Política* de Aristóteles. Creio que o principal mérito desta comunicação sobre Aristóteles foi o fato de ter nela procurado chamar a atenção para a questão da concepção aristotélica da Justiça como Bem Comum, abrindo assim o caminho para que este tema viesse a se tornar um dos eixos principais de interesse do nosso grupo de estudos e de nossos seminários. Meu interesse pela reflexão política de Aristóteles foi também despertado por uma sugestão feita pelo saudoso colega e Prof. Luiz Roberto Salinas Fortes. Este convívio e os estudos ali realizados, juntamente com os colegas de outras áreas de conhecimento, foram para mim muito enriquecedores. Pude compreender com mais clareza a posição de Aristóteles sobre a escravidão natural (com o auxílio do notável ensaio de V. Goldschmidt "La théorie aristotélicienne de l'esclavage et sa méthode") que desafiava o historicismo mostrando como o estagirita fora capaz de pôr prudentemente em xeque aquela instituição tão característica da Antiguidade; avaliar melhor, como, a partir de sua concepção da Natureza — de que os seres bem constituídos formam a regra — sua crítica aos sofistas que, ao contrário, se orientam pelo Acidente; pude tambem me dar conta da oposição, tão prenhe de consequências, a Aristóteles e a Platão, vigente entre filósofos modernos como Maquiavel (o célebre cap. XV de *O Príncipe* em que emerge a oposição realismo moderno, idealismo antigo) e Hobbes sobre questões como a natureza humana — o *zôon politikón* substituído pelo animal lupino — e o foco posto, desde então, no Estado como garantidor, relativamente impessoal, da liberdade do indivíduo e não mais exclusivamente da comunidade. Em suma, era toda uma revolução política que para mim começava a se descortinar.

Assim foi que, desde o início dos meus cursos de História da Filosofia Antiga, nos inícios dos anos de 1980, pude apresentar meus programas de estudos centrados na Filosofia Política Grega. Naquela época os cursos eram anuais de modo que ensejavam um trabalho de maior folego, possibilitando que nos dois semestres do ano letivo tomássemos como tema as obras *A República*, *O Político* e *As Leis* de Platão e *A Política* de Aristóteles. Em todos os meus cursos procurava me valer da lição referida acima de Vidal-Naquet, ou seja, a de trabalhar os clássicos antigos referindo-os não apenas à história grega, mas procurando, simultaneamente, situar os temas e as questões na história da filosofia política posteriormente ao período original. Assim, pude estabelecer, desde o início, articulações bastante gerais entre os Antigos e os Modernos (privilegiando inicialmente as obras de autores como F. Bacon, T. Hobbes, J. J. Rousseau, F. Nietzsche e M. Heidegger e, posteriormente, enriquecendo este quadro inicial com Maquiavel, B. Spinoza, J. Locke, Montesquieu, A. Smith, B. de Mandeville, B. Constant...). Pensava então, e penso ainda, que este empenho em procurar as relações de ruptura e continuidade entre os Antigos e os Modernos propicia para os alunos uma abertura capaz de neutralizar, se não de relativizar os excessos de preconceitos historicistas e positivistas de que em geral eles são, meio inconscientemente, portadores. Se em filosofia o estudo dos modernos sempre leva em conta os contrastes com os antigos, que sempre acabam apresentados sem dúvida como fundadores, mas tambem sempre apenas como precursores, então por que não inverter o sentido da didática, indicando a presença consistente e a sedimentação deixada pelos antigos nas obras dos modernos e em nossa cultura política?

Enfim, sempre relembro com saudades nossos encontros do Grupo de Teoria Política, pois foi a primeira — e *hélas*, única - experiência que tive de um trabalho interdisciplinar conduzido *sine ira et studio* em que realmente pudemos realizar uma troca enriquecedora no âmbito da nossa Universidade (empreendimento que eu havia tentado realizar, lamentavelmente, sem muito sucesso no plano mais modesto do Depto. de Filosofia, quando de meu ingresso na carreira — pois entre as virtudes do nosso Departamento não se encontra a disposição para a troca que só o diálogo pode propiciar).

Meus cursos na USP; novas descobertas

A seguir, procuro dar uma ideia muito resumida do modo como pude desenvolver minhas pesquisas e meus cursos. Como disse acima, procurei centrar meu trabalho didático na cadeira de História da Filosofia Antiga, tanto na graduação quanto na Pós-graduação em torno das questões da filosofia política. Mais do que compreender a questão do nascimento da filosofia, procurava uma compreensão do modo como se constituíra a filosofia política. As questões que inicialmente buscava equacionar diziam respeito às relações entre a Democracia/Isonomia proclamada por Clístenes, o ateniense, ao final do século VI aC. e as elaborações sobre a *Politeia*, o bom regime, dos filósofos Platão e Aristóteles. Minha intenção inicial era fazer com que os alunos lessem as duas grandes obras, *A República*, e *A Política*. Nas aulas expositivas, procurava dar conta das diferentes intencionalidades que os respectivos filósofos plasmavam em suas obras. À margem das evidentes diferenças, procurava dirigir a atenção, tendo como foco o regime democrático, em particular às distintas abordagens que a esse respeito discerníamos nestas obras. Deste ponto de vista patenteava-se que ambos os filósofos dispunham suas reflexões de modo crítico em relação a este regime.

Neste particular, as questões desenvolvidas pelo estagirita prestavam-se a explicações mais simples, graças à clareza com que eram expostas em seus escritos sob a forma de tratados. No terceiro livro da *Política*, nosso filósofo notabilizava-se por caracterizar o regime democrático, não como o regime da maioria, como pensaríamos à primeira vista. Ele constatava que em qualquer regime a maioria era constituída por pobres — ou seja, por cidadãos submetidos à necessidade de empregar praticamente todo seu tempo ao trabalho para a subsistência. Em termos gregos, tratava-se de um regime em que, potencialmente, os cidadãos se viam privados de *Skholé*, do ócio necessário para a boa educação, assinalando que sem tempo livre, privado de *Escola,* o cidadão fica privado do necessário aprimoramento político-educativo. A referência desta circunstância, tipicamente empírica, ou mais exatamente, sociológica, condicionava o regime democrático a um déficit educacional e residia aí, para os nossos filósofos, o maior gravame do regime democrático. Mas, não obstante esta crítica, encontrávamos em Aristóteles muitos argumentos favoráveis, se não ao próprio regime, ao menos a certos procedimentos característicos da democracia.

Já com relação às obras mais nitidamente políticas de Platão, e em particular à *República* — que cada vez mais se tornava a âncora para minha compreensão da filosofia grega —, as dificuldades eram infinitamente maiores. Como sabe todo leitor dos Diálogos, era preciso dar conta de duas séries de questões, separadas inicialmente apenas como um artifício didático, mas que logo teriam que ser reunidas no todo original: refiro-me às questões referentes à Forma e ao Conteúdo. Quanto à Forma, havia primeiramente o fato de que nosso autor omitia sua presença nos Diálogos, supostamente deferindo à personagem Sócrates a parte que deveria caber ao autor. As diferenças de idade em que Sócrates surgia nos Diálogos, os modos de proceder, as variadas posições diante de distintas questões, o abuso dos lances irônicos da personagem apresentam-se de formas tão variadas nos Diálogos que se torna impossível atribuir a ele a função de porta-voz principal ou exclusivo de Platão. Por exemplo, limitando-nos aos argumentos, o leitor do 1° livro da *República* logo se apercebe que as teses ali desenvolvidas pelos contendores colocam o pseudo porta-voz de Platão em um patamar qualitativamente muito próximo de seu adversário Trasímaco, a tal ponto que, ao final do capítulo, Sócrates assume a culpa pelo fracasso da pesquisa, deixando no leitor uma incerteza sobre quem finalmente teria razão acerca da justiça. Neste sentido, o cientista político Ralf Dahrendorf pôde escrever um ensaio sob o título eloquente de "Em louvor de Trasímaco"(*Ensaios de Teoria da Sociedade,* trad. Regina L.M. Morel, ed. Zahar, ed. da Universidade de São Paulo, p.151-173), no qual aproxima o pensamento político de Trasímaco do de T. Hobbes. Além deste ponto, é preciso levar em conta o fato de que o pensamento do filósofo está vazado na forma de Diálogos, ou seja, de verdadeiros dramas filosóficos. Portanto, para compreender seu pensamento não bastaria extrair do tecido dramático — à maneira de um inábil açougueiro, como lemos no *Fedro* — os argumentos, os 'filosofemas' veiculados pelas personagens, fazendo abstração de suas características tais como se encontravam presentes no próprio texto.

Certamente, em minha tese de doutoramento, eu já havia encontrado esta questão da forma, bem como algumas sugestões bibliográficas valiosas para tratar deste ponto nas obras, tanto de autores do século XIX como Schleiermacher, (*Introductions to the dialogues of Plato*, reeditado agora pela Forgotten Books London 2015), quanto dos contemporâneos como P. Friedlander (*Plato, an introduction*, 1973) e R. Schaerer, *La question Platonicienne, étude sur les rapports de la pensée et de l'expression dans les Dialogues* , Paris, J. Vrin, 1969). Dispunha em todas elas de indicações valiosas de que procurava me servir e elaborar em minhas aulas. Mas eram ainda inegavelmente incipientes e insatisfatórias. (Schleiermacher levantava a questão do Exoterismo dos Diálogos mas a resolvia de modo limitado (v. livro cit., p.17-18)

Havia ademais a questão do conteúdo — ou as questões do conteúdo, os argumentos ou os dogmas centrais da filosofia platônica (teoria das ideias, imortalidade da alma, o Agathos...). No caso da *República*, o Diálogo se desenvolvia nos primeiros dois livros sob a batuta de um Sócrates cujas posições pareciam geralmente aceitáveis para as demais personagens (com exceção de Trasímaco) e, consequentemente, para o leitor. Para dar conta da questão da Justiça formulada como um bem absoluto, conforme os votos dos irmãos Glaucon e Adimanto, Sócrates, advertindo os partícipes sobre suas próprias limitações, propunha a construção de uma cidade justa com o propósito de, uma vez ali identificada a Justiça, elucidar a mesma no plano psíquico ou individual. Personagens e leitores, sobretudo leitores modernos e contemporâneos como os nossos alunos, certamente sentiam-se provocados e intelectualmente incomodados com teses como a censura aos geniais poetas gregos mas, de certo modo, podia-se dar algum crédito às sugestões de Sócrates pois, afinal, tratava-se da consecução de uma cidade justa e estávamos ainda no início da obra. Mas, à medida em que novos elementos e medidas para a cidade iam sendo especificados, sobretudo nos livros seguintes e, em particular, a partir dos Livros IVº e Vº — como a comunidade das mulheres, das crianças e das propriedades, o governo do filósofo-rei, a censura e expulsão dos poetas, (para não mencionar o envio para os campos (sic) dos maiores de dez anos de idade, de modo a propiciar às crianças uma educação de acordo com os novos princípios filosóficos, opostos aos da educação tradicional — L.VII, 540d-541[a]), o desconforto inicial configurava-se cada vez mais como de difícil, se não impossível, aceitação. Realmente, tratava-se de medidas que em conjunto pareciam confirmar a tese de intérpretes como K. Popper. Mas seria necessário nos dirigirmos a outro diálogo, no caso às *Leis* (V,739d-c) para sabermos que tais inovações radicais não visavam a cidade dos homens, pois só seriam possíveis "entre deuses e filhos de deuses". Neste sentido o comentário de Allan Bloom em sua edição de *A República* é preciso, indo direto ao ponto: "O livro V° é ridículo e Sócrates espera que ele seja ridicularizado." (A. Bloom, *The Republic of Plato*, 380).

Não surpreendia mais o leitor o fato de que as próprias personagens, até então relativamente dóceis às propostas de Sócrates, agora manifestassem suas resistências (como vemos no início dos livros IV° e V°, respectivamente, nas vozes de Adimanto e de Polemarco). No livro V° (473e-474[a]), o simples anúncio da tese do filósofo-rei provoca em Glaucon a ameaça de surrar Sócrates, caso ele não consiga bons argumentos para justificar sua proposta. Ficava sobretudo claro que, na comparação com a pretendida perfeição da cidade justa, construída em *Logos*, o regime democrático ateniense não tinha chances de obter o título de bom regime, sendo superado em ruindade apenas pela Tirania que, aliás, ele gera — como vemos ao longo do Livro VIII°. Mas, para além da questão da democracia, deparávamo-nos agora com a questão mais importante de como compreender todas estas inovações radicais com as quais Sócrates parecia procurar antes chocar seus interlocutores, e sobretudo seus leitores do que propriamente trazer uma resposta à questão sobre a justiça como lhe fora solicitado, sendo certo que ambas as intenções não se excluem.

Bem, meu propósito aqui é apenas o de sugerir resumidamente as enrascadas e percalços em que me via enredado ao longo dos anos iniciais de minha carreira de professor. No meu caso, portanto, vê-se que mais do que a qualificação do Diálogo de Platão como uma aporia, era o professor encarregado de elucidá-lo que realmente se encontrava em aporia — e que aporia! É ocioso acrescentar que, mesmo depois de tantos anos de ensino, essa sensação de aporia ainda persiste em minhas relações com os Diálogos de Platão. Meu consolo é que os melhores e mais renomados intérpretes que se dedicam às tarefas hermenêuticas de decifrar os Diálogos partilham, em maior ou menor grau, deste mesmo Pathos.

Com o tempo pude discernir não as soluções para os enigmas e aporias do Corpus Platonicum, mas o que me pareceu, de qualquer modo, um inegável progresso. Ou seja, consegui perceber aonde estava meu erro ou erros: para além do erro da expectativa de encontrar soluções fáceis nas obras, meu equívoco basicamente consistia em que em minhas leituras eu introduzia, insensívelmente, como premissa, uma dissociação entre Forma e Conteúdo, partindo sempre da procura pelos dogmas ou argumentos, num movimento que fatalmente, ao invés de facilitar minha compreensão, conduzia-me a perder de vista a articulação entre os argumentos e as personagens, e assim a uma multiplicação das dificuldades. Mais precisamente, embora, como indiquei acima, eu tivesse levado em conta a importância do caráter dramático dos Diálogos, não o fizera de modo suficiente. E, foi apenas a partir de meu contato com uma plêiade de, para mim, novos intérpretes e comentadores de Platão que pude, aos poucos, desenvolver e aprofundar as sugestões iniciais que encontrara em Schleiermacher, em Friedlander e em R. Schaerer. De fato, autores como o já mencionado A. Bloom, Seth Benardete (*Socrate's second sail: On Plato's "Republic"* Chicago, University of Chicago Press, 1989) Ronna Burguer (*Plato's Phaedrus, a defense of a philosophic art of writing*, Alabama, The university of Alabama Press, sd) Jacob Klein (*A commentary on Plato's "Menon"*, Chapel Hill, University of North Caroline Press, 1965), Stanley Rosen (*The Republic of Plato a Study*, 2005), Laurence Lampert (*How philosophy became*

Socratic, University of Chicago Press, 2010), Paul Rahe (*Republics ancient and modern*, 1992) e Leo Strauss (*The city and man*, 1964), para citar apenas alguns representantes de um universo de intérpretes inovadores, tornaram-se as fontes de um renovado tratamento das obras do filósofo da Academia. Graças a eles pude me dar conta de que a leitura dos Diálogos não podia se limitar apenas ao exame dos argumentos, mas para que se expandisse e se aprofundasse nossa compreensão da obra seria fundamental que se estabelecesse a articulação entre os argumentos e as diversas personagens — e também as circunstâncias em que ambos se encontram — que os enunciam. Desde então passei a ler os Diálogos atento às intervenções das personagens, ciente de que um Diálogo não se apresenta como um drama por qualquer veleidade estética beletrista, mas que simultaneamente à troca de opiniões há uma ação sendo exercida sobre as personagens.

- que é igualmente fundamental levar em conta que entre as lições fundamentais que Platão aprendeu de Sócrates destaca-se a de que a escrita em si mesma é a forma incontornável mas, ainda assim, deficiente para a transmissão das questões de maior interesse da filosofia;
- que, consequentemente, Platão empenhou-se em desenvolver uma peculiar arte de escrever para superar os naturais obstáculos da obra escrita (arte que é objeto de reflexão especialmente no diálogo *Fedro*);
- que bom número dos Diálogos, em particular é o caso de *A República*, são compostos de modo irônico, sendo neste particular fiel à célebre ironia socrática;
- mas, sobretudo, tornava-se cada vez mais claro que, como diz Platão em sua carta autobiográfica (*Carta VII*), a cidade condenou a morte o mais justo dos homens na figura de Sócrates e que por conseguinte pairava sobre a filosofia e sobre os filósofos a ameaça constante de interdição e de perseguição.

Este último ponto me conduzia a atentar para o fato — destacado na alegoria da caverna — de que a tensão existente entre a cidade e a filosofia exigia desta última cuidados especiais quando se tratava de estabelecer uma comunicação com os cidadãos. Dito de outro modo, os filósofos clássicos — e tambem boa parte dos modernos —, ao contrário dos contemporâneos, cidadãos de sociedades abertas, se viram sob a necessidade de proteger a filosofia e a si mesmos contra o assédio dos Anitos, dos Meletos e demais conformistas, presentes em todas as sociedades, aferrados à tradição, indispostos quanto ao saber filosófico. Enfim, era agora necessário levar a sério as reflexões de tantos historiadores antigos e modernos sobre o fenômeno do exoterismo, que Leo Strauss especialmente havia redescoberto mais recentemente em seus estudos de filosofia antiga, medieval e moderna (ver meu texto na Seleta..., *Leo Strauss, uma hermenêutica da perseguição*).

Historicismo e exoterismo

Eu voltava assim a reencontrar as questões acima referidas sobre o historicismo, agora articuladas ao fenômeno do exoterismo. Em seguida tento dar uma ideia breve de como ambos os métodos se articulam. Como diz Sócrates no *Teeteto* (180d), referindo-se aos seus precursores:

> "que esconderam da maioria, através da poesia, que a origem de tudo, Oceano e Tétis, não são mais que fluxos e que nada existe de imutável. Ora os que se seguiram, pelo contrário, por serem mais sábios revelavam isto abertamente, para que até os sapateiros aprendessem ouvindo a sua sabedoria e deixassem de acreditar estupidamente que enquanto umas coisas permanecem outras se movem..."

Ou Protágoras no Diálogo homônimo (316d):

> "a arte sofística é antiga, mas os antigos que as praticavam tinham o costu-

me, de evitar revelá-la e temendo as reações que dela poderiam advir dissimulavam-na sob diversas máscaras..."

Ou ainda em *As Leis* (967ª), em que se explicita a associação entre a filosofia e o ateísmo:

"[a multidão] pensa que aqueles que praticam tais pesquisas, a astronomia e outras técnicas rigorosas, tornam-se ateus pois descobririam que tudo ocorre por necessidade e não por determinação de uma vontade assiduamente voltada para a realização do bem."

Exoterismo portanto é uma técnica de comunicação duplamente milenar pela qual verdades ou teorias passíveis de ofender a cultura constituída são envoltas em termos mais aceitáveis para o status quo. Está-se, portanto, distante das associações que hoje se fazem entre exoterismo/esoterismo e misticismo, hermetismo, teosofia, cabala, neoplatonismo e coisas abstrusas do gênero. Historiadores da questão nos informam que até as últimas décadas do século XVIII a distinção entre exoterismo e esoterismo era de lei entre os hermeneutas. Foi apenas posteriormente que ela perdeu seu vigor.

Já mencionamos o caso de Schleiermacher, que interpretando os Diálogos de Platão nas primeiras décadas do século XIX ainda se sentia coagido a tratar do tema. Ao fazê-lo, entretanto, ele se limitava a notar a necessidade de uma leitura atenta sem levar em conta que, como Platão indicara na alegoria da caverna, havia uma real ruptura — a periagôgé — entre a atitude do senso comum satisfeita com o saber útil e convencional do interior da caverna e a do filósofo constituída pelo saber do seu exterior. Pois Platão identifica o saber exotérico com as nobres mentiras (*Rep.* 414b) destinadas aos 'auxiliares/epicuroi', não sendo, portanto, aconselhável ler suas obras a partir de tais convicções.

A mesma atitude de prudência e precaução encontrávamos em Aristóteles — ou seja, a mesma prática exotérica. Aqui também grandes intérpretes como E. Zeller escusavam-se de aceitar a existência do fenômeno exotérico. Zeller recusando sua atribuição ao estagirita se refere a esta distinção como algo infantil e sem motivo (in: *Aristotle and the earlier peripatetics*, London 1897, vol. 1, p. 121). Ou Sir David Ross (*Aristotle*, London: Methuen,1965, 5e179) que após igualmente negá-la reconhece que Aristóteles por vezes é levado a 'acomodar' sua doutrina ao saber estabelecido. De fato, quando o filósofo trata de questões candentes como a imortalidade da alma, a existência de deus ou de deuses, a providência ou a teleologia, vemos sua pena destilar textos que se configuram como dupla doutrina (como podemos agora aprender no estudo notável de Arthur Melzer, *Philosophy between the lines,* University of Chicago Press, 2014; Melzer traz a lume uma infinidade de pensadores que confirmam o fenômeno do exoterismo na história da filosofia praticamente em todas as suas épocas).

Neste sentido, torna-se perfeitamente possível compreender determinadas teses contidas nas obras de certos filósofos como 'acomodações' exotéricas ao saber de sua época — e, consequentemente, a tese historicista fica sujeita a revisão: o filósofo não se encontra necessariamente encerrado no horizonte em que vigoram os modos de pensar de seu momento histórico. O que, à primeira vista, parece um confinamento às determinações da época pode sr apenas um modo exotérico de comunicação.

A título de esclarecimento, importa para nossos propósitos lembrar o quanto o que se designa como historicismo — como já mencionamos anteriormente — tornou-se há bom tempo o *modus operandi* dos estudos das ciências humanas e em particular da filosofia. Já em 1924, Karl Mannheim anotava:

> "o historicismo se desenvolveu como uma força de extraordinária significação; ele resume nossa Weltanschauung. O princípio historicista não se limita a organizar, como uma mão invisível, o trabalho das ciências sociais e culturais, mas tambem permeia o pensamento cotidiano." ("Historicism" in: *Essays on the Sociology of Knowledge*, ed. Paul Kecskemeti (Londres, Routledge and Kegan Paul, 1954, p. 84).

O historicismo, esta nova modalidade de relativismo cultural, reabria o caminho para o relativismo e em particular para a concepção reducionista da filosofia que se configurava como uma *weltanschauung*. Ele consiste em negar validade objetiva ou universal a valores morais e a normas sociais, vistas como emanações arbitrárias de todas e de cada uma das culturas cujos valores se põem num mesmo plano ético de igualdade. Epistemologicamente, todos os padrões de coerência e de significação se tornam efêmeros. Como diz o historiador Frederick C. Beiser,

> "o historicismo solapou a procura perene da filosofia ocidental por justificações transcendentes para os valores sociais, políticos e morais, ou seja, o empenho de conferir a estes valores a necessária sustentação ou sanção externa ou além de seu próprio específico contexto social e cultural." (*The german historicist tradition*, Oxford University Press, 2011, p. 10).

Ao que Hans-Georg Gadamer acrescenta:

> "o aparecimento da autoconsciência histórica é verossimilmente a revolução mais importante entre as que nós experimentamos desde o início da era moderna...nós compreendemos a consciência histórica como sendo o privilégio do homem moderno advertido plenamente da historicidade de todo o presente e da relatividade de todas as opiniões." (citado in Arthur Melzer, *Philosophy between the lines*, University of Chicago Press, 2014, p. 333).

Mais grave, ao operar uma historicização da razão — como vimos acima na obra de J. P. Vernant — ele assim colaborava, ainda que involuntáriamente, para o fenômeno que os antigos haviam designado de misologia, desprezo pelo conhecimento racional. Sua gênese remonta a 'Escola Histórica' alemã, e a autores como Friedrich Carl von Savigny e Otto von Gierke.

No domínio da filosofia, como vimos, o exoterismo nada mais

é do que uma forma de retórica filosófica, um meio enviesado de comunicação, uma arte de escrever, necessária para a preservação da filosofia, adotado em sociedades fechadas, como eram as sociedades antigas, medievais e mesmo boa parte das sociedades modernas.

Como diz Leo Strauss,

> "um livro exotérico contém, portanto, dois ensinamentos: um popular de caráter edificante, colocado em primeiro plano, e um ensinamento filosófico referente ao tema mais importante, o qual só é indicado nas entrelinhas." (*Perseguição e a arte de escrever*, 1ª ed. 1952, ed. É Realizações, 2015, p.45).

Ele tem como premissa a percepção aguda não só de que há um descompasso entre o saber constituído pelas opiniões — a cultura — reinante na cidade e o saber da filosofia cuja intenção é a de transformar opinião em conhecimento, como tambem que este desnível pode ser gerador de sérios conflitos. Daí não serem raras as ocasiões em que certas afirmações dos filósofos exaradas como forma de salvaguardar a integridade do saber filosófico sejam tomadas por alguns intérpretes como genuínas teses de sua filosofia.

Poderia então ver que o modo de filosofar de Sócrates, a mais célebre das muitas vítimas de perseguição na antiguidade, consistia em um confronto, tão amigável quanto possível, com os cidadãos de Atenas. O que chamamos de sua filosofia era uma atitude centrada num saber apenas humano ("anthrôpiné sophia": Platão: *Apologia de Sócrates*, 20d-e), que em princípio consistia em nada mais do que interrogar as opiniões — *doxai* — de seus concidadãos e em transformá-las, na melhor das hipóteses, em conhecimento. Ocorre que, como dizia Merleau-Ponty (*Éloge de la Philosophie et autres essais*, NRF, Gallimard, 1960), esta não é uma tarefa inocente ou ingênua. Apresentava-se aqui, antecipadamente, o problema teológico-político que no contexto do século XVII Spinoza elaboraria magistralmente. No caso das crenças da religião oficial, por exemplo, a religião reinterpretada se configurava como a religião suprimida, daí a reação, as perseguições (que afetaram a vida de tantos filósofos na antiguidade) e a condenação à morte do mestre de Platão. Havia, portanto, na filosofia um conteúdo explosivo, capaz de provocar fortes reações por parte dos cidadãos comuns, como mostrava Aristófanes que em sua comédia *As Nuvens* descreve Estrepsíades deitando fogo no 'Pensatório' de Sócrates.

Hegel, na *Fenomenologia do Espírito* já nos advertira para a importância das comédias de Aristófanes que, segundo ele, espelham o momento capital de corrupção daquela civilização. Ele interpreta *As Nuvens* como testemunho do momento em que na história da filosofia a consciência tornou-se consciência de si mesma apresentando-se como um poder absoluto ("O si como tal, a pessoa abstrata é a essência absoluta" — *Fenomenologia do Espírito*, trad. Paulo Meneses, ed Vozes, 2004, p. 503). Ou, como lemos na *Estética*, "reside mesmo nesta vitória da subjetividade... um dos maiores sintomas da deteriorização da Grécia." (Hegel, *Cursos de Estética*, vol. IV, — trad. Marco A. Werke e Oliver Tolle, consultoria Victor Knoll, ed. Edusp, p.261). O que para Hegel se manifesta como o sintoma do momento do triunfo de uma nova forma do espírito que acarretará a decadência da Grécia — e que curiosamente Nietzsche, embora crítico de Hegel, também verá com a mesma adjetivação — é o que estamos designando como a tensão que opõe finalmente dois modelos de vida, o do saber mais recente, fundado na descoberta ou invenção do conceito de Physis, e o saber das convenções reinantes nas cidades, a tensão entre Physis e Nomos. É o embate que vemos retratado exemplarmente em *As Nuvens*,

> "— Que Zeus? Não diga tolices...(369), diz um Sócrates espelhando a filosofia pré-socrática - Zeus não existe, e no lugar dele agora reina o Turbilhão!" (versos 380/3 — Os Pensadores, ed. Abril,1972,vol. *Sócrates,* trad. Gilda M. Reale Starzynski, p. 193).

Estamos, na realidade, diante do conflito que opôs os poetas, aqueles que, de certo modo, eram os representantes e defensores da dimensão sagrada dos costumes, e os filósofos que, desde Xenófanes, faziam a crítica da teologia grega. Como indica Platão na *República*:

> "há uma antiga briga entre a filosofia e a poética: [a filosofia é]'a cadela que, ganindo, late contra seu dono', 'grande nos discursos vazios dos insensatos'...(607b) e nas *Leis*(967cd).

A criação grega de novas formas de inteligência, de que a filosofia é talvez a mais original, se não a mais elevada, não se realizou sem que se produzissem reações e mesmo choques por parte da cultura estabelecia. Tais reações podem ser vistas não apenas nas comédias, mas tambem nas tragédias. É o caso de Édipo-rei onde Sófocles nos dá a ver o conflito entre a hybris do Lógos de Édipo — talento que o conduziu ao trono de Tebas — um quase filósofo, e as tradições sagradas representadas por Tirésias e pelo oráculo de Delfos, pelos quais ele, o proclamado filho do acaso (paîda tés Tykhes — v. 1080), manifesta certo desprezo. O mesmo embate vemos em *As Bacantes* em que o profeta Tirésias desafia o poder do Lógos:

> "Não sofismemos com os demos (daímosin). Qual Cronos, a tradição paterna (patríous paradokhás) imêmore. Inexiste argumento (lógos) que a destrua, mesmo se alguém, sutil, recorre à ciência." (v. 200-02 trad. Trajano Vieira — in *As Bacantes de Eurípides*, - SP ed. Perspectiva, 2010).

São exemplos da oposição entre a filosofia, tal como a conceberam os pré-socráticos e os sofistas, e o modo de vida segundo a tradição da cidade, cuja estrutura, como nos mostra em *A cidade antiga*, Fustel de Coulanges, se mostrava tão conservadora como um santuário ("Toda cidade era um santuário, toda cidade podia ser chamada de santa." (*A cidade antiga*, Livraria Clássica Ed.

Lisboa, 1919, vol I, p. 242). Os versos acima citados sugerem a extensão e profundidade da crise — decorrente em parte, se dermos crédito a Aristófanes, das consequências das inovações trazidas pela filosofia pré-socrática — em que mergulhava Atenas ao final do século de ouro. Parodiando Nietzsche, podia-se dizer que tambem a Grécia assistira, graças à filosofia, à morte de deus. Não à toa Platão se vale do neologismo Misologia para caracterizar o que desde o século XVIII, com Friedrich H. Jacobi designamos de Niilismo.

Aqui podíamos flagrar com toda clareza o que parece ser o eixo central do embate entre a primeira filosofia e a cidade grega, uma sociedade fechada. Ou seja, a tensão natural existente entre a tradição, os costumes, *Nomoi*, inscritos nas representações religiosas ligadas à ancestralidade — que representava o Bem como o 'Nosso', ou seja, o Éthos de um povo — e o domínio da *Physis*, dos novos conceitos que os filósofos elaboravam procurando o Bem não mais apenas nos costumes nacionais, mas na Natureza (como diz Aristóteles, "*o que todos procuram não é a tradição mas o bem*" — *Politica*, 1269ª). Esta tensão se exprimia na questão em que duas formas do Bem se apresentavam como alternativas, à primeira vista excludentes: qual o melhor modo de vida para o homem, a vida de acordo com as tradições e costumes, ou a vida orientada pela razão e pela filosofia?

O desenvolvimento da história intelectual da Grécia indicava o momento preciso em que a famosa virada estabelecida por Sócrates (na visão hiperbólica de Nietzsche: "...Sócrates um ponto de inflexão e um vértice da assim chamada história universal." *O nascimento da tragédia,* trad. J. Guinsburg, Cia Letras, 1992, p. 194) adquiria plena significação. Como dissera Cícero,

> "desde os tempos antigos até a época de Sócrates...a filosofia lidou com números e movimentos, com o problema da origem das coisas, ou seu destino, e inquiriu empenhadamente sobre o tamanho das estrelas e todos os fenômenos celestiais; Sócrates por outro lado, foi o primeiro a convocar a filosofia

do céu e a colocá-la nas cidades dos homens, trazendo-a também para seus lares e obrigando-a a formular questões sobre a vida e a moral (mores) e as coisas boas e más." *Disputas Tusculanas* (L.5, cap 4).

A filosofia, agora em seu novo horizonte, questionava frontal e diretamente o modo de vida dos cidadãos, sua poética, seus costumes, suas crenças, sua piedade (*Eutifron* 10ª, "o piedoso é amado pelos deuses por ser piedoso ou é piedoso porque os deuses o amam?"): eis o que se configurava como imperdoável do ponto de vista da ortodoxia. E, se o principal artífice desta nova forma de questionamento foi relativamente prudente para apresentá-la de modo criterioso — afinal ele só foi condenado aos setenta anos — seu discípulo Platão o foi muito mais, a começar pelo fato de que ele abandonara a prática de seu mestre de um filosofar a céu aberto, fundando a Academia e adotando a arte exotérica de comunicação por escrito. Este era então o preço a pagar para que a filosofia adquirisse o direito de cidadania: enunciar suas verdades e mesmo escrevê-las, mas fazê-lo *sotto voce*, ou ironicamente.

Assim, de acordo com o método exotérico, constatava-se que se é verdade que o saber da filosofia, quando apresentado em sua forma bruta, sem mais precauções, representa um risco para a sociedade e, consequentemente, para si mesma, então tornava-se necessária toda a cautela quanto à manifestação pública das verdades que ela intui e que, como dizia Nietzsche, são frequentemente verdades mortais (Os pensadores, Ed. Abril, vol. *Nietzsche, Considerações extemporâneas*, "II Da utilidade e desvantagem da história para a vida" - #9 - trad. Rubens Rodrigues Torres Filho - p. 70).

Portanto, ao preço que se sabe, a partir de Sócrates, a filosofia fincava definitivamente residência na Pólis e, com Platão e Aristóteles, mas munida das devidas cautelas, ela adquiria, de fato e de direito, a condição de filosofia política.

Mas é certo que, se partilhamos do dogma do historicismo, segundo o qual o pensamento de um filósofo em qualquer época é determinado pelo clima de opinião daquele momento histórico, do qual, assim quer a doutrina, nenhum pensador pode inteiramente escapar, temos que concordar que ele se encontra na contingência de apreender apenas a verdade vigente em sua época. Esta verdade será por definição relativa e não universal, como pretenderiam os clássicos (é o que, por exemplo, vemos no historicismo de Hegel, que em sua interpretação da *República* atribui a Platão ter captado, nesta obra, a verdade do espírito objetivo reinante em sua época (ver nosso texto *Historicismo, contexto histórico e textualismo: existem problemas perenes em história da filosofia?*). Quanto à apreensão da Verdade (com V maiúsculo), a menos que, como Hegel, tenhamos acesso a um momento absoluto da História, de onde possamos contemplá-la em sua totalidade e em toda a sua verdade, teremos que compreender a filosofia clássica sob a forma reduzida de um conhecimento como uma *Weltanschauung*, não mais do que uma visão de mundo entre tantas, e não da verdade que aqueles filósofos pretendiam ter apreendido como um conceito universal.

É o que vemos em Collingwood, este convicto representante do historicismo:

> "A *República* de Platão é uma narrativa, não do imutável ideal da vida política, mas do ideal grego tal como Platão o recebeu e o reinterpretou. A *Ética* de Aristóteles descreve não a eterna moralidade mas a moralidade do cavalheiro grego. O *Leviatã* de Hobbes expõe as ideias políticas do absolutismo do século XVII em sua foram inglesa. A teoria ética de Kant expressa as convicções morais do pietismo alemão" (*The Idea of History*, Oxford, Clarendon Press, 1946, p.229)

Podia-se notar aqui como o historicismo caminha de mãos dadas com o positivismo, na medida em que ambos, compartilhando a premissa da evolução e do progresso, supõem que tudo o que o pensador do passado tem a nos ensinar é o modo singular, datado, sobre como pensavam os homens do passado, diferentemente do que pensam os de hoje. Quanto ao que há de verdadeiro em nossa época sua apreensão fica na dependência de um filósofo de hoje, capaz de apreender a verdade atual que, por sua vez, logo deixará de ser verdadeira.

Parece então ser forçoso concluir que se o que chamamos de Filosofia é uma *Weltanschauung*, então o que chamamos de história da filosofia nada mais é do que uma sequência de diversas *Weltanschauungen*. E, neste caso, nem se pode mesmo falar de filosofia no sentido clássico do termo, ou seja, de um saber voltado a conhecer a verdade entendida como conhecimento universal, algo que, nesta ótica, não existe.

LEI-USP

Por fim destaco minha participação no Laboratório de Estudos sobre a Intolerância da USP, o LEI. No ano de 2001, a profa. Anita Novinsky do Depto. de História da USP convidou-me para participar de seu novo projeto da criação do LEI, juntamente com a profa. Zilda M. G. Iokoi e Maria Luiza T. Carneiro, ambas também do Depto. de História. Sua ideia era a da constituição de um grupo interdisciplinar de ciências humanas dedicado aos estudos dos fenômenos sociais e políticos da Intolerância. Tratava-se de um belo projeto e me senti contagiado pelo entusiasmo com que a profa. Novinsky soi nutrir por seus empreendimentos acadêmicos. O LEI foi inaugurado em 2002 e desenvolveu-se como um importante centro de estudos, pesquisas e divulgação, sito nas dependências do prédio da Casa do Japão, até 2012, quando encerrou suas atividades. Inicialmente participei na condição de pesquisador na área de Filosofia e depois como Diretor Científico. A partir de meus estudos anteriores, seja sobre o século XVIII, referentes à formação de A. Comte, seja os referentes às questões ligadas ao Republicanismo antigo e moderno e à noção de Justiça e Direito Natural que começava então a desenvolver, dei-me conta de que poderia conciliar minhas atividades docentes com esta nova pesquisa sobre a Tolerância. E, de fato, com isso meu trabalho mais uma vez se enriqueceu. Partia da constatação do ato histórico que foi, se não a primeira manifestação de intolerância contra a filosofia, certamente a mais escandalosa e prenhe de consequências, a condenação à morte de Sócrates.

Este plano inicial de pesquisa pode ser visto aqui no projeto "Fundamentos filosóficos da Tolerância". Estes são os cinco textos escritos que podem atestar a qualidade do nosso trabalho junto ao LEI. São eles: *Uma filosofia para a Tolerância* (2009); *Fronteiras da Intolerância* (2007); *Tolerância ao Intolerável* (2004); *Republicanismo, Tolerância e Niilismo* (2006) e *A Tradição Filosófica dos Direitos Humanos* (2009).

Além da realização de seminários, colóquios nacionais e internacionais, conferências, pude realizar no âmbito do LEI a primeira experiência de um curso virtual ministrado pelo nosso grupo de Filosofia. Teve como título: "*A Tolerância no âmbito da Filosofia Política e da História*" (participaram as pesquisadoras Marly N. Peres e Maria Constança Peres Pissarra). O curso foi realizado de abril a junho de 2009 (ver o texto da nossa Seleta "A tradição filosófica dos direitos humanos e a tolerância", que serviu de base para nossa primeira aula do Curso on Line).

No ano de 2005, recebemos uma Bolsa do CNPQ do Instituto Milênio, para o Projeto Intolerância/Tolerância; inicialmente para o triênio de 2005 a 2007, tendo sido prorrogada até 2009. Pode-se ter uma ideia dos projetos, intenções, tendências e eixos de pesquisas do LEI consultando a entrevista realizada em maio de 2004, que demos, Anita Novinsky e Zilda M. G. Iokoi e eu à Revista *IDE* da Sociedade Brasileira de Psicanálise, publicada no N°39, p. 80 a 87.

Embora o trabalho do LEI tenha se encerrado, nutrimos sempre a esperança de realizar o Museu da Tolerância, para o qual a USP já nos concedeu uma área no Campus da Cidade Universitária.

NOTAS SOBRE OS ESCRITOS

1 Texto de apresentação do módulo *Filosofia Política e tolerância*, publicado no *site* do Laboratório de Estudos sobre a Intolerância da Universidade de São Paulo (LEI/USP), extinto em 2012.

2 Texto de apresentação do módulo *Filosofia Política e tolerância*, publicado no *site* do Laboratório de Estudos sobre a Intolerância da Universidade de São Paulo (LEI/USP), extinto em 2012.

3 Texto baseado em palestra proferida no evento *Intolerância e Solidariedade no Mundo Contemporâneo*, realizado no Centro Cultural Banco do Brasil em 28 de outubro de 2004.

4 Comunicação apresentada no Colóquio *I Simpósio Nacional sobre tolerância* de 15 a 21 de novembro de 2006, na Universidade de São Paulo (USP).

5 O presente texto é parte de uma pesquisa mais ampla sobre direitos e tolerância na história da filosofia realizada junto ao Laboratório de Estudos da Intolerância da Universidade de São Paulo (LEI/USP) e foi exposto, em primeira versão, no Simpósio *Da tolerância aos direitos humanos* realizado pela Universidade Estadual Paulista (UNESP) em Bauru, de 30 de novembro a 2 de dezembro de 2009; ele serviu de base para nossa primeira aula do Curso *on Line* sobre Filosofia da Tolerância do LEI/USP, realizado de abril a junho de 2009.

6 Texto publicado In: Fortes, LRS & Nascimento, MM (Org.). *A Constituinte em debate.* São Paulo: Seaf/Sofia, 1987, p. 349-355.

7 Texto proferido na aula inaugural do Departamento de Filosofia da Universidade de São Paulo no ano de 1987. Publicado In: *Revista Discurso*, do Departamento de Filosofia USP, (17), 1981.

8 Palestra para o colóquio *Música e Filosofia*, realizado pelo Departamento de Música de Ribeirão Preto da Escola de Comunicação e Artes da Universidade de São Paulo (ECA/USP) & Ademus, durante os dias 16 e 17 de novembro de 2007, na Sala Acrópole do Hotel Stream Palace à Rua Gal. Osório, 850, Ribeirão Preto, SP.

9 Aula inaugural do curso de pós-graduação de Estética e História da Arte da Universidade de São Paulo realizada no Auditório do Museu de Arte Contemporânea da Universidade de São Paulo (MAC/USP), aos 6 de março de 2012.

10 Texto publicado In: Revista IDE da Sociedade Brasileira de Psicanálise de São Paulo, n. 52, vol. 34, p. 43-56, 2011.

11 Palestra feita para o XII Encontro Nacional de Pesquisa na Graduação em Filosofia da Universidade de São Paulo, de 13 a 17 de abril de 2009 no Departamento de Filosofia da Faculdade de Filosofia, Letras e Ciências Humanas da Universidade de São Paulo.

12 Palestra de lançamento do livro: STRAUSS, Leo. Perseguição e a arte de escrever. Trad. Hugo Langone, apresentação de João Cezar de Castro Rocha. São Paulo: É Realizações, 2015.

13 Palestra proferida XIII Semana de Estudos Clássicos e Educação da Faculdade de Educação da Universidade de São Paulo realizada em 28 de abril de 2016. Tema do evento: Os outros, os mesmos: a alteridade no mundo antigo.

14 Resenha do livro PIRES, José Murari. A constituição de Atenas. Traduções e notas por F. M. Pires. São Paulo: Hucitec, 1995. Publicada In: Jornal de Resenhas em 5 de junho de 1995.

15 Resenha de BIGNOTTO, Newton. *O tirano e a cidade*. São Paulo: Discurso Editorial, 1998, publicada em *Tempo social: Revista de Sociologia USP*, 12, 1, p. 219-224, maio de 2000.

16 Nota sobre o filme: *O homem que matou o facínora* [The man who shot Liberty Valance], filme de John Ford, 1962. No livro de Dorothy M. Johnson que deu ori-

gem ao roteiro do filme, o herói Ranse perguntado sobre o livro que está lendo responde: "ele foi escrito por um homem chamado Platão", e acrescenta, "foi escrito em grego" (Johnson 2005: 37). Ao redigir este texto não conhecíamos o magistral ensaio de Davi Arrigucci Jr. (1995), "Entre a lenda e a história". Nele Arrigucci estabelece paralelos entre o filme e a obra de Guimarães Rosa e de Jorge Luis Borges conduzindo sua análise na perspectiva da crítica literária e da história, diferindo, portanto, de nossa perspectiva, voltada para o rastreamento das ideias filosóficas presentes no filme de J. Ford. Mais recentemente, Ismail Xavier dedicou também um notável ensaio ao mesmo filme (Xavier 2014: 171-192).

17 Publicado na *Revista Turismo*: "Grécia, filosofia e história". São Paulo: Ed. Abril.

18 Resenha do livro NOVINSKY, Ilana Waingort. *Em busca da verdade em tempos sombrios: Edith Stein*. São Paulo: Humanitas/FAPESP, 2014, 334 p. (Coleção Histórias da Intolerância: 10).

19 Apresentação do livro LAMOUNIER, Bolivar. *Tribunos, profetas e sacerdotes: intelectuais e ideologias no século XX*. São Paulo: Companhia das Letras, 2014.

REFERÊNCIAS BIBLIOGRÁFICAS

ALI, Ayaan Hirsi. 2007. *Infidel*. Nova Iorque: Free Press.

AMPUERO, R. 2013. *Nossos anos verde-oliva*. São Paulo: Ed. Benvirá.

ANASTAPLO, G. 1999. *Liberty, Equality and Modern Constitutionalism*. Newburyport (MA): The Focus Classical Library, 2v.

ARANTES, Paulo E. 1992. "Hegel no Espelho do Dr. Lacan", In: Revista *IDE* n. 22. São Paulo: SBPSP.

_________. 1981. *Hegel, a ordem do tempo*. São Paulo: Ed. Pólis.

_________. 1991. "Um Hegel Errado mas Vivo", In: Revista *IDE* n. 21. São Paulo: SBPSP.

ARISTÓFANES. 1972. *As nuvens*. In: *Sócrates*. Os pensadores (Col.). Trad. Gilda Reale Atarzynski. São Paulo: Editora Abril.

ARISTOTE. 1994. *Éthique a Nicomaque*. Trad. J. Tricot. Paris: Librairie Philosophique J. Vrin.

_________. 1998. *A política*. Ed. bilíngue, trad. Antonio C. Amaral e Carlos de C. Gomes, Lisboa: Ed. Veja.

ARRIGUCCI JR., Davi. 1995. "Entre a lenda e a história". *Jornal Folha de São Paulo*, 7 de maio de 1995.

AUFFRET, Dominique. 1990. *Alexandre Kojève, la Philosophie, l' État , la fin de l'Histoire*. Paris: Ed. Grasset.

BADIOU, Alain. 2003. *L'éthique: essai sur lá conscience du mal*. Paris: Éditions Nous.

BARRET-DUCROCQ, F. 2000. "A intolerância". *Fórum Internacional sobre a Intolerância*. UNESCO, Rio de Janeiro: Bertrand Brasil.

BEARD, Charles. 1953. "The Republic", In: STRAUSS, Leo. *Natural Right and History*. Chicago: Chicago University Press.

BECKER, Carl. 1922. *The Declaration of Independence: A study in the history of political ideas*. New York: Harcourt, Brace and Co.

BELLO, J. M. 1964. *História da República*. São Paulo: companhia Editora Nacional.

BERNADETE, Seth. 2001. *Plato's 'Symposium'*. Chicago: The University of Chicago Press.

__________. 1989. *Socrate's second sailing: On Plato's Republic*. Chicago: The University of Chicago Press.

BLOOM, Allan. 1996. *Amor e Amizade*. São Paulo: Mandarim.

BLOOM, Allan. 1990. *Gigantes e Anões Ensaios (1960-1990)*. Trad. de Wladir Dupont, São Paulo: Ed. Best Seller.

__________. 1989. *O declínio da cultura ocidental*. São Paulo: Ed. Best Seller.

BLUHM, W. T. Bluhm. 1987. "Liberalism as the aggregation of individual preferences". In: DEUTSCH, K. L. & SOFFER, W. (eds). *The Crisis of Liberal Democracy*. New York: University of New York Press.

BOGDANOVICH, Peter. 1978. *John Ford*. Berkeley e Los Angeles: University of California Press.

BRANN, Eva. 2004. *The Music of the Republic*. Philadelphia, Pennsylvania: Paul Dry Books.

BRAUDE, B. & LEWIS, B. 1982. *Christians and Jews in the Ottoman Empire*. vol. 1, Nova Iorque: Holmes and Meier.

BUCK-MORSS, Susan. 1977. *The Origin of Negative Dialetics*. New York: Ed. The Free Press.

BURUMA, I. 2006. *Murder in Amsterdã*. Nova Iorque: Penguin Press.

CALDWELL, Christopher. 2005. "Daughter of Enlightenment", *Jornal The New York Times*, edição de 3 de abril de 2005.

CHAUI, M. A. 1999. *A nervura do real: imanência e liberdade em Espinosa*. São Paulo: Companhia das Letras.

CAMUS, Albert. 1965. Carnets II, 1942-1951. Paris: Gallimard.

COMTE, A. 1929. *Système de Politique Positive*. Cinquième édition. Paris: Ed. Société Positiviste.

CONQUEST, R. 1968. *The Great Terror*. Oxford: Oxford University Press.

__________. 1987. *The Harvest of Sorrow. Oxford:* Oxford University Press.

COSTA FRANCO. 1967. *Júlio de Castilhos e sua época*. Rio de Janeiro: Globo, 1967.

COULANGES, F. de. 1919. *A cidade antiga*. Lisboa: Livraria Clássica Editora Lisboa, 2v.

D'ALEMBERT. 2000. *Discours préliminaires de l'Encyclopédie*. Paris: Ed. Vrin.

DELATTE. 1948. *La Constitution des États-Unis et Les Pythagoriciens*, Paris: Les Belles Lettes.

DERENNE, E. 1930. *Les procés d'impieté intentés aux philosophes à Athènes au Vme et au IVme siècle avant J.C.* Liège: Bibl. de la Fac. de C. et Letr. de l'Un. de Liège, XLV.

DESCARTES, R. 1973. *Discurso do método*, In: *Obra escolhida*, trad. J. Guinsburg e B. Prado Júnior, 2ª ed, São Paulo: Difel.

DEWEY, J. 1939. *Freedom and Culture*. Nova York: Putnam's sons. [Traduzido para o português sob o título "Liberdade e cultura" (Revista Branca, 1953).

DIKOTTER, F. 2010. *Mao's great famine*. New York: Walker and Cia. New York.

DODDS, E. R. 1977. *Les grecs et l'irrationnel*. Traduit de l'anglais par Michael Gibson, Paris: Ed. Flammarion.

DRUMMOND DE ANDRADE, C. 2002. "História Natural". In*: Corpo*. Rio de Janeiro: Ed. Record.

__________. 2001. "Também já fui brasileiro". In: *Alguma Poesia*. Rio de Janeiro/São Paulo: Ed. Record.

EDEN, R. 1983. *Political Leadership and Nihilism A Study of Weber and Nietzsche*. Gainsville: University Presses of Florida.

ESPINOSA, B. 1966. *Traité Politique*, In: *Oeuvres*, 4a. ed. Trad. Ch. Appuhn. Paris: Garnier Flammarion.

__________. 1973. *Ética*. Trad. Joaquim de Carvalho. Os Pensadores (Col). São Paulo: Abril Cultural.

FAUSTO, Ruy. 2009. *A ofensiva teórica contra os direitos do homem*. Disponível em: http://diversitas.fflch.usp.br/en/node/1744

FERRY, L & RENAUT, L. 1994. "Foucault". In: LILLA, Mark. (ed.). *New French Thought: Political Philosophy*. New Jersey: Princeton University Press.

FINK, Zera Silver. 1945.*The Classical Republicans*. Evanston: Northwestern University Press, ILL.

FISCHER, David Hackett. 2005. "Freedom is not just another word". *Jornal New York Times*, 7 fev. 2005.

FORTIN, E. L. 1996. *Classical Christianity and the Political Order*. Boston: Rowman and Littlefield Publishers, 3v.

FRITZ, K. V. 1954. *The theory of the mixed constitution in Antiquity*. New York, Columbia University Press.

GIERKE, Otto. 1950. *Natural Law and the Theory of Society*. Cambridge: The University Press.

GILDEA, Robert. 2015. *Fighters in the Shadows*. Cambridge, MA: Harvard University Press.

GOLDSCHMIDT, V. 1984. "La théorie aristotélicienne de l'esclavage et sa method", In: *Écrits I*. Paris: Ed. Vrin.

________________. 1984. *Ecrits I: études de philosophie antique*. Paris: Vrin.

________________. 1970. "La théorie platonicienne de la dénonciation", In: *Questions platoniciennes*. Paris: Ed. Vrin, Paris.

________________. 1970. "Temps historique et temps logique dans l'interprétation des systémes philosophiques". In: *Questions Platoniciennes*. Paris, Vrin.

________________. 1977. *La doctrine d'Epicure et le droit*. Paris: Vrin.

________________. 1970. *Platonisme et pensée contemporaine*. Paris: Aubier Montaigne.

GREEN, Kenneth Hart (ed). 1997.'Why we remain jews", In: *Jewish Philosophy and the Crisis of Modernity, Essays and Lectures in Modern Jewish Thouth, Leo Strauss*. New York: University of New York Press.

GUEROULT, Martial. 1953. *Descartes selon l'ordre des raisons*. Paris: Aubier.

GUYAU, J.M. 1878. *La morale d'Epicure et ses rapports avec les doctrines contemporaines*. Paris.

HAMILTON, A. 1979. *O federalista*. In: Os Pensadores (Col.), Consultoria Bolivar Lamounier. São Paulo: Ed. Abril.

HEGEL. 1955. *Lições sobre a história da filosofia II*, tradução de Wenceslao Roces. México: Fondo de Cultura Economica.

HEIDEGGER, M. 1967. *Introduction à la Metaphysique*. Paris: Ed. Gallimard.

HERBST, Jurgen. 1972. *The German Historical School in American Scholarship*. Port Washington, NY/London: Kennikat Press.

HERÓDOTO. *1952. História*, Trad. J. Brito Broca, Rio de Janeiro: W.W. Jackson Inc, 2 vols.

HYPPOLITE, Jean. 1946. *Genèse et Structure de la Phénoménologie de l'Esprit de Hegel*. Paris: Aubier Montaigne.

HOBBES. *Leviatã*. 1974. Os Pensadores (Col.). Trad. J. P. Monteiro e Nizza da Silva. São Paulo: Abril Cutural.

HOBBS, A. 2000.*Plato and the Hero: Courage, Manliness and the Impersonal Good*. Cambridge: Cambridge University Press.

HORÁCIO, 1998. "Epistolas", I,10,24 In: NIETZSCHE, F. *Além do bem e do mal*. São Paulo: Companhia das Letras.

JAEGER, W. 1964. *Paideia, la formation de l'homme grec*. Paris: Ed. Gallimard.

JAFFA, Harry. 1982. *The crisis of the house divided*. Chicago: The University of Chicago Press.

JOHNSON, Dorothy M. 2005. *The Man Who Shot Liberty Valance*. Montana: Riverbend Publishing.

JONES, R. F. 1982. *Ancients and Moderns: a study of the rise of scientific movement in seventeenth-century England*. New York: Dover.

KANT, I. 2012. *Crítica da razão pura*. Trad. Fernando Costa Mattos. Petrópólis: Ed. Vozes.

KELLEY, Donald. 1991. *Renaissance Humanism*. Boston: Twayne Publishers.

KING, Martin Luther. 1970. "Letter from Birmingham Jail". In: STORING, Herbert (ed.). *What country have I? Political writings by black americans*. New York: St Martin's Press.

KRUGER, Gerhard. 1988. "Review of Leo Strauss's 'Die Religionskritik Spinozas' ", In: *The Independent Journal of Philosophy* 5/6.

KYMLICKA, Will. 1995. *Multicultural Citizenship*, Nova Iorque: Oxford University Press.
LACAN, Jacques. 2001.*Le Séminaire, Livre VIII, Le transfert*. Paris, Seuil, Junho, 1960-61.
LAFFITTE, P. 1975. *Les grands types de l'humanité. lecons redigées par le dr. P. Dubuisson*, V I. Paris.
LAMOUNIER, B. 1988. *Os grandes líderes, Getúlio*. São Paulo: Nova Cultural.
LAMPERT, Laurence. 2013. *The enduring importance of Leo Strauss*. Chicago: The University of Chicago Press.
LEBRUN, G. 1984. "Para acabar com a cidade grega". *Jornal da Tarde*. São Paulo, 26 maio 1984.
__________. 1981. *O que é poder*. 2a ed. São Paulo: Ed. Brasiliense.
__________. 1988. *O avesso da dialética*. São Paulo: Companhia das Letras.
LÉCLANT, J. (ed). 2005. *Dictionnaire de l'Antiquité*, verbete 'théories musicales grecques'. Paris: Quadridge.
LEFORT, C. 1979. *Éléments pour une critique de la bureaucratie*, Genebra: Droz e Paris: Gallimard.
LERNER, R., MADHI, M. 1991. *Medieval Political Philosophy*. Nova Iorque: Cornell University Press.
LILLA, Mark. 2011. *The Reckless Mind, Intellectuals in Politics*. New York: New York Review of Books.
LOCKE, J. (162/3) *Some thoughts concerning education*. Ed. The Federalist Papers project. Disponível em: http://thefederalistpapers.integratedmarket.netdna-cdn.com/wp-content/uploads/2012/12/John-Locke-Thoughts-Concerning-Education.pdf
_________. 1958. *The reasonableness of Christianity*. Ed. and abridged by I. T. RAMSEY. Stanford: Stanford University Press.
_________. 1978. *Carta acerca da tolerância*, In: Os Pensadores (col), São Paulo: Ed. Abril.
LOVE, J. 1970. *Índice cronológico dos papéis de Antônio Augusto de Borges de Medeiros*. In: Revista do Instituto Histórico e Geográfico Brasileiro. Rio de Janeiro. V. 286: 223-276, jan/mar.
LOWENTHAL, David. 1981. In: STRAUSS, L. & CROPSEY, J. *History of Political Philosophy*. Chicago: The University of Chicago Press.
MACHIAVELLI, Niccolò. 1996. *Il principe*, testo originale con versioni in italiano di oggi di Piero Melograni. Milano: Ed Pur.
MALIA, M. 1994. *The Soviet Tragedy*. NY: The Free Press.
MANDEVILLE, Bernard. 2001. *La fábula de las abejas*. México: Fondo de Cultura Económica.
MANJI, Irshad. 2003. *The Trouble with Islam Today*. Nova Iorque: St. Martins's Grifin.
MARITAIN, J. 1950. *Human Rights: comments and interpretations: a symposium*. London: UNESCO/Allan Wingate.
MARCOVITCH. 1999. "Universidade e desemprego". *Jornal O Estado de São Paulo*. São Paulo, 08 junho 1999, p. A2.
MARTINS, José de Souza. 2006. "Prendas de um Estado paralelo". *Jornal O Estado de São Paulo*, 29 nov. 2006, p. J4.
MARX, Karl. 2010."Letter to Friedrich Adolph Sorge (19 Out. 1877)". In: *Karl Marx and Frederick Engels Letters 1874-79*. Vol. 45. Lawrence & Wishart.
MCILWAIN, C. H. 1940. *Constitutionalism Ancient and Modern*. Ithaca: Cornell University Press.
MEIER, H. 1998. *The lesson of Carl Schmitt*. Chicago: The University of Chicago Press.
MENDUS, S. 2000. *The politics of toleration*. Durham: Duke University Press.
MERLEAU-PONTY. 1960. *Éloge de la Philosophie et autres essais*. Paris: Gallimard/NRF.
__________. 1964. *Le Visible et l'Invisible*, Paris: Gallimard.
MERQUIOR, J. G. 1985. *Michel Foucault ou o niilismo de cátedra*. São Paulo: Ed. Nova Fronteira.

MERQUIOR, J. G. 1987. *O marxismo ocidental*, Rio de Janeiro: Ed. Nova Fronteira.
MILOSZ, Czeslaw. 1988. *A tomada do poder de 1953*, trad. Waltensir Dutra. Rio de Janeiro: Ed. Nova Fronteira.
_____________. 22006. *Conversations*, Cynthia L. Haven (ed), Jackson: University Press of Mississipi.
MONTESQUIEU. 1979. *O espírito das leis*. Trad. Fernando H. Cardoso e Leôncio M. Rodrigues, Col. Os Pensadores. São Paulo: Abril Cultural.
NAQUET, P.V. 2000. *O mundo de Homero*. São Paulo: Companhia das Letras.
NEWELL, Waller R. 2000. *Ruling Passion The Erotics do Statecraft in Platonic Political Philosophy*. Lanham, MD: Rowman & Littlefield Publishers.
NEWMAN, W. L. 1973. *The Politics of Aristotle*. 4 vols., Oxford, 1887-1902. Reprint, New York: Arno Press.
NIETZSCHE, F. 2001. *A gaia ciência*. Trad. Paulo C. Souza. São Paulo: Cia das Letras.
____________. 2004. *Aurora*. Trad. de Paulo C. Souza, São Paulo: Companhia das Letras.
____________. 1998. *Além do bem e do mal*, Prólogo, São Paulo: Companhia das Letras.
____________. 2002. *Crepúsculo dos Ídolos*. Trad. Artur Morão, Lisboa: Edições 70.
____________. 1983. *Considerações Extemporâneas*. Trad e notas de Rubens Rodrigues Torres Filho. Os Pensadores (Col.). São Paulo: Abril Cultural.
____________. 2007. *O Nascimeto da tragédia*. São Pauo: Compánhia das Letras.
NIZNIK, J & Sanders, J. T. (eds.). 1996. *Debating the state of philosophy: Habermas, Rorty and Kolakovski*. Connecticut: Praeger Publishers.
OSTWALD, M. 1986. *From Popular Sovereignty to the Sovereignty of Law: law, society and politics in fifth-century Athens*. Berkeley: University os California Press.
PAIM, A. 1978. *A querela do estatismo*, Rio de Janeiro: Tempo brasileiro.
_______. 1987. *Apresentação da obra de Joaquim Osório. In: Constituição política do Rio Grande do Sul*. DF: Universidade de Brasília.
PANGLE, T. L. 1980. *The laws of Plato*. Chicago: University of Chicago Press.
_______. 1988. *The spirit of Modern Republicanism: the moral vision of the American founders and the philosophy of Locke*. Chicago: University of Chicago Press.
PLATÃO. 2001. *A república*. Trad. Anna Lia A. de A. Prado e Rev. Roberto Bolzani Filho. São Paulo: Martins Fontes.
PLATÃO. 1983. O *banquete*. Tradução de José Cavalcante de Souza, In: Os Pensadores (Col.). São Paulo: Abril Cultural.
PLATON. 1951. *Le Banquet*. Trad. Leon Robin, Paris: Ed. Les Belles Lettres.
_______. 1968. *Les lois*. Oeuvres Complètes. Trad. Édouard Des Places, Paris: Ed. Les Belles Lettres.
_______. 1970. *Le Politique - Oeuvres completes*. T. IX. Trad. Auguste Diès. Paris: Ed. Les Belles Lettres.
_______. 1970.*Phedon*. Trad. Leon Robin, Paris: Les Belles Lettres.
_______. 2005. *Teeteto*. Trad. Adriana Manuela Nogueira e Marcelo Boeri. Lisboa: Ed. Calouste Gulbekian.
_______. 1970. *Timée*. Trad. Albert Rivaud, Paris: Ed. Les Belles Lettres.
PLUTARCO. "Vida de Licurgo". In: *Vidas paralelas*. Tradução Aristides da Silva Lobo, cf. ed francesa 1818. Notas de Brotier, Vauvilliere e Clavier. Ed. Adameris.
POSEN, S. 2000. *The limits of analysis*. Indiana: St. Augustine's Press.
RAHE, P. 1994. *Republics Ancient and Modern*. Nova Carolina: The University of Caroline Press, 3v.
RAHE, Paul A. 2008. *Against Throne and Altar, Machiavelli and Political Theory under the English Republic*. New York: Cambrigde University Press.
RAMNOUX, C. 1983. *Histoire de la Philosophie* Paris: I,E. Pleiade.
RODRIGUEZ, V. 1980. *Castilhismo, uma filosofia da república*. Porto Alegre.
RORTY, A. O. 1980. *Essays on Aristotle's Ethic's*. California: University of California Press.

RORTY, R. 1997. *Objetivismo, relativismo e verdade, escritos filosóficos I*, Rio de Janeiro: Relume Dumará.

ROSENBAUM, R. 2002. *Para entender Hitler, a busca das origens do mal*, Rio de Janeiro: Record.

ROSS, D. Metaphysics. 1984. In: BARNES, J. (ed). *The complete works of Aristotle*. Princenton: Princeton University Press (Oxford Revised Translation).

SANTILLANA, Giorgio de. 1962. *The crime of Galileo*. New York: Time Incorporated.

SARAMAGO, José. 2001. *In*: Documentário: *A janela da alma*, de João Jardim e Walter Carvalho. A expressão "janela da alma" é de Leonardo da Vinci.

SHAKESPEARE, W. 1999. *Mercador de Veneza*, trad. Barbara Heliodora, Rio de Janeiro: Ed. Nova Aguilar.

SHELL, S. M. 1980. *The Rights of Reason, A Study of Kant's Philosophy and Politics*. Toronto: University of Toronto Press.

SHKLAR, Judith. 1984. *Ordinary vices*. Cambridge: The Belknap Press of Harvard University Press.

SIDNEY, A. 1979. *Discourses concerning government*. New York: Ed. Arno Print, [reed. de 1698].

SINGH, Aakash. 2005. *Eros Turannos*. Maryland: University Press of America.

SKINNER, Q. 2002. *Republicanism, a shared european heritage*, Cambridge: Cambridge University Press, 2v.

SKINNER. 1969. "Meaning and Understanding in the History of Ideas". In: *History and Theory*. Vol. 8.

SMITH, S. B. 1997. *Espinosa, Liberalism, and the Question of Jewish Identity*. London: Yale University Press.

SNELL, B. 1982. *The Discovery of Mind: in Greek Philosophy and Literature*. Dover Publications.

STRAUSS, L. 1965. *Espinosa's Critique of Religion*. Nova Iorque: Schocken.

__________. *1997. Espinosa's Critique of Religion*, traduzido por E. M. Sinclair, Chicago: The University of Chicago Press.

__________. 1990. *Argument et action des Lois de Platon*. Paris: Librairie Philosophique J. Vrin.

__________. 2000. *On Tyranny*, edição de Victor Gourevitch e Michael S. Roth, incluindo a correspondência dos anos 1932-1965 entre L. Strauss e A. Kojève, feita juntamente com uma tradução da obra de Xenofonte, por Marvin Kendrick, revisada por Seth Benardete, Chicago and London: TheUniversity of Chicago Press.

__________. 1989. *An Introduction to political philosophy, ten essays*. Detroit: Wayne State University Press.

__________. 1989. "How to begin to study medieval philosophy". In: *The Rebirth of Classical Political Rationalism*, Chicago: University of Chicago Press.

__________. 1968. *Liberalism Ancient and Modern*. N. York: Basic Books, 1968.

__________.*1978. Thoughts on Machiavelli*. Chicago: University of Chicago Press.

__________. 1953. *Natural Rigth and History*, Chicago, University of Chicago Press.

__________. 1989. "Natural Right and Historical Approach", In: *An Introduction to Political Philosophy: Ten Essays by Leo Strauss*, Detroit: Wayne State University Press.

__________ 1966. *Socrates and Aristophanes*. Chicago: The University of Chicago Press.

__________. 1964. *The city and man*. Chicago: University Of Chicago Press.

__________. 1989. *An Introduction to political philosophy, ten essays by Leo Strauss*. Detroit: Wayne State University Press.

__________. 2001. *On Plato's Symposium*, Chicago: The University of Chicago Press.

__________. 2015. *Perseguição e a arte de escrever*. Trad. Hugo Langone, apresentação de João Cezar de Castro Rocha. São Paulo: É Realizações.

TROELTSCH, E. 1950. *The Social Teachings of Christian Churches*. Nova Iorque: Halley Stewart Publications.

TROELTSCH, Ernst. 1950. "The ideas of natural law and humanity in world politics". In: GIERKE, Otto Von. *Natural law and the theory of society: 1500-1800,* Trans. Ernest Barker. Cambridge: Cambridge Universtity Press.

TUCÍDIDES. 1987. *História da Guerra do Peloponeso*, Brasília: Editora da Universidade de Brasília.

TUGENDHAT, E. 2001. *Lecciones de ética.* Barcelona: Gedisa editorial.

UNESCO. 1995. *Tolérance, j'écris ton nom.* Paris: Saurat/Unesco.

VAUGHAN, F. 1982. *Tradition of Political Hedonism from Hobbes to J. S. Mill.* N. York: Fordham University.

VERÍSSIMO, J. 1901. "O positivismo no Brasil", In: *Estudos de literatura brasileira.* Rio de Janeiro: Garnier.

VERNANT, J. P. 2001. *Entre mito e política.* São Paulo: Edusp.

_____________. 2002. *As origens do pensamento grego.* Trad. Ísis Borges B. da Fonseca. Rio de Janeiro: Difel.

_____________. 1969. *Les origines de la pensée grecque.* Paris: Vrin.

VILLA-LOBOS. 1997. In: *Educação Musical, Boletim Latino Americano de Música*, abril, 1946 *apud* GOLDEMBERG, Ricardo. *Villa-Lobos and the experience of orpheonic singing in Brazil*, 1997. Disponível em: villalobos.iu.edu/node/1935.

VILLEY, M. 1975. *La formation de la pensée juridique moderne.* Paris.

VILLEY, Pierre. 1961. *Les essais de Montaigne.* Paris: PUF.

XAVIER, I. 2014. "John Ford e os heróis da transição no imaginário do Western". In: *Novos Estudos Cebrap* 100, novembro de 2014: 171-192.

WALZER, M. 1999. *On Toleration.* New Haven: Yale University Press, Nova edição.

WEBER, Max. 1961. "Science as a Vocation". In: *in Essays Sociology.* Ed. H.H.Gerth e C.Wright Mills. London: Routledge and Kegan Paul ltd.

WILAMOWITZ, U. von M. 1982. *History of Classical Scholarship.* Baltimore: Johns Hopkins University Press

WITT, Norman W. de. 1954. *Epicurus, and his philosophy.* Minneapólis.

WOLIN, R. 2004. *The seduction of unreason*, New Jersey: Princeton University Press.

XENOFONTE. 1971. *Économique.* Trad. Pierre Chantraine. Paris: Ed. Les Belles Lettres.

ZAGORIN, Perez. 2002. *How the Idea of religious toleration came to the west.* New Jersey: Princeton University Press.

ZARKA, Y. C. 2002. *Les Fondements philosophiques de la tolérance.* Paris: PUF.

ZUCKERT, Catherine & ZUCKERT, Michael. 2006. *The thruth about Leo Strauss, Political Philosophy and American Democracy.* Chicago and London: University of Chicago Press.

ZURBUCHEN, S. 2002. "Republicanism and toleration". In: GELDEREN, M. & SKINNER, Q. *Republicanism, a shared european heritage, The values of republicanism in early modern Europe*, vol II, pp. 47-71, Cambridge: Cambridge University Press.